DER WEG ZUR HÖLLE

DER WEG ZUR HÖLLE

David Pawson

Anchor Recordings

Copyright © 2021 David Pawson Ministry CIO

Der Weg zur Hölle
English title: The Road to Hell

David Pawson ist gemäß dem Copyright, Designs and Patents Act 1988 der Urheber dieses Werkes.

Alle Rechte vorbehalten.

Herausgeber der deutschen Ausgabe 2021 in Großbritannien: Anchor, ein Handelsname von David Pawson Publishing Ltd.
Synegis House, 21 Crockhamwell Road,
Woodley, Reading RG5 3LE UK

Dieses Werk ist urheberrechtlich geschützt. Ohne vorherige schriftliche Genehmigung des Verlages darf kein Teil dieses Buches in irgendeiner Form vervielfältigt oder weitergegeben werden. Das betrifft auch die elektronische oder mechanische Vervielfältigung und Weitergabe, einschließlich Fotokopien, Aufzeichnungen und Systemen zur Informations- und Datenspeicherung und deren Wiedergewinnung.

Übersetzung aus dem Englischen: Dr. Gudrun Wilhelm

Weitere Titel von David Pawson, einschließlich DVDs und CDs:
www.davidpawson.com

KOSTENLOSE DOWNLOADS:
www.davidpawson.org

Weitere Informationen:
info@davidpawsonministry.com

ISBN 978-1-913472-24-5

Gedruckt von Ingram

„Denn das weite Tor und der breite Weg führen ins Verderben, und viele sind auf diesem Weg."

> Jesus von Nazareth *(Evangelium nach Matthäus)*

„Unsere Freunde, die sich danach sehnen, die ewige Strafe loszuwerden, sollten damit aufhören, gegen Gott zu argumentieren und stattdessen Gottes Befehlen gehorchen, solange noch Zeit dazu ist."

> Augustinus von Hippo *(Vom Gottesstaat)*

„Dann sah ich, dass es einen Weg in die Hölle gab, sogar vor den Toren des Himmels."

> Bunyan von Bedford *(Die Pilgerreise)*

„Der Weg in die Hölle ist mit guten Absichten gepflastert."
Baxter of Kidderminster."

> (zitiert von Samuel Johnson und Bernard Shaw)

Ob ich einen oder tausend Männer in die Hölle rennen sehe, sei es in England, Irland oder Frankreich, ja, in Europa, Asien, Afrika oder Amerika ich werde sie aufhalten, wenn ich kann. Als ein Diener Christi werde ich sie in seinem Namen bitten, umzukehren und sich mit Gott zu versöhnen..

> John Wesley (Brief an John Smith)

„Das 20. Jahrhundert wird mit folgenden Hauptthemen zu kämpfen haben:
Religion ohne den Heiligen Geist,
Christen ohne Jesus Christus,
Vergebung ohne Reue und Buße,
Erlösung ohne Veränderung des sündhaften Lebens,
Politik ohne Gott und
Himmel ohne Hölle."

William Booth (am Ende seines Lebens)

„Sir, wenn ich das, an was Sie und die Kirche Gottes vorgeben zu glauben, glaubte, würde ich, selbst wenn England von Küste zu Küste mit Scherben bedeckt wäre, wenn nötig auf Händen und Knien darüber kriechen und denken, dass es sich lohnt zu leben, nur um eine einzige Seele vor der ewigen Hölle zu bewahren."

Vermutlich von „Charlie" Peace
(verurteilter Mörder im Gespräch mit
dem Kaplan von Leeds, bevor er gehängt wurde)

INHALT

Vorwort   11
Einleitung   13

1 DER NACHLASS   **23**
Die mittelalterliche Überlieferung   25
Die moderne Trivialisierung   26

2 DIE ABKEHR   **31**
Die gezielte Vermeidung   31
Die persönliche Abneigung   34
Die typischen Argumente   37
Die Alternativen   40

3 DIE REALITÄT   **47**
Eine angsteinflößende Beschreibung   50
Ein zukünftiger Zeitabschnitt   54
Eine ganze Ewigkeit   61

4 DAS RISIKO   **73**
Die Ahnungslosigkeit der Sünder   75
Die Sorglosigkeit der Heiligen   79

5 DIE RETTUNG   **87**
Die Zuneigung des Vaters   88
Die Sühne durch den Sohn   90
Der Beistand des Geistes   93
Der Beitrag eines Gläubigen   94

6 DAS GEGENSTÜCK 103
Das erneuerte Universum 108
Der erlöste Zustand 111
Die versöhnte Gemeinde 115

7 DIE BEDEUTUNG 119
Die Evangelisation Ungläubiger 120
Die Erbauung Gläubiger 127

SCHRIFTTSTUDIE

Einleitung 139

A Die Angst vor dem Tod 143
(Matthäus 10,28; Lukas 12,4f.)
B Das Hochzeitsbankett 151
(Matthäus 22,1–14; Lukas 14,15–24)
C Die geteilte Herde 165
(Matthäus 25,31–46)
D Die offenen Gräber 177
(Matthäus 27,52f.)
E Der reiche Mann 183
(Lukas 16,19–31)
F Der sterbende Verbrecher 197
(Lukas 23,39–43)
G Das Feuer des Gerichts 203
(1. Korinther 3,10–15; 5,1–12)
H Die zweite Chance 211
(1 Petrus 3,17–4,6)
I Die gefallenen Engel 219
(2 Petrus 2,4–10; Judas 6)
J Das letzte Gericht 225
(Offenbarung 20,1–15)

VORWORT

Vor ungefähr fünf Jahren schrieb ich in mein Notizbuch: „Ich muss mehr über die Hölle predigen." Ich hatte darüber nachgedacht, wie mich Prediger in meiner Jugend immer wieder damit beeindruckten, dass es „den Himmel zu gewinnen und die Hölle zu meiden/ fürchten" gab. Mich beunruhigte zunehmend ein offensichtlicher Mangel an Gottesfurcht bei vielen Christen. Mir schien, dass viele, die sich in den letzten Jahren bekehrt hatten, über die liebevolle Fürsorge von Gott, dem Vater, Bescheid wussten; doch wussten sie, dass er auch ihr Richter ist?

Ich denke nicht, dass sich dieses Ungleichgewicht in den letzten Jahren gebessert hat. Außerdem muss ich gestehen, dass ich meiner eigenen schriftlichen Anmerkung bisher keine Aufmerksamkeit geschenkt habe. Nun kommt mein Freund David Pawson mit dieser deutlichen Erinnerung an.

Viele, die dieses Buch lesen, sind sich sicher im Klaren darüber, dass die Hölle in letzter Zeit kontrovers behandelt wurde. In einem kürzlich veröffentlichten Brief schreibt jemand: „[Die Hölle] ist ein Thema, mit dem ich zu kämpfen habe. Ich könnte keinen Gott lieben, der die Menschen auf ewig quält." David ist sich dieser Kontroverse natürlich bewusst und sagt in Kapitel 6: „Auch unter Gläubigen kann die Hölle aus nachvollziehbaren Gründen umstritten sein."

David Pawson schrieb schon früher über zwiespältige Themen, aber das vorliegende Buch wurde nicht verfasst, um noch mehr Öl ins Feuer zu gießen oder um einen weiteren Standpunkt zu äußern. Es entstand aus Mitgefühl und zeigt große Wertschätzung für das Wort Gottes. Es eifert auf gottgefällige Weise um das Wesen Gottes. Ich empfehle dieses Buch vorbehaltlos allen Menschen, die bisher ähnliche Schlüsse gezogen haben, aber auch denen, die sich ihr eigenes Bild erst noch machen wollen, und schließlich all jenen, die andere Sichtweisen vertreten.

C Lynn Green
Jugend mit einer Mission
Direktor für Europa, den Nahen Osten und Afrika

EINLEITUNG

Einst predigte ich zu einer Versammlung von Hunden, die meisten waren Labradore. Es war ein Gästegottesdienst. Alle Hunde hatten ihren Freund mitgebracht – jeder davon war blind! Es war eine jährliche Zusammenkunft, die vom Torch Trust *[Christliche Organisation für Blinde; Anm. der Übersetzerin]* für all jene organisiert wurde, die ihre Sehkraft verloren bzw. nie besessen hatten.

Als ich anfing, meine Botschaft vorzubereiten, fühlte ich mich gezwungen, das Thema Hölle zu wählen. Ein Teil von mir widersetzte sich dem Gedanken. Sicher hatten diese lieben Menschen schon genug gelitten. Sie brauchten vielmehr Trost als Herausforderung sowie Empathie statt Ermahnung. Aber die Worte Jesu gingen mir immer wieder durch den Kopf: „Wenn du durch dein rechtes Auge zu Fall kommst, dann reiß es aus und wirf es weg! Es ist besser, du verlierst eines deiner Glieder, als dass du mit unversehrtem Körper in die Hölle geworfen wirst" (Matthäus 5,29, Teil der Bergpredigt).

Das war meine Textstelle. Ich erklärte meinen sehbehinderten Zuhörern, dass die meisten Versuchungen Sehender durch das kommen, was das Neue Testament „die Lust der Augen" nennt (1. Johannes 2,16). Also bat ich sie, für mich zu beten, weil ich ja sehen konnte.

Eine ältere Dame, die nie sehen konnte, beklagte diese Tatsache bitter. Als ich jedoch von der geistlichen Behinderung des Sehens sprach, bekam sie Mitleid mit denen, die sehen konnten. Ihr Herz wurde weich und offen für den Herrn. Ihre Freunde erzählten mir, dass sie den ganzen Weg nach Hause im Wagen sang. Sie starb einige Tage später, froh über ihre Rettung. Die erste Person, die sie jemals sah, war Jesus.

DER WEG ZUR HÖLLE

Das war nicht das erste Mal, dass ich es wagte, dieses große Thema anzugehen. Aus meinen Aufzeichnungen weiß ich, dass ich im Juli 1955 in der Methodistengemeinde in Addlestone, Surrey, damit begann. Obwohl ich in dieser Gemeinde aufgewachsen und in Cambridge für den Dienst ausgebildet worden war, kann ich mich nicht erinnern, dass dieses Thema überhaupt erwähnt wurde, geschweige denn, dass darüber je gelehrt oder diskutiert wurde. Mein Wissen hatte ich mir durch mein Bibelstudium angeeignet.

Ich nehme an, jeder von uns hat ein inneres Bild von dem, was das Wort „Hölle" meint, normalerweise verbunden mit einer schrecklichen Erfahrung aus der eigenen Vergangenheit. Mir kommen zwei Zwischenfälle direkt in den Sinn, beide aus der Zeit, während dieses Buch entstand.

Der erste ereignete sich in Hongkong. Jackie Pullinger, diese mutige, hingebungsvolle Engländerin, die den drogenabhängigen Inselbewohnern Christus nahebrachte, führte mich in die „Ummauerte Stadt" (Die Mauer steht nicht mehr. Die Japaner rissen sie im Zweiten Weltkrieg nieder und nutzten die Trümmer, um im Hafen eine Startbahn zu errichteten.). Ich kann die Stadt nur als vertikales Elendsviertel beschreiben, mit Wohnungen, die sich über viele Stockwerke stapelten. Drinnen war es dunkel, dreckig und deprimierend. Charakteristisch für dieses Umfeld war, dass es keine Gesetze gab. Denn dieses kleine Gebiet gehörte niemandem und stand unter keiner Verwaltung. Zuhälter und Prostituierte, Drogenhändler und Süchtige, Spieler und die berüchtigten Triaden alles existierte dort. Jeder konnte hier würdelosen Leidenschaften frönen und menschliche Schwächen schamlos ausnutzen. Später, als ich aus dem Inneren dieses schrecklichen Ortes wieder in die Sonne trat, fühlte ich, dass ich in der Hölle gewesen war. Doch selbst dort leuchtete das Licht des Evangeliums im einzig hell erleuchteten Raum, den ich im Erdgeschoss dieses Stapelbaus entdecken konnte. Jackie und ihre Kollegen bewiesen, dass Christus auch hier Gefangene freisetzen kann. Ein Glück, dass diese sogenannte „Stadt" abgerissen wurde.

Der zweite fand in Polen statt, an einem Ort, dessen Name einem das Blut in den Adern gefrieren lässt - Auschwitz! Es gibt keine Worte für die Gefühle, die ich hatte, als ich im hermetisch abgeriegelten „Duschraum" stand. In ihm wurden Tausende von Juden, Zigeunern und anderen „Unerwünschten" mit tödlichem Zyklon-B-Gas umgebracht. Den Leuten wurden die Haare geschoren, um Kissen damit zu füllen. Ihnen wurden die Goldzähne gezogen und an die Bank verschickt. Tätowierte Haut wurde sorgfältig entfernt, um daraus Lampenschirme herzustellen. Ihr Körperfett wurde eingeschmolzen und daraus Seife gemacht. Ihre abgemagerten Überreste wurden schließlich eingeäschert und die Asche als Dünger verkauft. Ich musste mir bewusst in Erinnerung rufen, dass die Männer, die für diese Grausamkeit verantwortlich waren, ihre Frauen liebten, zuhause mit ihren Kindern spielten und Weihnachtslieder sangen! Ansonsten hätte ich mich auch ihrer perversen Verachtung schuldig gemacht, mit der sie Menschen, die nach dem Bilde Gottes geschaffen waren, irgendwie als Untermenschen und Unwürdige behandelten. Wieder fühlte ich mich, als sei ich aus der Hölle zurückgekehrt, als ich aus einer fensterlosen Kammer trat, und mir die helle Sonne vom wolkenlosen Himmel ins Gesicht schien.

Während ich schreibe, denke ich an die Worte von Robert Browning: „Gut möglich, dass es den Himmel gibt", sagte er, „aber die Hölle muss es geben." In einem moralischen Universum muss das so sein. Wenn dieses Leben alles ist, was existiert, dann siegt die Ungerechtigkeit. Aber wenn es ein Leben im Jenseits gibt, in dem Übeltätern vergolten wird, dann wird es vorstellbar, dass Gerechtigkeit herrscht und dass Gott gut ist.

Insofern beinhaltet die Hölle etwas Gutes. Wenn Bösewichte den Folgen und Strafen ihrer Verbrechen hier im Leben entgehen, sind sie damit nicht durchgekommen. Sie werden den Preis bezahlen.

Die meisten stimmen vermutlich zu, dass einige Leute nicht weniger als die Hölle verdient haben: Massenmörder, grausame Diktatoren, Drogenhändler, Kinder und Frauenschänder. Wir alle haben wahrscheinlich Kandidaten vor Augen, die in den Feuersee gehören.

Nur, warum schließen wir uns selbst nicht mit ein? Die Hölle ist scheinbar für die anderen gedacht! Eine kürzlich durchgeführte Gallup-Umfrage ergab, dass zwei Drittel der amerikanischen Bevölkerung an den Himmel glauben und sich sicher sind, dorthin zu kommen. Genauso viele sagten aber, dass sie jemanden kannten, der höchstwahrscheinlich in die Hölle kommen würde!

Vielleicht ist das der Grund, warum die Lehre Jesu bezüglich der Hölle so unpopulär ist. Er wies klar darauf hin, dass der größte Teil der Menschheit auf dem Weg dorthin sei (Matthäus 7,13) und zwar wegen so belangloser Dinge wie, jemanden als Idioten zu bezeichnen oder ein Mädchen lüstern anzusehen (Matthäus 5,22,28).

Durch solche Aussagen werden wir alle verunsichert. Geht das nicht zu weit? Sicher sind die meisten nicht grundsätzlich verdorben. Sollte Jesus jedoch recht haben, könnte tatsächlich jeder ernsthaft in Gefahr sein; dieses unangenehme Gefühl lauert tief in unserem Inneren.

Dass diese christliche Lehre als offensiv und kaum akzeptabel empfunden wird, verwundert niemanden. Auch wenn wir versuchen, sie zu ignorieren, verschwindet sie nicht. Wir würden sie gern wegdiskutieren, aber sie kommt immer wieder. Dann doch lieber der Wahrheit ins Auge sehen, auch wenn es schmerzt. In Illusionen findet niemand Trost. Das vorliegende Buch war nicht einfach zu schreiben. Ich habe einige Male begonnen und wieder aufgehört. Zu wissen, „dass wir ´Lehrer` einmal besonders streng beurteilt werden" (Jakobus 3,1), ist eine große Verantwortung. Als meine Aktentasche mit dem Manuskript auf dem Flughafenparkplatz von Bologna verschwand, fragte ich mich, ob der Herr mir auf diese Weise untersagen wollte, es zu veröffentlichen. Doch es sollte so sein, dass ich als Antwort auf meine vielen Gebete einige Tage später alles völlig intakt von der Polizei zurückerhielt. Das ermutigte mich, daran zu glauben, dass es richtig sei, es herauszubringen.

Aber warum sollte jemand überhaupt ein solches Buch schreiben? Es ist kaum der richtige Weg, „um beliebt und einflussreich zu werden"! Dem Zeitgeist entspricht es jedenfalls nicht. Wer im Existenzialismus lebt, den interessiert diese Welt, nicht die nächste; wer dem Hedonismus frönt, sucht das Vergnügen und will Schmerzliches vermeiden. Es gibt genug Probleme im Hier und Jetzt. Warum sich da noch um das Jenseits kümmern?

Wenn wir die Hölle beiseiteschieben, wird sie dadurch weder bedeutungslos, noch bewahrt es jemanden davor, dorthin zu kommen. Wenn es die Hölle gibt und die Gefahr besteht, dass ein Einziger dorthin geht, ist es ein Akt der Nächstenliebe, jeden, der an diesen Ort kommen könnte, davor zu warnen und ihm zu sagen, wie er dieses Schicksal vermeiden kann. Wer aber ist angesprochen?

Die Zielgruppe dieses Buches wird viele Christen überraschen, vielleicht sogar schockieren. Denn es ist in erster Linie an sie gerichtet. Zudem wird es sowieso eher von Heiligen als von Sündern gelesen. Das soll auch so sein, aus zwei Gründen.

Erstens, der Zeitgeist hat die Kirche selbst angegriffen und infiziert. Gläubige beschäftigen sich zunehmend mehr mit ihren momentanen Bedürfnissen (sowohl innerhalb der Gemeinde als auch in der Gesellschaft) und ignorieren ihr ewiges Schicksal. Sogar bibeltreue Lehrer sind vor diesem deutlichen Wandel nicht gefeit und zeigen eine beunruhigende Abkehr vom traditionellen Höllenverständnis als Qual, die nicht endet. Der Annihilationismus ist derzeit die gängige Lehre. Anstatt zu fragen, „Wo willst du deine Ewigkeit verbringen?", wird jetzt gefragt: „Gibt es überhaupt eine Ewigkeit?" Eines meiner Hauptmotive beim Schreiben war, diesen wachsenden Trend zu durchleuchten.

Zweitens, die Warnungen Jesu vor der Hölle richteten sich selten an Sünder. Zwar bekamen religiöse Heuchler (die Pharisäer) sie gelegentlich zu hören, aber vorwiegend waren sie an Jesu eigene Jünger adressiert, besonders an die Zwölf. Diese Tatsache wurde im Kontext scheinbar völlig übersehen, sogar von Leuten, die noch immer an die Hölle glauben und darüber predigen und schreiben. Die Aufmerksamkeit darauf zu lenken, ist wahrscheinlich der einzige Beitrag dieses Buches zur gegenwärtigen Debatte. Die Auswirkungen davon sind natürlich weitreichend und sehr beunruhigend für diejenigen, deren Gelassenheit auf der Parole „einmal erlöst, auf ewig gerettet" beruht (ein Satz, der nirgendwo in der Schrift zu finden ist). „Gerettet" steht dabei für „sicher". Doch die Hölle ist ein Mahnmal, das uns daran erinnert, dass Heiligung und Vergebung vonnöten sind. Wer kann guten Gewissens behaupten, dass solch eine Botschaft für die heutige Gemeinde irrelevant sei?

Ich bin davon überzeugt, dass die Wiederbelebung dieser vernachlässigten Wahrheit nicht nur für den Leib Christi heilsam ist, sondern auch der Evangelisierung aller Nationen (gemeint sind ethnische Gruppen, nicht politische Systeme) dient. Grund genug für mich, alles zu Papier zu bringen.

Das Buch ist vermutlich kaum einfacher zu lesen als es zu schreiben war. Die Anfangskapitel können deprimierend wirken. Stets vermittelt das Evangelium zunächst schlechte

EINLEITUNG

Nachrichten (Gottes Zorn), bevor es gute bringt (Gottes Liebe). Paulus' Brief an die Römer zeigt das beispielhaft. Trotzdem wäre es falsch, die düsteren Aussagen der ersten vier Kapitel nicht zu lesen oder vor der frohen Botschaft im fünften und sechsten Kapitel mit dem Lesen aufzuhören.

Letzteres habe ich auf Anregung einiger Freunde und des Verlegers hinzugefügt. Sie hatten das Gefühl, dass ein Buch über die Hölle des „Trostes" des Himmels bedarf. Da ich nicht die Absicht hatte, dies zu einer allgemeinen Abhandlung über das Leben nach dem Tod zu machen, zögerte ich, den Inhalt zu erweitern. Ich erwog anfangs, einen Anhang anzufügen. Aber der Himmel ist kein Appendix, er ist der Höhepunkt. Also habe ich in den Hauptteil ein Kapitel aufgenommen, in dem der Himmel einen Kontrast (das „Gegenstück") zur Hölle darstellt. Ich vertraue darauf, dass Sie als Leser verstehen, dass das Verhältnis von sechs Kapiteln über die Hölle zu einem über den Himmel nicht der Relation in meinem Denken und Reden entspricht und für Sie kein Vorbild sein sollte. Dies ist einfach der Tatsache geschuldet, dass die Hölle aus ersichtlichen Gründen den größeren Anlass für Kontroversen bietet als der Himmel.

Der letzte Teil des Buches besteht aus einer Sammlung von Bibelstudien (einschließlich einiger Abschnitte, die entweder heftig diskutiert oder gezielt vermieden werden). Exegetische Belege werden hier nicht nur angeführt, um den Buchinhalt zu untermauern, sondern auch um Sprechern Material zur Predigtgestaltung für den Gottesdienst an die Hand zu geben.

Möge der Herr Ihnen die Gnade erweisen, das ganze Buch durchzuarbeiten. Vielleicht finden Sie es intellektuell anspruchsvoll, emotional ermüdend oder moralisch verstörend. Trotzdem, halten Sie durch! Segen erwartet diejenigen, die bis zum Ende lesen. Das ist wie bei der Erlösung. Ich könnte den Gedanken nicht ertragen, dass sich irgendjemand nicht weit genug durcharbeitet, um zu erfahren, dass niemand in der Hölle enden muss. Unser wunderbarer Herr hat in seiner großen Liebe und Barmherzigkeit alles getan, was er konnte, um uns vor diesem schrecklichen Schicksal zu retten. Ich bete, dass das Buch Sie mit Dankbarkeit, nicht mit Angst erfüllt und dass Sie fest entschlossen sind, diese perfekte Liebe kennen zu lernen, die alle Angst austreibt. Schalom!

EIN HINWEIS

Als dieses Manuskript kurz vor der Vollendung stand, erschien ein anderes Buch zum Thema: *Wichtige Fragen über die Hölle* von Ajith Fernando, Sri Lankas Direktor von *Jugend für Christus*, herausgegeben von Kingsway, mit einem Vorwort von Jim Packer.

Es dreht sich um dieselben Fragen. In meinen ersten drei Kapiteln stehen wir beide auf dem gleichen Standpunkt. Ich war schon versucht, meine Arbeit einzustellen und dieser hervorragenden Publikation das Feld zu überlassen. Wie in vielen Veröffentlichungen zu diesem Thema kommt darin jedoch die entscheidende Tatsache nicht vor, dass sich die meisten Warnungen Jesu an seine eigenen engagierten Jünger richteten. Meine Korrespondenz mit dem Autor ergab, dass er das unbewusst übersehen hatte. Er hatte versäumt, den Kontext der Warnungen zu beachten. Nachdem ich ihm das mitgeteilt hatte, war klar, dass er die Fakten genauso wie ich interpretierte. Seine Antwort auf meinen Hinweis lautete folgendermaßen: „In meiner Predigt warne ich Gläubige selbstverständlich vor der Möglichkeit, ihre ewige Errettung aufs Spiel zu setzen, falls sie nicht beharrlich am Glauben festhalten." Ich bin ihm dankbar für seine Ermutigung, mit meinem Buch weiterzumachen. („Es

EINLEITUNG

besteht ein großer Mangel an evangelistischer Auslegung zum Thema. Je mehr es für die christliche Gemeinde gibt, desto besser.") Übrigens, seine Studie lege ich meinen Lesern gerne ans Herz.

David Pawson
Sherborne St. John

1. DER NACHLASS

Der folgende Bericht erschien in Zeitungen und Zeitschriften überall auf der Welt:

Wurden die Pforten der Hölle geöffnet?

Wissenschaftler befürchten, dass sie die Tore zur Hölle geöffnet haben. Eine Gruppe von Geologen, die ein etwa 14,4 Kilometer (ungefähr 9 Meilen) tiefes Loch in die Erdkruste bohrte, behauptet, menschliche Schreie gehört zu haben. Zu hören waren die Schreie der verurteilten Seelen, die aus dem tiefsten Loch der Erde kamen. Die erschreckten Wissenschaftler befürchten nun, dass sie bösen Mächten der Hölle den Weg zur Erdoberfläche eröffnet haben.

‚Die Informationen, die wir sammeln, sind so verstörend, dass wir ernsthaft Angst vor dem haben, was wir da unten vorfinden könnten', sagte Dr. Azzacov. Er war der Leiter des Projekts, bei dem im entlegenen Sibirien ein 14,4 Kilometer tiefes Loch gebohrt wurde.

Die Geologen waren verblüfft. Nachdem sie mehrere Kilometer durch die Erdkruste gebohrt hatten, begann der Bohrer plötzlich sich wie wild zu drehen. Dafür gibt es nur eine einzige Erklärung dass das Zentrum tief in der Erde hohl ist', erklärte Azzacov erstaunt. Die zweite Überraschung war die hohe Temperatur, die sie im Zentrum der Erde entdeckten. ‚Die Berechnungen zeigen, dass die Temperatur bei etwa 1.100 Grad Celsius bzw. über 2.000 Grad Fahrenheit liegen muss', betont Dr. Azzacov. ‚Das ist weit mehr, als wir erwartet haben.' Es scheint fast so, als ob ein riesiges Feuerinferno im Zentrum der Erde tobt.

‚Doch die letzte Entdeckung war die schockierendste für unsere Ohren, so sehr, dass die Wissenschaftler Angst bekamen, das Projekt fortzusetzen. Mit hochempfindlichen Mikrofonen, die durch das Loch nach unten gelassen wurden, versuchten wir, in bestimmten Abständen die Bewegungen der Erde aufzuzeichnen. Was wir hörten, machte aus logisch denkenden Wissenschaftlern zitternde Wracks. Manchmal war es ein schwacher, aber hoher Ton, den wir zunächst unserem eigenen Equipment zuschrieben', erklärte Dr. Azzacov. ‚Aber nach einigen Anpassungen begriffen wir, dass der Klang tatsächlich aus dem Erdinneren kam. Wir konnten unseren eigenen Ohren kaum trauen. Wir hörten eine menschliche Stimme, die vor Schmerzen schrie. Obwohl nur eine Stimme deutlich wahrnehmbar war, konnten wir im Hintergrund Tausende, vielleicht Millionen von leidenden Seelen schreien hören. Nach dieser grässlichen Entdeckung hat etwa die Hälfte der Wissenschaftler aus Furcht gekündigt. Hoffentlich wird das, was da unten ist, dort unten bleiben', fügte Dr. Azzacov hinzu.

Der Ursprung der Geschichte lässt sich bis zu einer finnischen Zeitung zurückverfolgen; aber dort endete die Spur. Aus Gründen, die später im Buch noch angeführt werden (Einer davon ist, dass die Hölle derzeit noch nicht bewohnt ist.), ist der Bericht höchst zweifelhaft und gehört wahrscheinlich ins Reich der Fabeln. Zwei relevante Überlegungen lassen sich jedoch ableiten.

Erstens, eine derartige Geschichte kann heutzutage in Menschen mehr Schrecken auslösen, als jemand, der von der Kanzel über das „Höllenfeuer" predigt. Das kommt daher, dass sich unser Zeitalter eher von wissenschaftlichen Erkenntnissen beeindrucken lässt als von biblischen Erklärungen. Sogar Christen können in diese Falle tappen und wissenschaftliche Beweise für die Wahrheit der Bibel anführen. Damit weisen sie unbewusst der menschlichen Ratio mehr Autorität zu als der göttlichen Offenbarung.

Wir sollten uns vielleicht daran erinnern, dass Jesus die menschliche Skepsis realistisch einschätzte, als er sagte, dass diejenigen, die nicht auf die Propheten hören, sich auch nicht überzeugen lassen, wenn einer von den Toten aufersteht (Lukas 16,31).

Zweitens ist das Fehlen jeglicher Erläuterung zum Begriff „Hölle" auffällig. Das spielt eine wichtige Rolle. Der Reporter geht zu Recht davon aus, dass die meisten seiner Leser eine genaue Vorstellung davon haben, dass Myriaden menschlicher Seelen von unerträglicher Hitze gequält werden.

Ein solches Bild ist tief in der westlichen Tradition verwurzelt. Es zeigt exemplarisch, wie hoch effektiv die Kommunikation in der Kirchengeschichte war.

Die mittelalterliche Überlieferung

In den Tagen, in denen die meisten Gläubigen Analphabeten waren, blieb die Bibel für sie ein Buch mit sieben Siegeln. Nur Lateingelehrte lasen sie. Christliche Lehren wurden eher visuell als akustisch vermittelt, sowohl dynamisch (durch Rituale) als auch statisch (durch Glaskunst in Kirchen, Skulpturen und Malerei). Es gibt nur wenige mittelalterliche Kathedralen, in denen nicht bildlich auf das Schicksal Unerlöster hingewiesen wird (Ein Steinfries über dem Westportal in Fribourg / Schweiz ist typisch dafür.). Derartig durchdringende Szenen hinterließen einen unauslöschlichen Eindruck. Es ist leicht vorstellbar, in welchem Würgegriff geistlicher Angst die damalige Gesellschaft gefangen war, mitbegründet durch das Monopol auf die Sakramente, das die Kirche für sich beanspruchte.

Die mittelalterliche Vorstellung von der Hölle blieb trotz der protestantischen Reformation fast völlig erhalten. Aber die Kommunikationsmethode änderte sich radikal.

DER WEG ZUR HÖLLE

In den folgenden Jahrhunderten wurde diese düstere Wahrheit nicht mehr *visuell*, sondern *verbal* vermittelt. Im vierzehnten Jahrhundert entstand das Musterbeispiel dafür: In Dantes *Die Göttliche Komödie* wird eine Reise durch die Reiche der jenseitigen Welt dargestellt – von der Hölle durch das Fegefeuer ins Paradies. Der gleiche poetische Ansatz zieht sich auch durch Miltons *Paradise Lost* und *Paradise Regained* [auf Deutsch: *Das verlorene Paradies* und *Das wiedergewonnene Paradies*]. Allerdings wurde die Überlieferung meist durch Predigten weitergegeben, nicht durch Poesie. Viele haben wahrscheinlich von der berühmten Predigt des amerikanischen Puritaners Jonathan Edwards mit dem Titel *Sünder in den Händen eines zornigen Gottes* gelesen oder gehört. Sie entfachte in Übersee eine Erweckung und wurde überall nachgeahmt, sowohl von viktorianischen Predigern als auch gegenwärtig von Fernsehpredigern.

Erwähnenswert ist, dass sowohl die visuellen als auch die verbalen Darstellungen häufig über die Schlichtheit der heiligen Schrift hinausgingen. Fakt ist, der Schrecken der Hölle kommt vermutlich besser durch die spärlichen Informationen der Bibel zum Tragen als durch die detaillierten Beschreibungen mancher Ausleger. Es kann sogar sein, dass einige dieser Versuche, ihre Wirkung zu steigern, kontraproduktiv waren und das Ganze in Verruf brachten bzw. lächerlich machten. Wegen dieser Grobschlächtigkeiten wird die Hölle von der heutigen Weltsicht nicht mehr ernst genommen, obwohl es noch andere Gründe dafür gibt.

Die moderne Trivialisierung

In unserer Begriffswelt ist die Hölle immer noch geläufig. Sie gehört zur Normalität und löst weder Angst noch Grauen aus. Der moderne Mensch ist daran gewöhnt durch Blasphemie,

Kabarett und durch eine grundlegende Neuinterpretation.

Seltsamerweise wird das Wort häufiger außerhalb als innerhalb der Kirche verwendet. Zusammen mit ähnlichen Flüchen (wie z.B. „verdammt") ist es im Alltag eines der am meisten gebrauchten Schimpfworte. Grundsätzlich sind solche Blasphemien eine Form von Trotz und eine Demonstration von Tapferkeit, um die Gottheit herauszufordern, einen niederzuschlagen, weil Heiliges auf unheilige Weise verwendet wird (Das erklärt, warum die meisten Obszönitäten auf Kosten der beiden „heiligsten" Beziehungen - auf die zwischen Mensch und Gott bzw. Mann und Frau gehen.).

Der Begriff „Hölle" wird heute so häufig verwendet, dass er nur noch als milder Fluch erachtet wird. Nehmen wir das klassische Beispiel von Charlie Dryhole Woods, der nach jahrelangem, erfolglosem Bohren die größte Ölquelle Kaliforniens (80.000 Barrel pro Tag) entdeckte und seinen Fund den Medien mit lebhaftem, wenn auch begrenztem, Vokabular beschrieb: „Es ist die Hölle, wirklich die Hölle. Es hört sich an wie die Hölle. Es schießt hoch, tobt und fegt wie die Hölle. Es ist unkontrollierbar wie die Hölle. Es ist schwarz und heiß wie die Hölle."

Durch den leichtfertigen Gebrauch eines doch so bedrohlichen Wortes für eine nicht besonders bedrohliche Begebenheit, wird dieses Wort entkräftet. Auch die emotionale Dimension ist nicht mehr vorhanden, wenn etwas zu häufig oder zu selten gesagt wird.

Comedy trivialisiert die Hölle derzeit ebenfalls. Lachen ist ein Abwehrmechanismus, vor allem um Ängste abzubauen (Wie viele Filmkomödien sind im wirklichen Leben schreckliche Dramen?).

Wir schütteln unangenehme Dinge durch Lachen buchstäblich von uns ab. Von „unanständigen" Urlaubspostkarten bis hin zu „TV-Sitcoms" (Situationskomödien) – überall werden mit Halbwissen über den christlichen Glauben Witze gerissen.

Viele davon sind Variationen des bekannten Themas: „Geh in den Himmel wegen des Klimas, zur Hölle wegen der Gesellschaft." Mitunter müssen auch der heilige Petrus und das „Himmelstor" herhalten.

Erneut wird das zugrundeliegende Konzept herabgewürdigt. Der Respekt davor wird reduziert, mitunter sogar ganz über Bord geworfen. Humor besiegt das Unerträgliche. Ehrfurcht kann neben Spott nicht bestehen. Befreiendes Lachen vertreibt die Angst.

Eine subtilere Art, Dinge klein zu machen, geschieht durch die generelle Beschäftigung mit unserer gegenwärtigen Situation. Die kommende Welt ist in unseren Augen unwirklich und irrelevant. Die jetzige Welt ist die einzig wirklich wichtige. Deshalb machen wir uns hier auf Erden unseren eigenen „Himmel" oder unsere eigene „Hölle". Über das Grab hinaus gibt es weder Freud noch Leid.

Es gibt zwei wichtige Auswirkungen dieser allgemeinen Sichtweise. Nummer eins ist der Transfer der Vergeltung von der ewigen Sphäre auf die zeitliche, auch wenn unsere Lebenserfahrung diese Theorie nicht stützt. Die Bibel ist da ehrlicher, indem sie feststellt, dass das jetzige Leben sehr ungerecht sein kann. Der Gerechte mag leiden, während der Frevler gedeiht (siehe z.B. Psalm 73,3 - 14).

Nummer zwei ist die Überantwortung des Gerichts von der göttlichen Ebene auf die menschliche. Es ist nicht mehr Gott, der unser Schicksal bestimmt, sondern wir wählen es selbst. Anstelle des höchsten Gottes als Schöpfer der Welt tritt ausdrücklich die Selbstbestimmung des Humanismus. Die Hölle ist kein Strafgericht, das verhängt wird, sondern eine Wahlmöglichkeit, für die sich jemand entscheiden kann („Wenn ich in die Hölle will, wer sollte mich abhalten?"). Es ist kein göttlicher Urteilsspruch mehr, sondern ein Sieg des menschlichen Willens. Der selbstgemachten Hölle kann der Mensch sogar entfliehen – durch Selbstmord.

DER NACHLASS

Ein Bild der Hölle, das auf diese drei oder mehr Spielarten trivialisiert wurde, macht niemandem Angst. Aber die menschliche Natur erträgt kein Vakuum. Als Folge zogen viele andere Ängste in diese Leere ein – die Angst vor AIDS, vor der Bombe, vor Krebs, vor Umweltverschmutzung, vorm Nutzlossein, etc. Überraschenderweise macht der Sterbeprozess (der schmerzhaft und demütigend sein kann) den Leuten heutzutage mehr Angst als der Tod selbst (durch den ein Mensch angeblich alles hinter sich lassen kann. Das erachten viele als willkommene Befreiung, insbesondere alte Menschen.).

Selbsterhaltung ist einer unserer tiefsten und grundlegendsten Instinkte; es werden keine Kosten gescheut, um den vorzeitigen Tod eines Menschen zu vermeiden, speziell im Katastrophenfall. Doch unsere Generation zeigt zunehmend mehr Sympathie für Euthanasie, d.h. für das schnelle Sterben von unheilbar Kranken und Schwachen im Alter. Dieser scheinbare Widerspruch lässt sich damit erklären, dass der Tod nur dann als Verlust gesehen wird, wenn dadurch ein würdiges Leben verloren geht.

Wirklich Angst vor dem Tod hat nur derjenige, der daran glaubt, dass seine bewusste Existenz das Sterben überdauert, und dass obendrein die Qualität seines Lebens im Jenseits moralisch und juristisch direkt mit seinem irdischen Lebenswandel in Zusammenhang steht. Wer Vergeltung erwartet, für den hat der Tod einen äußerst schmerzhaften Beigeschmack. Er fürchtet den Gedanken der Rechenschaftspflicht.

Früheren Generationen war klar, dass jedes Geschöpf nach dem Tod vor seinem Schöpfer steht. Traditionell galt, dass das Leben auf den Prüfstand kommt und ein Urteil gesprochen wird. „Sterben müssen alle Menschen; aber sie sterben nur einmal, und darauf folgt das Gericht." (Hebräer 9,27). Gemäß der Bibel sind beide Ereignisse gleichermaßen unvermeidlich.

DER WEG ZUR HÖLLE

Dass Ungläubige in dieser Welt versuchen, sich dieser Herausforderung zu entziehen, ist zumindest verständlich. Eine genusssüchtige Generation findet solche Gedanken abstoßend. Dass allerdings Gläubige aus der Gemeinde, die der von Gott offenbarten Wahrheit verpflichtet sind, dem nicht ins Auge sehen wollen, erstaunt dann doch. Trotzdem ist das heute so.

2. DIE ABKEHR

In den sechziger Jahren schrieb ein britischer Journalist Folgendes: „Vor vierzig Jahren hörten wir auf, an die Hölle zu glauben; vor zwanzig Jahren hörten wir auf, an den Himmel zu glauben." Er machte damals keine Aussage darüber, ob er die Gesellschaft im Allgemeinen meinte oder die Kirche. Doch beides beeinflusst einander. Falls er sich auf Predigtinhalte bezog, war seine Einschätzung ein Treffer. Doch es gab Ausnahmen und es gibt sie noch immer. Transatlantische Fundamentalisten und Evangelisten hielten „das Feuer am Brennen". Im Vereinigten Königreich waren es jene, die eine reformierte (calvinistische) Theologie vertraten, die relativ konstant über die Hölle sprachen und schrieben. Aber Tatsache ist, dass in der überwiegenden Mehrheit der Kirchen die Hölle nur selten erwähnt wird. Das trifft auf die älteren konfessionellen Gemeinden genauso zu wie auf die neueren unabhängigen. Ironischerweise spricht die Welt zu viel darüber und die Kirche zu wenig! Es gibt eine allgemeine Abkehr von diesem alt hergebrachten Glaubensinhalt. Gleichzeitig lässt sich ein seit längerem stattfindender Rückgang der Kirchenzugehörigkeit beobachten (ein Punkt, den wir im letzten Kapitel noch einmal aufgreifen werden). War das ein Versäumnis oder Absicht? Wurde die Hölle schlicht übersehen oder bewusst ignoriert?

Die gezielte Vermeidung

Die Kirche ist in ihrer traditionellen Lehre penibler als die Welt. Die meisten Konfessionen führen gewissenhafte Aufzeichnungen über ihre historischen

Glaubensbekenntnisse. Die Änderung wurde offenbar bewusst vorgenommen.

Dies lässt sich am Beispiel der Methodistischen Kirche verdeutlichen. Sie behauptet von sich, „durch Gesang entstanden" zu sein und die Lehre wird seit jeher über die Musik vermittelt. John Wesleys Bruder Charles schrieb im achtzehnten Jahrhundert etwa sechstausend Liedtexte. Viele von ihnen wurden von populären Volkstanz-Melodien untermalt. Folgendes ist typisch dafür:

Aus Liebe zu uns ist er gestorben,
in diesem Wissen sind wir geborgen:
Er hat geliebt, er hat uns geliebt.
Wir können nicht sagen warum.
Und will die Hölle uns drohen und schrecken;
gewiss, mit seinem Tod will Jesus uns decken.

Frühe Methodisten wussten genau, wovor sie gerettet wurden, für wen und von wem. Schauen Sie sich folgenden wesleyanischen Katechismus an (‚für Kinder im zarten Alter'!):

Was für ein Ort ist die Hölle?
Die Hölle ist eine dunkle und bodenlose Grube aus Feuer und Schwefel.
Wie werden die Bösen dort bestraft?
Die Bösen werden in der Hölle bestraft, indem ihre Körper durch Feuer und ihre Seelen durch das Gefühl des Zorns Gottes gequält werden.
Wie lange werden diese Qualen dauern?
Die Qualen der Hölle dauern für immer und ewig.

Wäre eine solche Lehre heutzutage obligatorisch, gäbe es vermutlich Massenaustritte aus den Gemeinden der Methodisten!

DIE ABKEHR

Auch in anderen christlichen Denominationen lehrt man nicht mehr regelmäßig über die Hölle.

Und wenn man sich äußert, dann nur in solchen Situationen, in denen die Diskussion dazu zwingt. Die meisten antworten dann dergestalt, dass sie biblische Aussagen „entmythologisieren", d.h. die beschriebenen Details als „symbolisch" schön(?)reden (Doch kaum einer macht sich die Mühe, die Realität hinter den sogenannten „Symbolen" zu erklären.). Führen Sie sich diesbezüglich folgende Aussagen der englischen Kirche zu Gemüte.

Erzbischof George Carey von Canterbury wurde in einem Interview für den *Reader's Digest* gefragt, ob er an die Hölle glaube und antwortete: „Ja! Die Hölle ist eine Trennung. Nicht eine brennende Grube oder ähnliches, sondern ein Ort der Trennung von Gott für diejenigen, die in ihrer Ablehnung Gottes stur bleiben" (Zu Recht stellt sich hier die Frage, warum Jesus den Ausdruck „Feuer" benutzte, statt „Trennung".).

Erzbischof John Habgood von York erläuterte im Diözesanmagazin, er glaube, dass die Hölle eine „innere Erfahrung" sei und dass die „Feuersbrunst" auf einer falschen Übersetzung der Bibel beruhe. Er fuhr fort: „Wir sind diese Horrorbilder von gequälten Seelen und Teufeln mit Feuergabeln, die das Leben so vieler unserer Vorfahren verdorben haben, endlich los" (Auffällig ist an dieser Stelle, wie er die Sprache Jesu bezüglich des „Feuers" karikierte, indem er sie mit absurden Details ausschmückte, bevor er sie verwarf.).

Sogar evangelikale Anglikaner, die normalerweise von der Inspiration und Autorität der Bibel überzeugt sind, melden sich diesbezüglich ungern zu Wort. Erst nach Jahren des Schweigens in Wort und Schrift gab John Stott, ein anerkannter Leiter dieser Strömung, zu, dass er ein „Vertreter des Annihilationismus" sei (Die Hölle spielt aus seiner Sicht keine Rolle mehr; siehe unten.). In einer Debatte, die später veröffentlicht wurde (*Essentials*, Hodder und Stoughton), hatte ihm David Edwards, der bekannte liberale Anglikaner, diese Aussage abgenötigt. Dies ermutigte viele dazu, seine Ansicht zu übernehmen oder zuzugeben, dass sie schon lange genauso dachten. Tatsächlich unterstützen eine ganze Reihe von evangelikalen Anglikanern diese Sicht (Guillebaud, Atkinson, Wenham, France, Green). Andere jedoch (Lucas) halten am traditionellen Verständnis fest.

Auffällig ist, dass Leute, die diesen neuen Standpunkt vertreten, ihn nur zögerlich predigen. Woher kommt diese Vorsicht? Möglicherweise sind diejenigen, die Zweifel an der traditionellen Lehre haben, sich ihrer neuen Position nicht sicher genug, um Jahrhunderte christlicher Überzeugung infrage zu stellen. Vielleicht sind es auch Bedenken, den eigenen Ruf als „wichtiger" Vertreter des Glaubens zu riskieren (Das trifft vermutlich auf Evangelikale mehr zu als auf Liberale.).

Oder wird einfach deutlich, dass diese neuen Sichtweisen der Hölle jeglichen Schrecken nehmen, was zur Folge hat, dass sie keinerlei verhaltensrelevante Wirkungen mehr entfalten? Mit anderen Worten, wenn die Hölle keine beabsichtigte und ewige Heimsuchung darstellt, sondern einfach nichts ist, dann macht es keinen Sinn, darüber zu predigen.

Alles deutet auf diese letzte Schlussfolgerung hin. Die traditionelle Lehre wurde bewusst verworfen; aber weshalb? Dafür gibt es zwei Beweggründe - einerseits ein persönliches bzw. subjektives Motiv und andererseits ein theologisches bzw. objektives. Wir werden beide der Reihe nach erörtern.

Die persönliche Abneigung

Viele können die Vorstellung, dass es so etwas wie die Hölle gibt, gemeinhin nicht ertragen. Sie empfinden den Gedanken

DIE ABKEHR

als unangenehm, mitunter auch unerträglich. Ihre Ablehnung ist intuitiv, nicht wohlüberlegt.

Manchmal lässt sich das auf ein Zerrbild der biblischen Fakten zurückführen, das selbst gemacht oder erlernt sein kann. Die dazugehörigen Fantasien sind aufwühlend, ja sogar emotional. Diese falschen Darstellungen können Überreaktionen erzeugen.

Jedoch lässt sich nicht jede Aversion mit einem falschen Bild erklären. Es lohnt sich also, zu erforschen, warum es so viele schwierig finden, die Hölle objektiv zu sehen.

Es ist mittlerweile üblich, die menschliche Persönlichkeit als dreigeteilt zu betrachten: Herz, Verstand und Wille. Wir werden diese drei Dimensionen für unsere Untersuchungen nutzen.

Manche reagieren *emotional* auf die Hölle. Sie finden den Gedanken, dass jemand solche Qualen erdulden muss, schwer zu ertragen, vor allem in Hinblick auf diejenigen, die sie kennen und lieben. Leute mit viel Empathie haben hier das größte Problem. Manchmal formulieren sie ihren Protest so: „Wie könnte ich den Himmel genießen, während jemand, den ich kenne, in der Hölle schmort?" Solches Mitgefühl hat nichts mit naivem Hedonismus zu tun, der versucht, alles Schmerzliche um jeden Preis zu vermeiden; es muss ernst genommen werden. Das ist vergleichbar mit dem Leid, das Jesus über Judas empfunden haben muss. Aber letztendlich muss sich jeder Mensch entscheiden, ob er sich mit dem heiligen Schöpfer oder mit den sündigen Geschöpfen solidarisch erklärt.

Manche reagieren *intellektuell*. Der moderne Geist, der sich selbst als anspruchsvoll und gereift erachtet, lehnt die Hölle als barbarisch und primitiv ab. Solche Methoden des Umgangs mit widerspenstigen Mitgliedern der Gattung Mensch gelten als roh und grausam. Sie sollten in einer zivilisierten Gesellschaft nicht einmal zur Diskussion stehen. Sie gehören einer vergangenen Phase der evolutionären Entwicklung der menschlichen Gemeinschaft an. Es gilt als Zeichen unserer Reife, dass wir solche Sanktionen nicht mehr brauchen.

Einige reagieren *moralisch*. Psychologie und Soziologie haben ihre Spuren hinterlassen. Heute halten wir uns nur bedingt verantwortlich für unser Handeln. Unser Leben wird durch Vererbung und Umwelt geprägt. Bösewichte werden eher als Patienten oder Opfer wahrgenommen, nicht als Rebellen oder Kriminelle. Bestrafung kann nur dann gerechtfertigt werden, wenn sie der Wiedereingliederung dient oder abschreckend ist; Vergeltung hingegen ist ein veraltetes Konzept. Sünder sollten nicht leiden müssen. Sie brauchen eine Klinik, keine Hölle.

Als Folge dieser Reaktionen ist die Hölle für eine gut angepasste, reife und integrierte Gesellschaft völlig inakzeptabel. Die Menschheit, die erwachsen geworden ist, hat solche infantilen Bilder hinter sich gelassen. Diese drei Einstellungen sind alle natürlich und normal.

Dennoch stehen wir immer noch vor dem Problem, dass wir den größten Teil unseres Wissens über die Hölle Jesus selbst verdanken. Er war sicherlich kein durchschnittlicher Mensch; wer aber würde es wagen, ihn als abnormal zu bezeichnen? Er wurde allgemein als gesund, ausgeglichen und als vollständig mit sich im Reinen gelobt. Seine Ethik wird bis heute als moralischer Maßstab akzeptiert. Trotzdem war er es, der uns vor der Hölle warnte, er ganz allein.

Könnte es sein, dass wir abnormal sind und dass unsere Sichtweisen die Folge unserer Verblendung gegenüber unserer eigenen gefallenen Natur sind? Wäre es möglich, dass unsere Ablehnung aus dem instinktiven Wissen um unsere Schuld herrührt und dass wir infolgedessen Angst vor der Endabrechnung haben?

Wenn dem so ist, könnten selbst unsere objektiven Vorbehalte verdeckte Rationalisierungen sein. Lassen Sie uns das näher untersuchen.

DIE ABKEHR

Die typischen Argumente

Es gibt nichts Neues unter der Sonne - vor allem nicht hinsichtlich der Angriffe auf den christlichen Glauben. Im Laufe der Jahrhunderte gab es immer wieder Argumente gegen die Höllenlehre der Kirche, sogar aus den eigenen Reihen. Der Ansatz ist sowohl theologisch als auch logisch: Basierend auf dem Wesen Gottes wird für gewöhnlich geschlussfolgert, dass die Hölle einfach unvereinbar sei mit dem, was Gott über sich selbst offenbart hat. Drei Syllogismen *[Typen von logischen Schlüssen; Anm. der Übersetzerin]* beherrschen das Feld.

Die Hölle gilt als unvereinbar mit der *Liebe* Gottes.

Im Glauben, dass die Liebe Gottes das Attribut ist, das alle anderen umfasst, wird sie zum obersten Prinzip seines Wesens (und unseres). Da wir niemanden in die Hölle schicken würden, ist es unvorstellbar, dass ein Gott, dessen Liebe unendlich viel größer ist als unsere, so etwas überhaupt in Erwägung zöge. Dieses Argument ist natürlich davon abhängig, dass wir ein vollständiges Verständnis davon haben, was wahre „Liebe" ist. Denn nur dann können wir solche Gefühle auf Gott projizieren. Leider ist unsere Definition eher sentimental als biblisch (Was würden wir mit einem Verwandten oder engen Freund machen, der sich als psychopathischer Mörder entpuppt und für immer von der Gemeinschaft isoliert werden muss?). Vielleicht müssen wir die Natur der wahren Liebe überdenken, bevor wir Gott beschuldigen, lieblos zu sein, wenn er jemanden in die Hölle schickt.

Die Hölle gilt als unvereinbar mit Gottes *Gerechtigkeit*.

Das A und O des Glaubens ist die Annahme, dass

Gott gut ist und dass er in all seinen Beziehungen zu uns vollkommen gerecht ist. „Sollte der Richter aller Welt nicht gerecht richten?", war Abrahams gewagter Anspruch gegenüber dem Allmächtigen (1. Mose 18,25). Insofern sollte eine Strafe dem Vergehen angemessen sein, zumindest in Teilen. Können ein paar Jahre Sünde eine ewig andauernde Strafe rechtfertigen? Wäre dadurch nicht die Unterscheidung zwischen „geringen" und „schweren" Sünden hinfällig? Wäre es nicht ungerecht, wenn Leute, die sich leichter Vergehen schuldig gemacht haben, dasselbe Schicksal erleiden wie diejenigen, die abscheuliche Verbrechen begangen haben? In diesem Zusammenhang wird häufig die Frage gestellt, „was mit denen ist, die noch nie etwas davon gehört haben" (sprich, von der Sühne und Vergebung durch Christus)? Jeder hat einen Sinn für Ungerechtigkeit und zwar von Kindheit an („Das ist nicht fair."). Wir setzen voraus, dass Gott unsere Sichtweise teilt. Das muss er doch, oder? Das aber hieße, dass wir die wahre Bedeutung sündhaften Handelns begriffen haben. Doch können wir objektiv sein, wenn jeder von uns zwar weiß, was Sünde ist, aber keiner wirklich weiß, was Heiligkeit ist?

Die Hölle gilt als unvereinbar mit der *Macht* Gottes.

Wenn er allmächtig ist, dann kann er alles tun, was er will - auch einen Weg finden, um jeden Menschen zu retten. Wenn irgendjemand am Ende (auf ewig) in der Hölle landet, hat Gott versagt und muss mit dieser Frustration zurechtkommen. So gesehen wäre die Hölle ein Monument seiner Schwäche, denn seine Geschöpfe waren fähig, ihm zu widerstehen. Damit hätten sie sich als stärker erwiesen als ihr Schöpfer. Einige lösen dieses Dilemma mit dem Dogma der „doppelten Prädestination", d.h., Gott legt in

DIE ABKEHR

seiner Souveränität im Voraus fest, wer in den Himmel kommt und wer in die Hölle. Er entscheidet, nicht wir (Und da es jeder verdient, in die Hölle geworfen zu werden, ist es reine Barmherzigkeit, wenn einige in den Himmel kommen.). Aber diese Theorie schafft mehr Probleme, als sie löst. Denn, um seine Macht zu verteidigen, generiert sie eine Willkür, die mit anderen bekannten Aspekten von Gottes Charakter sowie mit seinem Willen unvereinbar ist (z.B. 1. Timotheus 2,3).

In der Tat enthalten alle diese Argumente den gleichen fatalen Fehler. Sie überhöhen eine göttliche Eigenschaft auf Kosten der anderen; sie überbetonen einen Wesenszug zum Nachteil des Gesamtbildes. Aber Gott ist eine vollständige Persönlichkeit, gerecht und barmherzig, heilig und mitfühlend, gütig und streng. Seine Wesenszüge verschmelzen miteinander und ergänzen sich. Doch eins ist klar: Nachdem Gott sich entschieden hat, freie Geschöpfe zu schaffen, wird er sie nicht zwingen, ihn zu lieben und ihm zu dienen. Das würde seine Sehnsucht nach einer größeren Familie zunichtemachen. Letztendlich steht es jedem Menschen offen, seinem Geist zu widerstehen und seine Rettung abzulehnen, auf ewig.

Die ausschlaggebende Antwort auf diese „objektive" Kritik ist letztlich dieselbe wie bei der „subjektiven": Jesus selbst war es, der uns all das mitgeteilt hat, was wir über die Hölle wissen müssen; das ist Fakt. Seine besondere Kenntnis von Gott resultiert aus der Vertrautheit eines einzigen Sohnes mit seinem Vater. Es wäre kühn, ja sogar unverschämt, zu behaupten, dass wir Gottes Liebe, Gerechtigkeit und Macht besser verstehen als er. Er sah jedenfalls keinen Widerspruch zwischen Gottes Eigenschaften und seinem Handeln. Er lehrte seine Jünger, sich vor dem zu fürchten, „der Leib und Seele dem Verderben der Hölle preisgeben kann" (Matthäus 10,28; siehe Schriftstudie A).

Bevor wir zum Studium der Lehre Jesu im Detail übergehen, gibt es eine weitere Fragestellung zum zeitgenössischen Weltbild, die wir behandeln sollten. Sie als Leser haben sich vielleicht schon Folgendes gefragt: Was setzen die, die das traditionelle Konzept ablehnen, an dessen Stelle?

Die Alternativen

Uns werden zwei Alternativen angeboten, um das Vakuum zu füllen: Die „Liberalen" führen den „Universalismus" an, während die „Evangelikalen" den „Annihilationismus" präferieren.

Universalismus ist der Glaube, dass jeder in den Himmel kommt; die Erlösung ist universell und steht jedem Menschen offen.

Einige Schriftstellen speisen diesen Optimismus scheinbar. „Ich aber werde über die Erde erhöht werden und werde dann alle zu mir ziehen" (Johannes 12,32). „Wir stellen also fest: Genauso, wie eine einzige Verfehlung allen Menschen die Verdammnis brachte, bringt eine einzige Tat, die erfüllt hat, was Gottes Gerechtigkeit fordert, allen Menschen den Freispruch und damit das Leben" (Römer 5,18). „So hat Gott alle ohne Ausnahme zu Gefangenen ihres Ungehorsams werden lassen, weil er allen sein Erbarmen erweisen will" (Römer 11,32). „Gott, unser Retter, will, dass alle Menschen gerettet werden und dass sie die Wahrheit erkennen" (1. Timotheus 2,3f). „Denn ‚in Christus' ist Gottes Gnade sichtbar geworden – die Gnade, die allen Menschen Rettung bringt" (Titus 2,11). „Er ist durch seinen Tod zum Sühneopfer für unsere Sünden geworden, und nicht nur für unsere Sünden, sondern für die der ganzen Welt" (1. Johannes 2,2).

Universalistische Ansichten gab es bereits im gesamten

DIE ABKEHR

Verlauf der Kirchengeschichte, von Origenes im dritten Jahrhundert bis Barth im zwanzigsten Jahrhundert. Sie entspringen dem griechischen Weltbild vom Menschen mit einer unsterblichen Seele in einem sterblichen Körper. Der Gedanke, dass solch eine „unsterbliche Seele" auf ewig „verloren" sein kann, wird dabei verneint. Allerdings muss zwischen zwei Varianten dieser Sichtweise unterschieden werden, wovon eine als „alt", die andere als „modern" bezeichnet werden könnte.

Die ältere Version steht auf dem Standpunkt, dass alle Menschen *früher oder später gerettet werden*. Das impliziert die „zweite Chance" (bzw. wenn nötig die dritte, vierte, fünfte oder mehr) nach dem Tod (Tennyson nannte es „die erweiterte Hoffnung".). Dass Jesus den Toten predigte, wird mitunter als Beleg dafür angeführt (1. Petrus 3,18 – 4,6; siehe Schriftstudium H). Kurz, es gibt keinen Stichtag für den Antrag auf ein Himmelsvisum.

Sollte es eine (vorübergehende) Höllenqual geben, dann dient sie der Heilung bzw. dem Ansporn. Denn es ist stets möglich, ihr zu entkommen. Die Tore der Hölle lassen sich von innen öffnen. Ein kurzes, heftiges Schockerlebnis sollte reichen, um alle, die sich dort wiederfinden, anzuregen, diesen Ort wieder zu verlassen! Dieses Programm ist vom römisch-katholischen Dogma des Fegefeuers zu unterscheiden (was eine unfreiwillige, modifizierbare Strafe für Gerettete ist, die noch nicht heilig genug sind, um direkt in den Himmel zu gehen; Sünder kommen aber von jeher in die Hölle.).

Die moderne Version davon ist, dass jeder Mensch *bereits erlöst ist*. Christus erwirkte diese kosmische Erlösung. Die Welt braucht keine weitere Errettung. Sie muss lediglich über ihren neuen Status in der Ära Anno Domini aufgeklärt werden. Durch seine Sühne wurde das Gericht hinfällig. Dieses Denken beinhaltet die Vorstellungen von der universellen Vaterschaft Gottes und der universellen

Bruderschaft aller Menschen. Beides steht einem „New Age-Humanismus" nahe.

Papst Johannes Paul II. machte sich offenbar für diese Doktrin stark: „Der Mensch – ausnahmslos jeder - wurde von Christus erlöst und ... Christus ist mit dem Menschen - mit ausnahmslos jedem - irgendwie vereint, selbst wenn sich ein Mensch dessen nicht bewusst ist" (zitiert von Stott in *Essentials*, S. 325, Hodder und Stoughton). In dieses „Evangelium" verlagert sich der Schwerpunkt von der Sühne Christi auf seine Menschwerdung.

Selbst wenn solche Ansichten durch einige Verse in der Bibel scheinbar gestützt werden, weisen spezifische Texte und der allgemeine Tenor der Schrift in eine ganz andere Richtung. Das Neue Testament teilt die Menschheit konsequent in zwei Kategorien ein. Menschen sind entweder gesegnet oder verflucht, gerettet oder verloren, für den Himmel bestimmt oder für die Hölle. Diese Polarisierung mag den modernen Geist zutiefst brüskieren, aber sie ist eindeutig integraler Bestandteil der apostolischen Lehre. Evangelikale, die nicht in der Lage waren, den Universalismus zu akzeptieren, haben sich für eine Alternative entschieden, den Annihilationismus.

Annihilationismus ist der Glaube, dass nur „Heilige" überleben und ewig leben; Sünder werden völlig ausgelöscht.

Dem griechischen Glauben an die Unsterblichkeit der Seele steht das hebräische Konzept der Auferstehung des Körpers gegenüber. Der Mensch ist eine sterbliche Seele, die für das ewige Leben einen unsterblichen Körper braucht (1. Korinther 15,53). Unsterblichkeit ist eine übernatürliche Gabe Gottes, kein natürliches Merkmal von Menschen. Sünder werden diese Gabe nicht erhalten. Sie gehören einer Spezies an, die vollkommen vergeht. Wiederum gibt es zwei Varianten des Themas, die genannt werden sollen.

Manche behaupten, dass diese völlige Auslöschung beim *ersten* Tod stattfindet. Jeder, der vor seinem Tod das ewige

DIE ABKEHR

Leben nicht erlangt hat, hört auf zu existieren, wenn er stirbt. Der Fachbegriff dafür lautet „bedingte Unsterblichkeit". Wenn das stimmt, sind Millionen von Menschen bereits in Vergessenheit geraten.

Dies wird jedoch jenen Schriften nicht gerecht, die eindeutig von einer künftigen Auferstehung und einem künftigen Gericht für alle Menschen sprechen, sowohl für die Gerechten als auch für die Ungerechten. Andernfalls wäre es eine prima Nachricht für Sünder, die nicht gerettet werden wollen! Gesetzt den Fall, sie könnten mit dem Tod den Konsequenzen ihrer Sünde entkommen, wären sie gut davongekommen.

Die Mehrheit sagt, dass die völlige Vernichtung erst beim *zweiten* Tod eintritt. Der Geist überlebt den Tod des Leibes, nur um wieder in Vergessenheit zu geraten, nachdem er für das Gericht „auferweckt" wurde.

Es gibt unterschiedliche Auffassungen darüber, wie viel bewusstes Leid auf dem Weg in die Vergessenheit erlebt wird, sei es vor dem Tag des Jüngsten Gerichts (im Zwischenzustand), während des Tages des Jüngsten Gerichts (Scham und Schande, weil man für schuldig erklärt wird) oder danach (für einen variablen Zeitraum). Manche meinen, der Geist hätte zwischen Tod und Auferstehung kein Bewusstsein („Seelenschlaf"). Das würde die erste der drei Möglichkeiten schon einmal ausschließen.

Für alle Ungerechten wäre die Hölle vielmehr ein Ort der Einäscherung, kein Kerker. Am Ende stünde das Nichts, entweder sofort oder ganz zum Schluss. Wiederum lässt sich daraus ableiten, dass das eine gute Nachricht ist für Sünder, die nicht gerettet werden wollen. Demzufolge besteht „Hoffnung in der Hölle" und sie hat ein Ende, d.h., es ist möglich, der Qual zu entkommen.

In der Regel wird versucht, diesen Sachverhalt durch die Sprache der Bibel zu belegen, nicht durch spezifische

Aussagen. Richtig ist, dass die wörtliche Bedeutung der Substantive wie „Feuer" und „Tod" in Verbindung mit Verben wie „verderben", „zerstören" und „verzehren" auf Vernichtung hinweist. Kenner der griechischen Sprache werfen zudem ein, dass das Wort für „ewig" (*aionios*) „eine Epoche lang" und nicht „ewig" bedeutet. Die Mehrdeutigkeit dieser Begriffe untersuchen wir im nächsten Kapitel.

Es gibt auch einen theologischen Argumentationsstrang. Auf den ersten Blick scheint er eine große Rolle zu spielen. Er basiert auf drei Schlüsseltexten des Neuen Testaments (Wir gehen sie von hinten her durch, um die logische Folge der Argumentation deutlicher zu machen). „Und weil Jesus diesen Namen trägt, werden sich einmal alle vor ihm auf die Knie werfen, alle, die im Himmel, auf der Erde und unter der Erde sind. Alle werden anerkennen, dass Jesus Christus der Herr ist, und werden damit Gott, dem Vater, die Ehre geben." (Philipper 2,10f). „Er hat uns seinen Plan wissen lassen, der bis dahin ein Geheimnis gewesen war und den er – so hatte er es sich vorgenommen, und so hatte er beschlossen – durch Christus verwirklichen wollte, sobald die Zeit dafür gekommen war: Unter ihm, Christus, dem Oberhaupt des ganzen Universums, soll alles vereint werden – das, was im Himmel, und das, was auf der Erde ist." (Epheser 1,9f.). „Wenn dann alles unter die Herrschaft von Christus gestellt ist, wird er selbst, der Sohn, sich dem unterstellen, der ihn zum Herrn über alles gemacht hat. Und dann ist Gott alles in allen" (1. Korinther 15,28).

Mithilfe dieser Verse wird versucht darzulegen, dass es am Ende eine Einbeziehung aller Geschöpfe in das Reich Christi und seines Vaters gibt; dass jemand, der sich ihrer Herrschaft widersetzt, außerhalb auf ewig weiterlebt, ist ausgeschlossen. Nebenbei bemerkt ist es erstaunlich, dass Universalisten genau dieselben Textstellen und den gleichen Beweisgrund nutzen, um zu einer völlig anderen Schlussfolgerung zu gelangen.

DIE ABKEHR

Folgendes sollte ernsthaft hinterfragt werden: Wie kann alles in Christus zusammengefasst werden und Gott alles in allem sein, wenn die Hölle und ihre Bewohner noch existieren?

Zwei Bemerkungen dazu: Erstens weist eine sorgfältige Lektüre der relevanten Texte eine interessante Auslassung in einigen von ihnen auf. Obwohl die Geschöpfe „unter der Erde" die Herrschaft Christi anerkennen, werden sie nicht in die von Christus erreichte Versöhnung von allem „was auf der Erde, und allem, was im Himmel ist" (Kolosser 1,20) einbezogen, auch nicht in die Vollendung „aller Dinge" in Christus (Epheser 1,10). Die beiden zuletzt Genannten sind auf „Dinge im Himmel und auf Erden" beschränkt. In jedem dieser Fälle muss das Wort „alles" eindeutig durch seinen jeweiligen Kontext eingeschränkt werden.

Zweitens ist doch klar, dass Kriminelle, die durch Inhaftierung aus der Gesellschaft ausgeschlossen sind, immer noch unter der Autorität des Souveräns stehen (Im Vereinigten Königreich werden die Haftanstalten als „Gefängnisse Ihrer Majestät" bezeichnet.). Wahrscheinlich sind diese Menschen im Vergleich zu freien Bürgern sogar in besonderem Maße dem Rechtswesen eines Herrschers unterstellt! Ebenso würde die Hölle immer noch unter der Herrschaft Gottes stehen, wäre also noch innerhalb der Sphäre seiner allumfassenden Autorität (Wir sollten erkennen, dass es – wenn der neue Himmel und die neue Erde errichtet und das neue Jerusalem bewohnt sein werden - Leute „außerhalb" der Stadt geben wird; Offenbarung 22,15).

Noch einmal: manche Argumente erscheinen auf den ersten Blick logisch; doch bei genauerer Betrachtung stimmen sie weder mit der Schrift überein noch überzeugen sie jemanden, der genau nachforscht. An dieser Stelle macht es Sinn, zu erklären, wie wir weiter vorgehen wollen.

Auch wenn es zweifellos richtig war, den Umfang der gegenwärtigen Debatte aufzuzeigen und auf manche

Schwachstellen verschiedener Sichtweisen einzugehen, haben wir bewusst darauf verzichtet, jede Position bis ins Detail darzulegen. Das hätte die Einführungskapitel noch länger gemacht und den Leser wahrscheinlich verwirrt. Weil sich dieses Buch in erster Linie an die Nachfolger Jesu richtet, ist es auch völlig unnötig, diesen Aufwand zu betreiben. Für sie ist die Lehre unseres Herrn wichtig. Logisch zu argumentieren kann mitreißend sein. Doch wer erkennt, dass andere Theorien im Widerspruch zu seinen Aussagen stehen - vorausgesetzt sie werden richtig interpretiert – für den haben sie keinen Bestand mehr.

Insofern scheint es an dieser Stelle ratsam, die Lehre Jesu selbst zu untersuchen. Wenn er eindeutig lehrte, dass jeder, der in die Hölle kommt, endlose Qualen erleidet, dann sind die Alternativen sowohl der Universalismus als auch der Annihilationismus *folglich* Irrtümer. Also, was hat er gesagt?

3. DIE REALITÄT

Jesus allein ist die wichtigste, ja sogar die einzige Quelle für unser Wissen von der Hölle. Ohne seine Lehre wäre es nahezu unmöglich, sie zu beschreiben, geschweige denn eine Doktrin zu formulieren.

Das sollte diejenigen in Erstaunen versetzen, denen es offensichtlich Spaß macht, die Schrift zu zerpflücken, Dinge auseinanderzunehmen, die Gott zusammengefügt hat, und quasi einen Kanon im Kanon zu schaffen (womit gemeint ist, einen Teil der Bibel als Maßstab für die Bewertung anderer Teile heranzuziehen). Zum Beispiel versuchten viele Markionisten (nach dem Erzketzer Markion) eine Trennung vorzunehmen zwischen dem wütenden, rachsüchtigen Gott des Alten Testaments und dem liebenden, vergebenden des Neuen. Hinsichtlich des Neuen Testaments machten einige Paulus sogar den Vorwurf, er würde Vorschriften und Gesetze in das von Jesus verkündete „einfache Evangelium" der Liebe einfügen. Unterscheidungen dieser Art sind in Anbetracht der Lehre Jesu von der Hölle unangebracht.

Es wurde versucht, seine Warnungen unwirksam zu machen oder sie zumindest abzuschwächen. Drei dieser Vorstöße sind heftig:

1. Unzuverlässige Berichterstattung. Das Evangelium wird als ungenau abgetan. Verweise auf die Hölle mögen die Weltsicht der frühen Kirche widerspiegeln, aber sie sollten nicht Jesus zugeschrieben werden.

2. Kulturelle Konditionierung. Jesus benutzte zeitgenössische Vorstellungen, um geistliche Prinzipien zu vermitteln. Im Gleichnis vom reichen Mann und Lazarus

sind zum Beispiel die Weltanschauungen der Hörerschaft Jesu verarbeitet. Doch das sind nicht seine eigenen Überzeugungen vom Leben im Jenseits.

3. Tiefgreifende Warnung. Jesus drohte mit der Hölle, um seine Zuhörer zu motivieren. Allerdings war er sich voll und ganz bewusst, dass diese Drohung niemals in der Praxis umgesetzt würde.

Alle drei Erklärungen beinhalten den Vorwurf der Unehrlichkeit. Doch derartige Heuchelei ist eher bei denjenigen zu finden, die solche Theorien vorbringen. Denn sie verschleiern die Tatsache, dass sie in Wirklichkeit von starker Abneigung gegen die Lehre Jesu zu diesem Thema getrieben sind. Warum gibt es keine derartigen Einwände gegen seine Lehre von der Liebe oder vom Himmel?

Bevor wir untersuchen, was er uns über die Hölle lehrte, sollten wir uns fragen, ob wir ihm ausreichend vertrauen, um zu glauben, dass das, was er sagte, wahr ist. Mehrfach benutzte er die Aussage „wahrlich, wahrlich" oder „ich versichere euch" (auf Hebräisch: „Amen, Amen") und betonte so ständig seine Glaubwürdigkeit. In seinen Reden griff er immer wieder das Thema persönliches Vertrauen auf. „Und da ihr mir nicht einmal glaubt, wenn ich über die irdischen Dinge zu euch rede, wie werdet ihr mir dann glauben können, wenn ich über die himmlischen Dinge zu euch rede?" (Johannes 3,12). Als er zu seinen Jüngern über die Zukunft sprach, beteuerte er, dass er sie niemals mit einer falschen Einsicht zurücklassen würde: „Wenn es nicht so wäre, hätte ich dann etwa zu euch gesagt ..." (Johannes 14,2). Er behauptete weiter, dass er nicht nur die Wahrheit sage, sondern die Wahrheit sei (Johannes 14,6). Wenn wir den Warnungen eines solchen Mannes vor der Hölle keinen Glauben schenken können, wie sollen wir dann irgendeiner seiner Aussagen vertrauen?

DIE REALITÄT

Da die Hölle weder in Zeit noch Raum Teil dieser Welt ist, haben wir keine andere Möglichkeit, etwas darüber herauszufinden, außer durch eine Offenbarung Gottes. Jesus nahm für sich in Anspruch, diese Offenbarung zu bringen und nichts zu sagen, was Gott nicht zuerst zu ihm gesagt hatte (Johannes 8,28). Das ist entweder die Wahrheit oder eine Lüge. Jeder Leser muss sich entscheiden, am besten jetzt.

Sobald diese grundlegende Frage geklärt ist, können wir die aufgezeichneten Worte Christi studieren. Die meisten Hinweise auf die Hölle finden sich in den vier Evangelien in den drei „synoptischen" ausführlicher als in Johannes; und in Matthäus ausführlicher als in Markus oder Lukas (Die Wichtigkeit dieser ungleichen Verteilung zeigt sich in Kapitel 4.).

Obendrein gibt es einige entscheidende Erklärungen im letzten Buch der Bibel, der Offenbarung. Das sind ebenfalls Aussagen Jesu, getroffen nach seiner Himmelfahrt.

Fast alle Informationen, die wir über die Hölle haben, stammen aus dem Munde desjenigen, der als einziger Sohn den Vater genau kennt. Wer verkündet, dass ein Gott der Liebe niemanden in die Hölle schicken würde, behauptet von sich, mehr über Gottes Charakter zu wissen als Jesus!

Tatsächlich ging Jesus nicht davon aus, dass sein Vater jemanden in die Hölle schickt. Er sagte nämlich voraus, dass er selbst, der Menschensohn, der Richter sein werde, der die Strafe verkündet (Matthäus 25,41; vgl. Apostelgeschichte 17,31). Urteilsrelevant wird die Einstellung des Angeklagten gegenüber Jesus selbst sein, die sich im Verhalten gegenüber seinen Brüdern offenbart (siehe Schriftstudie C). Es ist an der Zeit, seine Beschreibung der Hölle im Detail unter die Lupe zu nehmen. Wir werden uns zuerst die äußeren Umstände anschauen und dann die Erfahrung, die man dort macht – also zuerst den Ort und dann das Geschehen.

DER WEG ZUR HÖLLE

Eine angsteinflößende Beschreibung

Jesus war ein ausgezeichneter Lehrer. Als Stilmittel benutzte er Metaphern und Analogien, um vom „Bekannten" das Unbekannte abzuleiten. Eine derartige Bildsprache macht die Wirklichkeit lebendig und erfahrbar und hilft den Zuhörern, die Wahrheit zu erkennen.

Raffinierte Denker ziehen das Abstrakte dem Konkreten vor und verachten einfache Vergleiche. Diese tun sie als „reine" Symbole ab. Solche Leute müssen sich die folgende Schelte anhören, die aus einem holländischen Buch zu unserem Thema stammt (Wat is de Hel? von Schilder, S. 40): „Keiner soll sagen, dass es *nur* symbolisch und *deshalb* nicht so schrecklich ist. Eine einfache Umkehrung kann Folgendes deutlich machen: Wenn das Symbol, das bloße Bild, schon furchteinflößend ist, wie schrecklich muss das Ursprüngliche (das Original) dann sein!"

Wie aber hat sich Jesus die Hölle vorgestellt? Die Antwort findet sich in dem Wort, das er dafür normalerweise benutzte – Gehenna. Es bedeutet in etwa „Tal des Hinnom".

Das ist ein geografisch existierender Ort, eine tiefe Schlucht, die südwestlich von Jerusalem verläuft. Von dort aus ist zwar die Stadt zu sehen, aber aus Sicht der Stadt ist das Tal größtenteils verborgen. Wenige Touristen kommen hierher, kaum einer weiß davon.

Das Tal hat eine düstere Geschichte. In einer Epoche von Israels Abgötterei wurde es zum Zentrum für die Anbetung des Molochs, eines Ammonitergottes, der die Opferung lebendiger Säuglinge in grausamen Orgien forderte. Jeremia prophezeite, „es wird die Zeit kommen, spricht der HERR, dass man diese Stätte nicht mehr ‚Tofet' und ‚Tal BenHinnom', sondern ‚Würgetal' nennen wird" (Jeremia 19,6; LUT 2017).

In der Folge wurde die Schlucht zur Müllhalde der Stadt,

aber auch deswegen, weil sie günstig lag und eine gewisse Tiefe hatte. Das dem Tal zugewandte Südtor wird bis heute „Misttor" genannt, was für sich selbst spricht. Alle Abwässer und Abfälle der Großstadt wurden in der Gehennaschlucht entsorgt.

Der Müll wurde auf zwei Arten entsorgt: Alles, was brennbar war, wurde verbrannt und bei allem, was biologisch abbaubar war, kamen die Würmer zum Einsatz. Steile Klippen minimierten die Hitze und den Gestank (Der tiefste Punkt war zu tief, als dass die Sonne dorthin kam.).

Ich besuchte Gehenna 1961, als es noch für die Abfallentsorgung genutzt wurde. Es war ein dreckiger, ekelhafter und abstoßender Anblick, der mich zutiefst bedrückte. Inzwischen wurde das gesamte Gelände geräumt und sauber gemacht, ein Park wurde angelegt. Heute gehen hier Verliebte spazieren und geben sich ihren Gefühlen hin! Exegetisch gesehen ist das eine Tragödie, ökologisch ein Triumph!

Zu Jesu Zeiten gab es auch einen Bezug zum Verbrechen. Die Leichen gekreuzigter Schwerverbrecher wurden nach Gehenna gebracht (Für einen Juden ist es die größte Schande, wenn er nicht begraben wird.). Das wäre auch das Schicksal Jesu gewesen, wäre Josef von Arimathäa nicht eingeschritten und hätte sein eigenes Grab zur Verfügung gestellt. Ironischerweise beging hier einer der zwölf Apostel Selbstmord, indem er sich erhängte. Das Seil riss und Judas Iskariot stürzte in den Talkessel. Seine Eingeweide brachen heraus. Später wurde der Ort „Blutacker" genannt. Petrus fasste die schmutzige Episode treffend zusammen und sagte: „Judas ist dorthin gegangen, wohin er gehört" (Apostelgeschichte 1,25).

Jesus hätte kaum eine passendere Analogie wählen können. Er sagte, dass Menschen, die nach Gottes Ebenbild und zu seinem Dienst geschaffen wurden, so „verderben" können, dass sie für den Zweck, für den sie gemacht wurden, ungeeignet sind. Die Nutzlosen werden weggeworfen. Die Hölle ist Gottes Müllhalde für vergeudete Leben. Das ist das tragische Schicksal der „Verlorenen". Wie aber wird es für diejenigen sein, die dieses schreckliche Ende einholt? Sprach Jesus über die Gefühle dieser Menschen und über die Zustände an diesem Ort? Entgegen manch anderem „Höllenfeuerprediger" vermittelte Jesus keine reißerischen Details oder „ließ seine Zuhörer über dem Abgrund baumeln". Doch seine zurückhaltenden Kommentare verstärken den Schrecken nur. Das „Leben" in der Hölle kann schlicht als lebendiger Tod bezeichnet werden. Die Verdammnis wirkt sich auf fünf Ebenen aus, die alle im Anschluss beschrieben werden.

Es ist ein Ort *körperlichen Leidens*. Wir müssen uns vor Augen führen, dass die Hölle ein realer Ort ist für Menschen mit echten Körpern (Später in diesem Kapitel wird das noch deutlicher werden.). Insofern müssen die Hitze und der daraus resultierende Rauch ernst genommen werden, ebenso wie der unangenehme Geruch (Schwefel oder Sulfur ist der Grundstoff für viele abstoßende Gerüche, vor allem solche, die mit Fäulnis und Verwesung in Verbindung gebracht werden.). Am meisten macht wahrscheinlich der Zustand der absoluten Dunkelheit Angst, sodass Sehende praktisch blind sind.

Es ist ein Ort *geistiger Angstzustände*. Eine Beschreibung, die Jesus sehr häufig gebrauchte, war „Weinen und Zähneknirschen". Diese Aussage verbindet zwei ganz unterschiedliche Emotionen, nämlich Trauer und Wut. Allerdings mündet beides in Frustration. Zu wissen, was hätte sein können und nun nicht mehr möglich ist, ruft genau den qualvollen Zustand hervor, den Jesus beschrieb, weil sich zur Traurigkeit noch Verbitterung gesellt. Beides sind ichbezogene Gefühle. Übrigens, es zeigt sich hier ganz klar der Fortbestand des Bewusstseins.

DIE REALITÄT

Es ist ein Ort *moralischer Verkommenheit*. Die Einschätzung ist falsch, dass einige Menschen von Natur aus schlechter sind als andere, zum Beispiel bestialische Perverse oder Schwerverbrecher. Würden die Masken fallen und Gott seinen mäßigenden Einfluss wegnehmen, würden wir alle als das offenbar werden, was wir wirklich sind. Paulus gibt uns einen Einblick in das, was passiert, wenn die Menschen Gott aufgeben, und er als Reaktion darauf die Menschen aufgibt: Schwächen, die im Verborgenen liegen, treten zum Vorschein (Römer 1,24 - 32). Die Spitze davon wird in der Hölle erreicht. Von Gott getrennt zu sein, bedeutet, vom Guten getrennt zu sein, denn er ist die einzige Quelle davon.

Es ist ein Ort *sozialer Einsamkeit*. Der Existenzialist Sartre formulierte einst: „Die anderen Leute sind die Hölle." Doch das ewige Leben mit dem eigenen Ego zu verbringen, ist viel schlimmer. Trotz der Menschenfülle wird in der Hölle tiefste Einsamkeit herrschen, vor allem, weil es dort keinerlei Liebe, Sympathie oder Freundlichkeit gibt. Der reiche Mann in Lukas 16 (siehe Bibelstudium E) schien in seinem Leid ganz allein zu sein. Niemand war um ihn herum, den er um Mitgefühl oder Hilfe bitten konnte. Jesus beschrieb die Hölle als einen Ort, an dem keine Geselligkeit existiert (Lukas 13,28f).

Es ist der Ort des *geistlichen* Todes, der auch „zweiter Tod" heißt. Tod bedeutet Trennung. Die Hölle ist die Trennung von Gott. Sie befindet sich „draußen", nämlich dort, wo es keine Anbetung geben wird, weil es dort keinen Gott gibt, den man anbeten kann. Gebet wird sinnlos sein. Wenn der Kontakt mit dem Göttlichen verloren geht, geht auch der Mensch zugrunde. Das Ebenbild Gottes wird völlig verunstaltet. Es folgt unweigerlich der persönliche Zerfall.

Die Abwesenheit Gottes wird durch die Gegenwart Satans entsetzt, der Quell allen Übels. Tausende seiner „Engel" (Seit ihrer Rebellion gegen den Himmel werden sie „Dämonen" genannt.) werden die Bevölkerungszahl überquellen lassen und die Atmosphäre mit ihren unreinen Gedanken, Worten und Taten verschmutzen. Während es an jeglicher Tugend fehlt, wird gleichzeitig jegliches Laster aufkeimen. Kein Wunder, dass Jesus die Verurteilten, die einer derartigen Gesellschaft zugerechnet werden, als „Verfluchte" bezeichnete (Matthäus 25,41).

In beidem, in den Evangelien und in der Offenbarung, wird das Wort „Qual" (*basanismos* und dergleichen) häufig verwendet. Wie bei einer „Folter" steht es für bewusst empfundene körperliche oder geistige Schmerzen.

Sich die unendliche *Tiefe* solcher Qualen vorzustellen, ist fast unmöglich und oft werden Fragen nach ihrer *Dauer* gestellt: Wie lange wird sich diese Qual hinziehen? Wird sie jemals enden? Bevor wir darauf antworten, müssen wir noch einen anderen Punkt abhandeln: Wann wird sie beginnen?

Ein zukünftiger Zeitabschnitt

Es gibt zwei gängige Mythen über die Hölle. Der eine ist, dass der Ort jetzt schon existiert und der andere, dass er bereits bewohnt ist. Keiner davon ist biblisch. Beides hat aber die Vorstellung genährt, dass Menschen in die Hölle (oder in den Himmel) kommen, wenn sie sterben.

Sowohl der Himmel als auch die Hölle werden gerade „vorbereitet" (vgl. Johannes 14,2 mit Matthäus 25,41). Keines von beiden war Teil der ursprünglichen Schöpfung. Beide werden in Zukunft nach dem Tag des Jüngsten Gerichts, der noch nicht stattgefunden hat einsatzbereit sein.

Daraus folgt, dass die Hölle, egal in welchem Stadium ihrer Vorbereitung sie sich gerade befindet, immer noch unbewohnt ist (Deshalb kann die Geschichte, die am Anfang von Kapitel 1 erzählt wurde, nicht wahr sein.). Diesbezüglich

DIE REALITÄT

kommen mir sofort zwei Fragen in den Sinn:

Erstens, wo sind der Teufel und seine dämonischen Engel jetzt? Die Bibel lokalisiert sie auf der Erde und im Umfeld (Der Mächtige, der in der Luft herrscht, durchstreift unseren Planeten; Hiob 1,7; Epheser 2,2) sowie an „himmlischen Orten" (wo wir ihnen begegnen, wenn wir beten; Epheser 6,12). Einige davon sind bereits in tiefen Kerkern weggesperrt und warten auf das letzte Gericht (2. Petrus 2,4; Judas 6). Wir wissen, dass erst am Ende der Geschichte einige in den Feuersee geworfen (Offenbarung 20,10) werden.

Zweitens, wo sind all die Menschen, die bereits gestorben sind? „Sterben müssen alle Menschen; aber sie sterben nur einmal, und darauf folgt das Gericht" (Hebräer 9,27). Aber was geschieht zwischen dem einen Ereignis (jeder von uns an einem anderen Tag) und dem anderen (alle am selben Tag)?

Um die biblische Offenbarung über die Zukunft zu verstehen, muss man wissen, dass die menschliche Existenz aus drei Phasen besteht:

1. Geist im Körper - von der Geburt bis zum Tod
2. Geist ohne Körper - vom Tod bis zur Auferstehung
3. Geist im Körper - von der Auferstehung bis in alle Ewigkeit

Fragen zum Raum, die mit „wo ...?" beginnen, sind nur für die erste und dritte Phase relevant, weil sich zu dieser Zeit der Geist im Körper befindet.

Beides, Himmel und Hölle, sind Orte für Geister in Körpern und gehören zur dritten Phase. Derzeit stellen sie einen zukünftigen Zeitabschnitt dar, den bisher noch niemand erlebt hat. Wir müssen deshalb diesen „Zwischenzustand" vom Endzustand des menschlichen Lebens abgrenzen.

Körperlose Geister im Hades
Der Tod trennt Geist und Körper. Der Körper kehrt zu seinem

irdischen Ursprung zurück (Relativ schnell geht das durch Einäscherung und langsam durch Verwesung.) und der Geist zu seinem himmlischen (Prediger 12,7).

Eines ist klar: Der Tod ist nicht das Ende der bewussten Existenz eines Menschen. Der körperlose Geist überlebt diese Krise. John Browns Körper mag in seinem Grab zerfallen, aber seine „Seele" marschiert weiter *[„John Brown's Body" ist ein Lied in Marschform; Anm. der Übersetzerin]*.

Das Alte Testament gibt uns wenig Auskunft über das, was dann folgt. Die Toten ruhen zusammen mit ihren Vorfahren. Ihre Anschrift lautet *scheol* (ein hebräisches Wort, auf Griechisch *hades*). Es ist ein neutraler Begriff für die Bleibe der Verstorbenen. Damit sind weder Freude noch Schmerz verbunden. Der Ort mutet eher an wie eine Bahnhofshalle um Mitternacht, wo bis zum Morgen keine Züge fahren! So wie es aussieht, gibt es dort weder Bewusstsein noch Kommunikation.

Doch es existieren deutliche Hinweise auf den Fortbestand. Obwohl die Kommunikation mit den Toten seit jeher untersagt ist, impliziert ja das Verbot an sich, dass es möglich ist, genau das zu tun. Saul benutzte eine Wahrsagerin als Medium, um mit dem verstorbenen Samuel in Kontakt zu treten. Die Erscheinung, die sich zeigte, war offenkundig der reale Geist und kein „Mimikry" (nachahmender Geist). Auch Hiob ging von einer Begegnung nach dem Tod aus (Hiob 19,26). Und der Psalmist erwartet, dass er „nachher" mit Ehren aufgenommen wird (Psalm 73,24).

Das Neue Testament macht aus diesen erhebenden Hinweisen absolute Gewissheiten. Jesus verkündete, dass sein Vater der Gott von Abraham, Isaak und Jakob „ist" (nicht war). Insofern sind diese drei noch immer „am Leben" und Abraham freute sich, Jesu Ankunft bezeugen zu können. Auf dem Berg der Verklärung unterhielt sich Jesus mit Mose und Elia (über den „Exodus", den er in Jerusalem erreichen wollte; Lukas 9,31). Gott ist der Gott der Lebenden, nicht der Toten (Lukas 20,38).

Der Ausdruck „entschlafen" wird heute auch noch verwendet. Aber es handelt sich hier eindeutig um einen physischen Befund des Todeszeitpunktes, nicht um eine geistliche Beurteilung des Zustandes nach dem Tod. Ein Geist kann in einen leeren Körper zurückgerufen werden – so geschehen bei Jairus' Tochter, bei dem Sohn der Witwe von Nain (ganz in der Nähe von Schunem, wo Elisa den Sohn einer Witwe auferweckte) und vor allem bei Lazarus aus Bethanien (nachdem sein Körper bereits am Verwesen war).

Im Gleichnis von Lazarus und dem reichen Mann war dieser bei Bewusstsein und kommunizierte im Hades (siehe Schriftstudium E). Jesus versicherte dem sterbenden Schächer, dass sie am selben Tag, an dem sie beide starben, zusammen im Paradies sein würden. Das wäre ein geringer Trost gewesen, wären beide ohne Bewusstsein (siehe Schriftstudie F). Obendrein gab es da noch diese außergewöhnliche Meldung, dass der Tod Jesu die längst Verstorbenen aus ihren Gräbern befreite. Sie zogen durch Jerusalem, wo sie gesehen und erkannt wurden (Matthäus 27,52f; siehe Schriftstudie D).

Der ausschlaggebende Beweis für das Überleben der Persönlichkeit über den Tod hinaus ist natürlich Jesus selbst, der in wenigen Tagen alle drei Phasen der menschlichen Existenz durchlief. Obwohl er im Leib getötet wurde, wurde er im Geist lebendig gemacht, und zwischen seinem Tod und seiner Auferstehung predigte er denjenigen, die in den Tagen Noahs in der Flut ertrunken waren (1. Petrus. 3,18 - 20; siehe Schriftstudie H). Sowohl Jesus als auch die anderen müssen vollkommen bewusst und in der Lage gewesen sein, miteinander zu kommunizieren. Mit den Schlüsseln des Hades in der Hand (Offenbarung 1,18) konnte Jesus sich frei am Aufenthaltsort der Verstorbenen bewegen und hinein und hinausgehen. Die Tore des Hades konnten ihn oder seine Gemeinde – nicht aussperren oder zurückhalten (Matthäus 16,18).

Paulus war von dieser körperlosen Phase nicht besonders begeistert; er bezeichnete sie als „entkleidet" (2. Korinther 5,4). Doch im Großen und Ganzen „hätte (er) lieber das irdische Leben hinter sich gelassen, um mit Christus zu sein". Sterben wäre für ihn „Gewinn" gewesen (Philipper 1,21 - 23). Eine solche Sprache hätte ein derartiger Aktionist niemals für den bewusstseinsfernen „Schlaf" verwendet!

Aber wo befindet sich der Hades? Oder ist das in Bezug auf körperlose Geister eine irrelevante Frage? Ist es eher ein Zustand als ein Ort oder eher eine Beziehung als eine Region? Ist der Raum dort relativ? Was ist mit der Zeit? Wird es ein langes oder ein kurzes Warten?

Gibt es einen einzigen Ort für alle Toten? Warum wird im Neuen Testament der Hades nie auf die Gerechten bezogen? Ist das „Paradies" ein speziell reservierter Bereich? Und ist das „Verlies", in dem die rebellischen Engel in Gewahrsam gehalten werden, ein anderes Areal? Wo befinden sich „Abrahams Schoß" und die „große Kluft"? Leiden die Ungerechten schon jetzt? Werden die einen bereits getröstet und die anderen gepeinigt? Ist Hades ein Vorgeschmack der Hölle?

Obwohl wir auf diese und viele andere Fragen gerne Antworten hätten, ist es Fakt, dass die Bibel uns nur wenig über diesen Zwischenzustand wissen lässt. Um den Gläubigen Mut zu machen, erfahren wir nur, „dass sie mit dem Herrn sein werden". Was sollen wir von diesem Mangel an Informationen halten? Wenn wir davon ausgehen, dass die Bibel alles enthält, was wir für unser Heil wissen müssen, dann ist klar, dass es völlig unnötig ist, mehr über diesen Zwischenzustand zu erfahren. Es könnte sogar abträglich sein, unsere Aufmerksamkeit und damit unsere

DIE REALITÄT

Zukunftshoffnung auf den falschen „Ort" zu richten. Mit anderen Worten, die Schrift behandelt diese Zwischenphase nur als Zwischenspiel - das sollten auch wir. Übermäßige Neugierde auf den gegenwärtigen Aufenthaltsort der Toten könnte in uns den Wunsch wecken, mit ihnen in Kontakt zu treten. Doch Gott in seiner Weisheit hat verordnet, dass das nachteilig und gefährlich für uns ist.

Die Bibel richtet ihr Augenmerk auf den endgültigen Zustand, nicht auf die unmittelbare Zukunft. Er ist viel bedeutsamer, weil er ewig dauert.

Geister mit Körpern in der Hölle
Die Auferstehung vereint Körper und Geist. Es gehört zum Wesen des christlichen Glaubens zu bekennen: „Ich glaube an die Auferstehung des Leibes." Aber was bedeutet das?

Es ist keine *Reinkarnation*. Im asiatischen Denken kehren wir als jemand (oder etwas) anderes in die Welt zurück, mit einer neuen Identität. Gemäß unseren Verdiensten wird die nächste Existenz besser oder schlechter sein als die jetzige.

Es ist keine *Unsterblichkeit*. Das griechische Konzept einer unsterblichen Seele, die von ihrem sterblichen Körper befreit wird, ist weit entfernt von der hebräischen Sicht, gemäß der die sterbliche Seele einen unsterblichen Körper bekommt (Kein Wunder, dass die Athener Paulus verspotteten, als er davon sprach; Apostelgeschichte 17,32; vgl. 1. Korinther 15,53). Unsterblichkeit ist keine natürliche menschliche Eigenschaft, sondern ein übernatürliches Werk Gottes.

Es ist keine *Reanimation*. Es handelt sich nicht um eine Wiederbelebung des alten Körpers, der später wiederum sterben muss (wie bei Lazarus), sondern um die Erschaffung eines neuen Körpers, der nie wieder stirbt (wie bei Jesus, dem bisher einzigen, der einen solchen „neuen" herrlichen Leib hat – samt neuer Kleider!). Der Körper, der begraben (bzw. verbrannt oder sogar völlig zerstört) wurde, entspricht nicht dem Körper, der bei der Auferstehung auferweckt wird (1. Korinther 15,37 - 44).

Gott kann eines von zwei Dingen mit einem körperlosen (wenn auch bewussten) Geist tun. Er könnte ihn entweder völlig vernichten (weil er sterblich ist) oder unsterblich machen (indem er ihm erneut einen Körper gibt, diesmal einen unsterblichen). Überraschend ist, dass er sich für Letzteres entschieden hat, und zwar nicht nur in Hinblick auf „Gerechte", sondern auch auf „Ungerechte". *Alle* körperlosen Geister werden einen neuen Leib bekommen. Diese „allgemeine Auferstehung" sagte der Prophet Daniel voraus (Daniel 12,2), Jesus selbst bestätigte sie (Johannes 5,29) und der Apostel Paulus bezeugte sie erneut (Apostelgeschichte 24,15). Johannes brachte sie mit dem letzten Gericht während der Apokalypse in Verbindung (Offenbarung 20,5). An vielen anderen Stellen wird ebenfalls darauf verwiesen (Matthäus 5,29f; 10,28; 12,41f; Lukas 14,14; 20,35; usw.).

Beim Jüngsten Gericht werden sowohl „der Tod" (der dazu führt, dass der Geist seinen Körper verliert) als auch „der Hades" (der Aufenthaltsort der entkörperlichten Geister) in den „Feuersee" geworfen werden (Offenbarung 20,14). Da beides „Dinge" sind und keine Personen, bedeutet das, dass die Flammen sie vermutlich ganz verzehren und nicht quälen. Mit anderen Worten, die Ära der körperlosen Geister ist vorbei. Von nun an wird die gesamte menschliche Existenz körperlich sein, inkarniert.

Demnach ist die Hölle der Zukunft zugeordnet, nicht der Gegenwart. Derzeit ist niemand in der Hölle, nicht einmal der Teufel (Wenn er es wäre, hätte er keinen Einfluss auf die Welt.). Damit haben wir die Frage beantwortet, wann die Hölle beginnt. Am Tag des Jüngsten Gerichts. Wann wird sie enden? Hat sie jemals ein Ende? Das ist das entscheidende Thema, mit dem wir uns jetzt befassen.

DIE REALITÄT

Eine ganze Ewigkeit

Die Beschreibung der Hölle beinhaltet eindeutig eine bewusste Erfahrung, die sich nur als „Qual" bezeichnen lässt. Nachdem wir die Tiefe dieses Leidens erforscht haben, setzen wir uns nun mit seiner Dauer auseinander. Wie lange wird die Qual dauern? Auf diese Frage gab es bereits drei Antworten.

Einige denken, sie wird extrem *kurz* sein. Sie nehmen an, dass sie gerade so lange dauert, wie Feuer eben braucht, um normalerweise zum Tode zu führen. Die bewusste Qual wird daher weitgehend mental sein. Sie ist insofern auf den Zeitraum zwischen der Verkündung des Urteils und der Vollstreckung der Strafe begrenzt.

Andere meinen, das Leid wird *länger* dauern. Biblische Hinweise auf unterschiedliche Schweregrade der Schuld sowie auf verschieden geartete Strafen (z.B. in Lukas 12,47 - 48) werden so interpretiert, dass die Dauer der Strafe variieren kann. Doch ob kurz oder lang, die Strafe endet mit der Entlassung – entweder in den Himmel (gemäß der Universalisten) oder in die Vergessenheit (gemäß der Annihilationisten).

Die meisten stufen sie als *endlos* ein. Dies war seit vielen Jahrhunderten die traditionelle Sicht der Kirche. Aber ist das die richtige Interpretation der Schrift? Die protestantischen Reformatoren dachten so, genauso wie die Katholiken vor ihnen. Doch immer mehr zeitgenössische Gelehrte, darunter auch Evangelikale, stellen diese Annahme infrage.

Bevor wir die Sachlage genau prüfen, ist es hilfreich, die Diskussion durch eine eindeutige Variantenbetrachtung zu vereinfachen (damit nach der Klärung grundsätzlich alle Möglichkeiten ausdiskutiert sind). Die eigentliche Frage lautet: Hat die Qual in der Hölle ein Ende (früher oder später) oder ist sie endlos? Gehört die Hölle zur zeitlichen und endlichen Welt oder zur unendlichen Ewigkeit? Um es unverblümt, ja vielleicht grob auszudrücken, bedeutet „in der Hölle zu landen", in ein Konzentrationslager gesperrt oder im Krematorium verbrannt zu werden?

Wer sich zum ersten Mal mit der biblischen Ausdruckweise bzw. Bildsprache befasst, für den mag der Eindruck entstehen, dass das Leben in der Hölle ausgelöscht wird. Normalerweise ist Feuer absolut zerstörerisch und lässt alles, was es verzehrt, unkenntlich zurück. Schwerverbrecher wurden üblicherweise bei der Hinrichtung verbrannt. Der Tod trat vergleichsweise rasch ein (jedenfalls schneller als bei der Kreuzigung, die zwischen zwei und sieben Tagen dauerte) und war vergleichsweise wenig schmerzhaft (Der Betroffene erstickte häufig durch den Rauch oder aufgrund Sauerstoffmangels.). Passiert das gleiche nicht auch im Feuersee (oder im „Flammenmeer")?

Manche Passagen scheinen diese Spekulation anzuheizen. Jesus sagte, dass Leib und Seele in der Hölle „zerstört" werden würden. Und da der erste Tod der Existenz in dieser Welt ein Ende bereitet, wird dann nicht auch der zweite Tod die Existenz der nächsten Welt beenden?

Gott selbst wird sowohl im Alten als auch im Neuen Testament als „verzehrendes Feuer" beschrieben (5. Mose 4,24; Hebräer 12,29). Es wäre merkwürdig, wenn die Hölle nicht denjenigen vernichten würde, der hineingeworfen würde.

Insofern ist es nachvollziehbar, dass einige Bibelschüler dem Annihilationismus verfielen. Man könnte sagen, dass die Sprache diesen Gedanken zumindest impliziert, auch wenn er nicht direkt ausgesprochen wird.

Aber ganz so einfach ist es nicht. Wörter können je nach Kontext, in dem sie verwendet werden, unterschiedliche Bedeutungen haben. Theologie kann nicht allein auf Terminologie beruhen! Eine übernatürliche Offenbarung

DIE REALITÄT

erfordert mehr als den normalen Verstand, um ihre Geheimnisse zu entschlüsseln.

Ein Beispiel: Während Feuer gewöhnlich „alles zu Asche macht", gibt es biblische Episoden, in denen es sich ganz anders ausgewirkt hat. Mose war überrascht, dass der Busch nicht „verzehrt" wurde, obwohl die Flammen real waren; Schadrach, Meschach und Abednego wurden nicht einmal angesengt, obwohl der Ofen weißglühend war (Beim ersten Beispiel könnte man noch ein „übernatürliches" Feuer vermuten, nicht aber beim zweiten Beispiel.). Für Menschen mag es schwierig sein, Feuer zu kontrollieren, aber Gott hat damit kein Problem (Das sehen wir auf dem Karmel mit Elias Altar.).

Für Gott ist es durchaus möglich, die „physikalische" Wirkung von Feuer so zu beschränken, dass nur starke Hitze entsteht, die Unbehagen mit sich bringt (Das scheint genau die Situation des armen reichen Mannes in Lukas 16 gewesen zu sein; siehe Schriftstudie E). Es sei darauf hingewiesen, dass diejenigen, die glauben, dass die Zeit der Qualen variiert bevor sie zu Ende geht, dieses Prinzip bereits akzeptiert haben, nämlich, dass das Feuer nicht „natürlich" ist, zumindest nicht in seiner Wirkung.

Das Höllenfeuer hat also mehrere Aspekte. Jedenfalls können wir aus unserer irdischen Erfahrung keine Schlussfolgerungen für unsere Exegese ziehen. Früher oder später verbraucht jedes „natürliche" Feuer seinen gesamten Brennstoff und geht aus. Jesus sprach ausdrücklich von einem Höllenfeuer, das unauslöschlich ist (Es kann nicht gelöscht werden.). Er erwähnte zudem Würmer, die nie sterben (Also werden sie auch nicht von den Flammen „verzehrt".). Johannes sprach von Rauch, der ewig aufsteigt (Offenbarung 14,11). Warum das so sein sollte, lange nachdem das Feuer sein Zerstörungswerk vollendet hat, ist immerhin rätselhaft.

Überraschenderweise ist das Wort „Zerstörung" ebenfalls zweideutig. Das am häufigsten verwendete griechische Wort ist *apollumi* sowie verwandte Ausdrücke. Sicherlich beschreibt es die völlige Zerstörung einer Person oder Sache, sodass praktisch nichts mehr davon übrigbleibt. Aber das ist nicht die einzige Bedeutung oder Verwendung.

In Adjektivform wird das Wort verwendet, um die „verlorenen" Schafe, die „verlorenen" Münzen und die beiden „verlorenen" Söhne zu charakterisieren (Lukas 15). Es wird auch für den „verschütteten" Wein (aus dem zerrissenen Weinschlauch) und für das „verschwendete" Nardenöl (das Maria über Jesus ausgoss), sowie für das „übriggebliebene" Essen (nach der Speisung der Fünftausend) benutzt. Das Wort hat eindeutig ein breites Spektrum an Bedeutungen – von völliger Zerstörung bis hin zur Nichtverfügbarkeit. Das Wort „verloren gehen" (das bei der Übersetzung des Begriffs in Johannes 3,16 verwendet wird) hat einen ähnlich großen Bedeutungsumfang. Es drückt aus, dass „jemand nicht mehr lebt" (wie bei „Tausenden von Menschen, die bei einem Erdbeben umkamen") oder dass „etwas nicht mehr da ist" (wie im Fall einer Wärmflasche, „die abhandengekommen ist").

Selbst das Wort „Tod" kann auf unterschiedliche Weise verstanden werden. Am Beispiel von Adam (1. Mose 2,17) und seinen Nachkommen (Epheser 2,1) sehen wir, dass es geistliches Sterben bedeutet. Der verlorene Sohn war (für seinen Vater) „tot", während er sich tatsächlich in einem fernen Land aufhielt (Lukas 15,32). Selbst wenn das Wort in physischem Sinn verwendet wird, muss es nicht zwangsläufig „Sterben" meinen. Denn wenn der „erste Tod" die bewusste Existenz eines Individuums nicht beendet, muss der „zweite Tod" das auch nicht zwangsläufig tun.

Bisher ist die Beweisführung nicht endgültig abgeschlossen, beide Interpretationen sind noch möglich: weiter existieren oder aufhören zu existieren. Wir wenden uns nun einem Wort zu, das auf den ersten Blick den Anschein erwecken könnte, die Angelegenheit abzuschließen (Für viele tut es das auch.) dem Wort „ewig". Es bezieht sich sowohl auf das Feuer als auch die verhängte Strafe (Matthäus 25,41+46). Dass genau dasselbe Adjektiv in derselben Passage auf das „Leben" angewendet wird, war eines der häufigsten Argumente für die traditionelle Auffassung, dass die Höllenqual endlos andauert.

Neuzeitliche Schriften stellen diese Schlussfolgerung in vielerlei Hinsicht infrage. Ein Ansatz favorisiert zwar die Übersetzung „ewig", behauptet aber gleichzeitig, dass es sich dabei um die Qualität drehe, nicht um die Quantität von Leben (oder Tod). Derzeit befürwortet eine Mehrheit von Befragten eine Kombination aus Qualität und Quantität.

Das griechische Adjektiv (*aionion*) leitet sich von einem Substantiv (*aion*. Davon stammt unser Wort „Äon" *[Ewigkeit; Anm. der Übersetzerin]*.) ab. Es verweist auf eine Zeitspanne, ein „Zeitalter" oder eine „Ära". Die Adjektivform deutet demnach auf etwas hin, das für dieses ganze Alter charakteristisch ist, oder etwas, das „ewig lang" währt. Dies kann sich wiederum entweder auf eine begrenzte oder auf eine unbegrenzte Zeitspanne beziehen, je nachdem, ob der genannte „Zeitabschnitt" endlich oder unendlich ist. Die Weltsicht bezüglich des „gegenwärtigen bösen Zeitalters" ist im Neuen Testament zeitlich begrenzt, aber im Hinblick auf das zukünftige „kommende Zeitalter" ist sie unbegrenzt. Nun, zu welcher Kategorie von Zeitalter zählt die Hölle, zu dem Zeitalter, das vergeht, oder zu dem Zeitalter, das ewig dauern wird?

Das Adjektiv wird im Neuen Testament über siebzig Mal verwendet. In fast sechzig Fällen, bei denen es sowohl für Personen als auch für Dinge gebraucht wird, ist eindeutig ein permanenter Zustand gemeint (Dreiundvierzig dieser Fälle beziehen sich auf das durch Jesus Christus erkaufte „Leben", von dem angenommen wird, dass es ewig dauert.). Ebenso geht man davon aus, dass dort, wo damit Attribute Gottes umschrieben sind, seine dauerhaften Eigenschaften gemeint sind. In nur sieben Fällen steht es in Zusammenhang mit der Bestrafung von Sündern. Aber was kündigt das dann an, etwas Langes oder etwas Ewiges, etwas Langandauerndes, das aber endet, oder etwas, das endlos ist?

Weil das Wort selbst die Frage offenlässt, gibt es einen neutestamentlichen Satz, der keine Diskussion zulässt, nämlich „von Ewigkeit zu Ewigkeit" (griechisch: *eis tous aionas ton aionon*). Im Deutschen wird er mit „für immer und ewig" übersetzt. Im Griechischen gibt es keinen eindringlicheren Ausdruck für das, was wir als Endlosigkeit begreifen. Da die Schrift diesen Satz auf die Hölle bezieht, wäre zu erwarten, die Annihilationisten würden dadurch zum Schweigen gebracht.

Aber dem ist nicht so! Während sie oft widerwillig zugeben, dass die Strafe demzufolge „ewig" währt, unterscheiden sie im Anschluss zwischen *Wirkung* und *Erfahrung* der Strafe, wobei nur Ersteres der endlose Teil ist. Sünder werden vollkommen ausgelöscht, jedoch nicht „für immer und ewig" gequält.

Abgesehen davon, dass es sich dabei um eine eher überflüssige Wortklauberei handelt (Könnte die absolute Auslöschung überhaupt irgendwie anders als dauerhaft sein?), gibt es einen Grund, warum eine solche Unterscheidung keinesfalls den biblischen Fakten entspricht. Der Ausdruck „für immer und ewig" wird im Neuen Testament für beides gebraucht, sowohl für die „Qualen" als auch für die „Strafe" (Offenbarung 14,11; 20,10), wobei Erstgenanntes eher auf die Erfahrung der Strafe verweist, nicht auf die Wirkung und nur bewusst erfahrenes Leid bedeuten kann. Das haben wir ja bereits festgestellt (und werden später noch einmal darauf zurückkommen.).

DIE REALITÄT

Bevor wir uns mit einigen der eindeutigsten Beweise der Bibel befassen, gibt es vier Fragen an die Annihilationisten.

Erstens: Warum sollten die Gottlosen für den Tag des Gerichts „auferweckt" (d.h. mit neuen Körpern versehen) werden, wenn sie unmittelbar danach vernichtet werden? Das wäre ein völlig unnötiger Schöpfungsakt und erscheint, gelinde gesagt, bizarr. Sofern körperlose Geister nicht völlig ohne Bewusstsein sind (Manche Sekten glauben an einen solchen „Seelenschlaf" – eine Ansicht, die die christliche Orthodoxie allerdings stets ablehnte.), wäre es nicht nötig, sie wieder auferstehen zu lassen. Der Herr könnte über ihre Geister richten und sie der Vernichtung preisgeben (In diesem Zustand predigte Jesus ihnen ja auch; 1. Petrus 3,19 - 4,6; siehe Schriftstudie H). Ihnen erst wieder Körper zu geben, macht es notwendig, einen Ort zu schaffen, an dem sie entsorgt werden! Dies führt uns zur zweiten Frage.

Zweitens: Warum sollte man überhaupt einen Ort mit dem Namen „Hölle" vorbereiten? Der Gott, der das ganze Universum durch sein Wort erschaffen hat, kann es sicher auf die gleiche Weise zerstören. Die Schöpfung, die mit „Es werde ..." begann, kann mit „Es werde ..." auch wieder ausgelöscht werden. Wenn sein Sohn einen Feigenbaum absterben lassen konnte, indem er ihn verfluchte, könnte der Vater mit Sicherheit dasselbe mit jedem Teil seines Universums tun. Warum sollte man sich die Mühe machen, einen Verbrennungsofen zu bauen?

Drittens: Was ist aus den klaren Aussagen zu machen, dass das Feuer, der Rauch und sogar die Würmer der Hölle ewig währen? Dies deutet auf deren Fortbestehen hin, noch lange, nachdem sie ihre Funktion erfüllt haben. Welchem Zweck sollten sie nach der Vernichtung ihrer Opfer dienen? Einige Annihilationisten, die anerkennen, dass die Hölle permanent ist, auch wenn ihre Bewohner es nicht sind, geben darauf eine verblüffende Antwort: Die Hölle dient dann als

„Gedenkstätte"! Doch für wen soll sie ein Mahnmal sein, und wer muss woran erinnert werden? Der Herr braucht sie vermutlich nicht. Wären die Heiligen vielleicht freudvoller und dankbarer, wenn sie die Hölle vom Himmel aus sähen? Gibt es überhaupt eine biblische Grundlage für solch ein ungewöhnliches Gedankenspiel?

Viertens: Warum sollte die Vorstellung des Vergessenwerdens Angst auslösen? Jesus sprach mit Schrecken von Gehenna. Der Verlust (von Organen oder Gliedmaßen) sei besser, als sich selbst mit dem eigenen „ganzen Körper" an diesem abscheulichen Ort wiederzufinden. Es sei schlimmer als der Tod. Da wäre es besser, nie geboren zu sein. Die Angst vor der Hölle überwiegt bei weitem die Angst vor dem Tod (Matthäus 10,28; siehe Schriftstudium A). Annihilation macht keine Angst und kann sogar eine willkommene Vorstellung sein. Vielleicht ist das der Grund, warum diejenigen, die daran glauben, nur selten darüber predigen. In Vergessenheit zu geraten, ist etwas, das wahrscheinlich jeder so lange wie möglich hinauszuschieben versucht. Doch die meisten würden es vermutlich stoisch hinnehmen, wenn es dazu käme. Und Sünder, die im Leben die Puppen tanzen ließen, würden sich ohnehin darüber freuen.

Abgesehen von diesen unangenehmen Fragen gibt es ein großes Manko im Annihilationismus, das tatsächlich viele Debatten über die Hölle auslöst: Der Fokus der Auseinandersetzung richtet sich normalerweise auf das endgültige Schicksal von Menschen. Die Sorge um unsere Zukunft ist verständlich (Wir haben ja viel zu verlieren.). Aber das verzerrt die Problematik. Denn die Hölle war nie für die Menschheit gedacht oder geplant. Sie wurde „für den Teufel und seine Engel vorbereitet" (Matthäus 25,41). Warum für sie? Es war für Gott eine Herausforderung, als die Engel, angeführt von Satan, gegen seine Herrschaft rebellierten (Offenbarung 12,4 deutet an, dass ein Drittel von ihnen mitmachte.). Seit jeher sind sie dem Homo sapiens überlegen, besonders in einem Punkt. Während der sterbliche Mensch seine Unsterblichkeit erst noch erhalten muss, wurden Engel von Natur aus unsterblich geschaffen. Im Gegensatz zu Gott hatten sie einen Anfang, aber kein Ende wie Gott selbst. Jesus zufolge sterben sie nicht (Lukas 20,36; beachten Sie, dass Menschen nach der Auferstehung diese Unsterblichkeit, die sie vorher nicht hatten, ebenfalls erhalten. Ihre Geister überleben den Tod ja bereits.). Deshalb werden Engel auch nicht geboren, sie heiraten und vermehren sich nicht wie wir. Ihre Zahl (die riesig ist) steht fest. Da die rebellischen Engel nicht vernichtet werden können, musste Gott einen Ort für sie schaffen, der sie vom Rest seines Universums isoliert. Jetzt sind sie noch nicht dort. Das wissen wir. Allerdings wurden die schlimmsten Übeltäter (diejenigen, die Frauen verführt haben; 1. Mose 6,1f.) bereits in Untersuchungshaft genommen (2. Petrus 2,4; Judas 6; vgl. Schriftstudium I). Der Kerker wird bewusst „Tartarus" genannt. Das ist eine aus der griechischen Mythologie entlehnte Bezeichnung, die diese Haftanstalt sowohl vom Hades als auch von der Hölle unterscheidet. Nach dem letzten Gericht werden die widerspenstigen Engel (Dämonen) ihrem Anführer in den „Feuersee" folgen und mit ihm die „ewige Strafe" erleben. Denn für sie gibt es keine Hoffnung auf Vergebung oder Erlösung (Hebräer 2,16), vielleicht weil sie das Leben im Himmel zuvor schon geschmeckt haben und es trotzdem verwarfen.

    Wie ist diese Strafe geartet? Aufzuhören für immer zu existieren oder weiterhin für immer zu existieren? Die Schrift ist in diesem Punkt glasklar. Sie sagt über den Teufel, er wird „Tag und Nacht *Qualen erleiden* für immer und ewig" (Offenbarung 20,10; wörtlich: von Ewigkeit zu Ewigkeit).

Es reicht nicht aus, diesen Vers als „schwierig" abzutun (nur weil er nicht zu einer bestimmten Theorie passt) oder als „symbolisch" zu bezeichnen (ohne zu erklären, was er symbolisiert). Darin sind die Annihilationisten Experten (Ich zitiere hier echte Kommentare, sehe aber davon ab, die Autoren zu nennen.). Wenn Sprache überhaupt etwas bedeutet, dann widerfährt dem Teufel und seinen Engel in der Hölle endloses Leid.

Einige sind wohl dazu bereit einzugestehen, dass dies das Schicksal der gefallenen Engel ist, doch sie leugnen immer noch, dass Menschen, die gefallenen sind, es teilen. Lässt die Bibel diese Unterscheidung zu? Oder weist sie auf dasselbe Schicksal für alle gefallenen Geschöpfe hin, egal ob himmlisch oder irdisch?

Wenn der Teufel in den „Feuersee" geworfen wird (das gleiche Verb, das auch für die Menschen benutzt wird; Lukas 12,5), trifft er auf zwei Wesen, das „Tier" und den „falschen Propheten". Beide sind bereits dort (Offenbarung 19,20). Sie sind irdisch, nicht himmlisch und haben die Lebensumstände der Menschheit radikal verändert. Sind sie reale Menschen?

Es ist in Mode gekommen, sie nicht mehr als Personen, sondern als Personifikationen zu bezeichnen (wie z.B. „Mutter Natur"). Angeblich repräsentieren sie soziale Strukturen und Institutionen, die das politische und religiöse Leben prägen. Solche Strukturen und Institutionen werden jedoch von Menschen geschaffen, finanziert und geführt, wobei eine Person sie oft dominiert. Das Buch der Offenbarung betitelt beide als „er", nicht als „es". Der Rest der Bibel erwähnt noch andere „Antichristen" (1. Johannes 2,18; beachten Sie, dass in diesem Vers speziell „der" Antichrist gemeint ist.) und falsche Propheten (Matthäus 24,11), alles Individuen. Daraus folgt, dass *der* Antichrist (Paulus nennt ihn „den *Mann* der Gesetzlosigkeit"; 2. Thessalonicher 2,3.) und *der* falsche Prophet die Prototypen beider Gattungen sind. Was die Debatte jedoch abschließen sollte, ist die Tatsache, dass beide „gequält werden". Seit wann können gesellschaftliche Einrichtungen gequält werden?

So erleiden mindestens zwei Menschen endlose Höllenqualen. Aber die Offenbarung vermittelt uns auch, dass eine viel größere Zahl das gleiche Schicksal ereilen wird. Über diejenigen, die sich mit der Zahl des „Tieres" markieren lassen (damit sie alles Lebensnotwendige kaufen und verkaufen können), wird gesagt: „Der Rauch des Feuers, in dem sie ihre Qualen leiden, wird für immer und ewig aufsteigen" (Offenbarung 14,11; wiederum „von Ewigkeit zu Ewigkeit"). Einige haben versucht, das so auszulegen, dass es noch weiterraucht, lange, nachdem ihre Qual vorbei ist. Doch die Aussage bezieht sich hier nicht auf den Rauch des Feuers, das sie einst gequält hat, sondern auf den Rauch „ihrer" Qualen (Wir sehen eine vergleichbare Verwendung des Personalpronomens durch Jesus in Markus 9,44, wo er Jesaja 66,24 zitiert: „Ihr Wurm stirbt nicht".). Vermutlich fühlten sich die hier genannten Personen aus Angst um ihr Leben gezwungen, sich auf die Herrschaft des „Tieres" einzulassen. Das könnte erklären, warum diese „Feiglinge" in die Liste derjenigen aufgenommen wurden, die für den „Feuersee" bestimmt sind (Offenbarung 21,8).

Der entscheidende Abschnitt ist das sogenannte Gleichnis von den Schafen und den Ziegen (Matthäus 25,31 - 46; es ist mehr Prophezeiung als Gleichnis; siehe Schriftstudie C). Alle Gelehrten sind sich einig, dass die Tiere Menschen repräsentieren. Während die „Schafe" das Reich erben, das für sie „vorbereitet" ist, werden die „Ziegen" in das „ewige Feuer" geworfen, das für den Teufel und seine Engel bereitet wurde. Das kann nur bedeuten, dass diejenigen, die vom Hirtenkönig abgelehnt werden, genau diese „ewige Strafe" heimsucht, die endlose Qualen mit sich bringt. Das haben wir bereits festgestellt. Einen

Hinweis darauf, dass das Feuer eine Gruppe quälen, die andere aber vernichten würde, gibt es nicht.

Im Einklang mit dieser ewigen Existenz steht die Beschreibung der Sünder als „außerhalb" des neuen Jerusalems und nicht als völlig ausgelöscht (Offenbarung 22,15). Solche „Hunde" werden die goldenen Straßen nicht beschmutzen. „Auf sie wartet der See aus Feuer ..." (Offenbarung 21,8). In den Evangelien benutzte Jesus oft diese Vorstellung, dass sie „ausgesondert, hinausgeworfen, draußen gelassen" werden. Er sprach davon mit äußerstem Grauen. Er hielt es für das Schlimmste, was einem Menschen passieren kann.

Zusammenfassend lässt sich sagen, dass das traditionelle Verständnis der Hölle als endloses Leiden durch die Schrift gestützt wird, in erster Linie gilt das den gefallenen Engeln, aber auch den sündigen Menschen. Zugegebenermaßen sind einige Wörter und Aussagen mehrdeutig. Andere sind jedoch klar und eindeutig. Erstere sind im Lichte der letzteren zu interpretieren. Die Tatsache, dass ein Großteil der eindeutigen Belegstellen dem Buch der Offenbarung entstammt, ist kein Grund, sie zu verwerfen; falls doch, wurde folgende feierliche Warnung am Ende der Offenbarung aufgenommen: „Und wer von der prophetischen Botschaft dieses Buches etwas wegnimmt, dem wird Gott wegnehmen, was ihm in diesem Buch als sein Anteil zugesprochen ist – das Recht, vom Baum des Lebens zu essen, und das Recht, in der heiligen Stadt zu wohnen" (Offenbarung 22,19). Wer die Aussagen über die Hölle nicht hören will, läuft Gefahr, die Wahrheit auf harte Tour zu erfahren! Das Risiko, den Himmel zu verspielen, bedeutet *ipso facto*, in der Hölle zu enden. Aber es gibt noch andere Möglichkeiten, dieses Risiko einzugehen. Das werden wir gleich sehen.

4. DAS RISIKO

Wer in die Hölle kommt, hat es verdient. Die Bibel geht grundsätzlich davon aus, dass jeder für sich selbst verantwortlich ist und gegenüber Gott Rechenschaft ablegen muss. Wäre dem nicht so, wäre der Tag des Jüngsten Gerichtes die größte Farce.

Was wir sind, ist das Ergebnis unserer Entscheidungen. Ein schlechter Charakter resultiert aus schlechten Entschlüssen. Natürlich haben darauf auch Vererbung und Umwelt Einfluss, aber die große Zahl all jener, die einen Auf oder Abstieg im Verhältnis zu ihrer sozialen Schicht oder Bildungszugehörigkeit erlebten, beweist, dass das nicht die ausschlaggebenden Faktoren sind.

Gott allein kennt das Ausmaß unserer persönlichen Verantwortung, denn nur er kennt alle Umstände. Sein Urteil, gegen das keiner Berufung einlegen kann, wird vollkommen gerecht sein.

Doch diese Aufgabe hat er einem Menschen übertragen (Apostelgeschichte 17,31). Jesus wird das ewige Schicksal aller Menschen bestimmen - auch über jene wird er richten, die es wagten, ihn zu verurteilen (Kaiphas und Pilatus). Vor ihm werden einst alle Herrscher dieser Welt stehen, alle Gründer von Weltreligionen, alle Wirtschaftsmagnaten, alle Wissenschaftler und Künstler, Staatsmänner und Politiker, Philosophen und Visionäre, Architekten und Musiker, Sportler und Entertainer, Piloten und Taxifahrer, Ingenieure und Bauern, Hausfrauen und Models, Ärzte, Krankenschwestern und Millionen, deren Namen nur Gott kennt. „Denn wir alle müssen einmal vor dem Richterstuhl Christi erscheinen, wo alles offengelegt wird. Dann wird jeder den Lohn für das erhalten, was er während seines Lebens in diesem Körper getan hat" (2. Korinther 5,10).

DER WEG ZUR HÖLLE

Er ist der Menschensohn, der Hirtenkönig, der die Schafe von den Ziegen trennt, je nachdem wie sie ihm gegenüber eingestellt sind (Matthäus 25,31 - 46; siehe Schriftstudie C).

Manche tröstet der Gedanke, dass Jesus unser Richter sein wird. Er war und ist immer noch Mensch und versteht sowohl unsere Lebensumstände als auch unsere Schwächen. Wir können daher mit einer wohlwollenden Anhörung rechnen. Andererseits hat noch keiner so hohe moralische Standards vermittelt wie er. Und er hatte die einzigartige Fähigkeit, direkt in die Herzen der Menschen zu blicken (weshalb er Heuchelei mehr als alles andere verabscheute).

Jeder von uns wird vor ihm stehen und über sich selbst (und keinen anderen) Rechenschaft ablegen. Zeugen oder Beweise sind nicht nötig, da alles über uns bereits bekannt und aufgezeichnet ist. Der Prozess wird nicht lange dauern - nur so lange, bis das Urteil gefällt und die Strafe verkündet ist. Wovon wird das abhängen? Die Antwort lautet, von dem, was jeder „während seines Lebens in diesem Körper getan hat, ob es nun gut war oder böse" (2. Korinther 5,10). Welche Dinge in diesem Leben können uns in die Hölle bringen? Das zu wissen ist von entscheidender Bedeutung.

Kaum jemand würde sich bewusst dafür entscheiden, in die Hölle zu gehen (Das wäre eine extreme Form von Masochismus.). Aber viele entscheiden sich für den Weg, der dorthin führt, entweder weil sie es nicht besser wissen oder nicht daran glauben. Die meisten halten vermutlich ihre „Sünden" für nicht gravierend genug, um ein solches Schicksal zu verdienen („Schließlich ist niemand perfekt."). Sie empfinden ihre Ausschweifungen als eher harmlos und nicht der Rede wert. Sie werden schockiert sein, wie beleidigend ihre Taten und Einstellungen aus der Sicht eines heiligen Gottes waren. Beispielsweise ist Ehebruch nach göttlichem Recht strafbar, egal ob körperlich (Geschlechtsverkehr außerhalb der Ehe), geistig (lustvolle

DAS RISIKO

Blicke) oder juristisch (Das betrifft die meisten Folgeehen nach einer Scheidung.).

Ungläubige sind von solch hohen Standards geschockt. Doch auch Gläubige werden entsetzt sein, wenn sie entdecken, dass diese Standards (und Strafen) auch auf sie angewendet werden, obgleich sie von Gott akzeptiert wurden. Auf unbekümmerte Sünder und unvorsichtige Heilige warten also große Überraschungen. Wir werden die beiden Fraktionen jetzt genauer unter die Lupe nehmen, jedoch getrennt voneinander.

Die Ahnungslosigkeit der Sünder

Im Neuen Testament wird eine Reihe von Sünden aufgezählt. Unter Berücksichtigung von Wiederholungen beträgt ihre Gesamtzahl etwa einhundertzwanzig. Alle einmal für sich zusammenzutragen ist eine ernüchternde Übung, angesichts der Tatsache, dass jede davon ausreichen würde, um uns zu verurteilen. Erwartungsgemäß gehören dazu unangemessene sexuelle Handlungen, sowohl in heterosexueller als auch in homosexueller Form. Gott, der die Sexualität erfunden hat, hat ganz klar gemacht, dass nur ein Mann und eine Frau, die in lebenslanger Treue miteinander verbunden sind, in ihren Genuss kommen sollten.

Neben Abartigkeiten gibt es andere Sünden, die von den meisten Gesellschaften als „Verbrechen" eingestuft werden. Mord und Diebstahl sind zwei naheliegende Beispiele. Ersteres schließt sicher Abtreibung und aktive Sterbehilfe ein (allerdings nicht die Vollstreckung der Todesstrafe); Letzteres umfasst Betrug und Steuerhinterziehung (jedoch nicht die legale Steuervermeidung).

Kaum überraschend ist, dass pervertierter Glaube Gott extrem beleidigt, sowohl Okkultismus (schwarze und

„weiße" Magie, inklusive Zaubersprüche, Zeremonien, Hexereien und Aberglaube) als auch Götzendienst (Abgötterei oder Traumreisen).

Die Sünde der Ungerechtigkeit wiegt genauso schwer wie Unmoral. Die Ausbeutung Bedürftiger, die Unterdrückung Schwacher, die Verachtung Armer, die Misshandlung Fremder – all das ist beleidigend für den gerechten Gott. Für Paulus waren Sklavenhändler gleichzusetzen mit Perversen und Meineidigen (1. Timotheus 1,10; ein Hinweis an diejenigen, die ihm unterstellen, Sklaverei zu billigen).

Maßlosigkeit umfasst eine Reihe von Vergehen. Gier wird als Götzendienst eingestuft, denn sie richtet den Fokus im Leben stets auf das Geschaffene, nicht auf den Schöpfer. Begierde ist die einzige innere (verborgene) Sünde, die in den Zehn Geboten erwähnt wird (Dieses Gebot konnten viele der Pharisäer nie einhalten, auch Paulus nicht; Römer 7,7.8). Trunksucht wird mehrmals erwähnt.

Sündigen lässt sich in Worten und Taten: Falsche Zeugenaussagen (lügen bzw. die halbe Wahrheit erzählen), Tratsch oder Verleumdung – all das ist für Gott genauso verletzend wie für andere. Etwas, was Gott nicht kann, ist lügen. „Alle Lügner" sind für den „Feuersee" bestimmt (Offenbarung 21,8), wo sie auf den „Vater der Lüge" treffen (Johannes 8,44). Sogar „nutzlose Worte" (jene beiläufigen Bemerkungen, die uns rausrutschen, wenn wir unachtsam sind) können uns vor Gericht bringen (Matthäus 12,36f). Wahrlich, die Zunge ist ein kleines Körperteil, „in Brand gesetzt mit einem Feuer, das die Hölle selbst in ihr entzündet" (Jakobus 3,6). Sie ist in der Lage, den ganzen Körper dorthin zu bringen.

Dann gibt es die subtileren und damit gefährlicheren Sünden: Jähzorn, gewohnheitsmäßige Faulheit und bitterer Neid - allesamt Todsünden; aber Stolz ist das Schlimmste. Nichts trennt jemanden leichter von seinem Schöpfer. Tatsächlich bedeutet stolz zu sein, sich selbst in den

DAS RISIKO

Mittelpunkt zu stellen und anzubeten. Das ist die widerlichste Form der Götzenverehrung. Sie findet sich sogar bei Leuten, die ein gewisses Maß an Rechtschaffenheit oder zumindest äußerliche Seriosität erreicht haben. Deshalb warnte Jesus die Pharisäer und Schriftgelehrten eindringlicher vor der Hölle (Matthäus 23,33) als die alltäglichen Sünder.

Überraschenderweise wird „Feigheit" auch angeführt (z.B. in Offenbarung 21,8). Damit ist sicher eine Schüchternheit moralischer Art gemeint, wenn jemand weiß, was richtig wäre, aber die Konsequenzen fürchtet, wenn er es täte (oder sagte). Menschenfurcht und Gottesfurcht sind nicht miteinander vereinbar.

Die Liste erscheint endlos! Und als ob das alles noch nicht genug wäre, gibt es noch die Unterlassungssünden und die bewussten Verfehlungen, das heißt, Dinge, die nicht getan wurden, obwohl sie richtig gewesen wären, und Dinge, die getan wurden, obwohl sie nicht richtig waren.

Zwei Tatbestände greift Paulus besonders heraus, wenn er sagt, dass Jesus „die zur Rechenschaft ziehen wird, die Gott nicht als Gott anerkennen und nicht bereit sind, das Evangelium von Jesus, unserem Herrn, anzunehmen" (2. Thessalonicher 1,8). Natürlich wäre es ungerecht, diejenigen zu bestrafen, die dazu keine Gelegenheit hatten. Es scheint jedoch, dass Paulus sich hier mit zwei Gruppen von Menschen beschäftigt.

Auf der einen Seite sind diejenigen, die das Evangelium gehört haben, aber nichts damit angefangen haben (Es wäre unvorstellbar, dass jemand dafür bestraft wird, dass er das Evangelium nicht gehört hat - nirgends macht die Schrift eine solche Aussage.). Das Wort „anzunehmen" ist interessant; das Evangelium soll nicht nur beherzigt oder geglaubt, sondern auch befolgt werden - vermutlich durch Buße undTaufe (Apostelgeschichte 2,38). Unglaube ist demzufolge ein vorsätzlicher Akt des Ungehorsams

(Johannes 16,9; Offenbarung 21,8).

Aber was ist mit denen, die das Evangelium noch nie gehört haben? Diese Frage stellen am häufigsten Ungläubige (Ironischerweise hat es der Fragesteller erfahrungsgemäß schon gehört. Doch er hat weder den Wunsch noch die Absicht, zu denen zu gehen, die nichts vom Evangelium wissen. Das eigentliche Motiv hinter dieser Frage scheint das Bedürfnis zu sein, beweisen zu wollen, dass Gott ungerecht ist.). Die Bibel gibt uns eine klare Antwort darauf: Jeder wird nach dem beurteilt, was er empfangen hat. Niemand wird verurteilt werden, weil er nichts davon erfahren hat. Das bedeutet aber nicht, dass sich solche Menschen in einem Zustand der Unschuld befinden. Wäre das der Fall, würde jede missionarische Arbeit dazu beitragen, eher die Hölle zu bevölkern als den Himmel! Besser wäre es da, die Leute in kompletter Unwissenheit zu lassen, als sie ihrer Unschuld zu berauben. Aber dem ist nicht so.

Sie fallen in die gleiche Kategorie wie die Menschen, die Gott nicht kennen. Das setzt voraus, dass sie Gelegenheit hatten, eine Art von Beziehung zu ihm einzugehen, auch wenn ihnen nie etwas über seinen Sohn erzählt wurde. Sie hatten zwei Zugänge zu dieser „allgemeinen Offenbarung". Die Schöpfung um sie herum und das Gewissen in ihnen – beides hat ihnen gewisse Informationen über die Kraft und Reinheit ihres Schöpfers vermittelt. Denn diese beiden unsichtbaren Eigenschaften sind deutlich wahrzunehmen und zu erkennen. Aber wer sie bewusst ignoriert, hat „keine Entschuldigung" (Römer 1,20; die ersten beiden Kapitel dieses Briefes befassen sich mit diesem Fragenkomplex.). Geistliche Stumpfheit fügt sich jeder selbst bewusst zu. Es ist nicht so, dass die Menschen nichts von Gott wüssten, sie *wollen* es nicht.

Wir werden also nur nach dem Licht beurteilt werden, das wir empfangen haben, und danach, wie wir auf dieses

DAS RISIKO

Licht reagiert haben, so düster es auch gewesen sein mag. Diejenigen, die positiv geantwortet haben, werden angenommen und freigesprochen. Aber wer hat das schon? Kann jemand ehrlich behaupten, dass er seinem eigenen Gewissen konsequent gefolgt ist, geschweige denn dem eines anderen? Die ganze Welt steht schuldig vor dem Richterstuhl. Deshalb muss das Evangelium zu allen Völkern gebracht und jedem Geschöpf gepredigt werden (siehe Kapitel 7).

Was ist nun mit denen, die das Evangelium gehört und darauf reagiert haben? Können sie die Hölle im Hinblick auf sich selbst getrost vergessen? Viele, vielleicht sogar die meisten Evangelikalen würden das bejahen - die Gläubigen gehen kein Risiko ein oder laufen irgendeine Gefahr. Sie können vielleicht den Segen auf Erden verpassen oder den Lohn im Himmel einbüßen, aber sie werden niemals in die Hölle kommen. Jeder Leser, der diese Ansicht vertritt, wird gebeten, sich dem nächsten Abschnitt mit einem offenen Geist sowie mit geöffneter Bibel zu nähern und den Geist der Wahrheit zu bitten, ihm zu offenbaren, was wirklich in der Schrift steht.

Die Sorglosigkeit der Heiligen

Der größte Teil der Lehre Jesu über die Hölle findet sich im Matthäusevangelium. Was hat das zu bedeuten?

Das Buch hat einen stark jüdischen Charakter. Es legt seinen Schwerpunkt auf die Erfüllung hebräischer Prophezeiungen (Von daher eignet es sich gut, um im Neuen Kanon den Anschluss an das Alte Testament herzustellen, obwohl es wahrscheinlich nicht das Evangelium war, das zuerst geschrieben wurde.). Es meidet den Namen Gottes (indem es Himmelreich anstelle von Gottesreich verwendet). Heißt das, dass die Hölle eher ein Thema für

Juden ist, anstatt für Nichtjuden? Im Grunde sticht dieser jüdische Aspekt übermäßig hervor. „Matthäus" enthält sowohl antijüdisches als auch pro-jüdisches Material und endet mit dem „Missionsbefehl", der dazu auffordert, alle Nationen (d.h. alle ethnischen Gruppen, alle Nichtjuden) in Jüngerschaft zu unterrichten.

Letzteres ist der Hinweis auf die wahre Natur des ersten Evangeliums. Es ist ein „Jüngerschaftshandbuch". Es hilft dabei, Nachfolger zu rekrutieren, indem man sie lehrt, „alles zu befolgen, was ich [Jesus] euch geboten habe" (Matthäus 28,20). Die Lehre steht unter der Überschrift „das Königreich" und ist in folgende fünf Themenblöcke unterteilt (als Reminiszenz an den Pentateuch, die fünf Bücher Mose?): Lebensstil, Mission, Wachstum, Gemeinschaft und Zukunft.

Insofern wurde „Matthäus" für den Gebrauch für und in der *Gemeinde* geschrieben (Es ist das einzige Evangelium, das dieses Wort verwendet). Es spricht Jünger an, die sich für Jesus entschieden haben, an seinen Namen glauben und von Gott neu geboren wurden (Johannes 1,12; wenn dieser Vers auf jeden zutrifft, muss er die Zwölf einschließen). Und an genau diese Jünger richtete Jesus den größten Teil seiner Lehre von der Hölle. Es scheint, als wären sie diejenigen, die am meisten daran erinnert werden müssten.

Dies wird durch den unmittelbaren Kontext dieser Warnungen untermauert. Obwohl es offensichtlich ist, dass Jesus es für selbstverständlich hielt, dass alle Sünder den Weg in die Hölle gehen (z.B. Matthäus 7,13; noch deutlicher wird das im Lukasevangelium, da es eher für Sünder als für Jünger geschrieben wurde siehe Lukas 12,1, 4-5, 54), predigte er dies den Sündern selbst nie explizit und direkt (In Kapitel 7 wird die Relevanz dessen für unsere Lehre untersucht.). Zweimal wies er Schriftgelehrte und Pharisäer (z.B. Matthäus 23,15) darauf hin, dass er religiöse und selbstgerechte Heuchelei hasse! Der Rest seiner eindringlichen Worte richtete sich jedoch an seine eigenen Jünger, insbesondere an die zwölf Apostel. Die deutlichste Warnung aber erhielten all jene, die er paarweise als Missionare aussandte, um das Königreich unter Beweis zu stellen und zu erläutern. Auch sie selbst sollten die Hölle fürchten, nicht nur anderen davon berichten (Matthäus 10,28; siehe Schriftstudie I für eine ausführliche Exegese dieses entscheidenden Textes).

Vielfältige Hinweise auf die Hölle und auf Zerstörung gibt es in der Bergpredigt. Für wen waren sie gedacht? Die meisten evangelikalen Kommentatoren gehen davon aus, dass die enthaltene erhabene Ethik für die Gemeinde und für Christen bestimmt war, nicht für die Welt und nicht für Ungläubige. Doch sie wollen daraus nicht die richtigen Schlüsse ziehen und den „Christen" sagen, dass sie Gefahr laufen, in der Hölle zu enden und, „dass es besser sei, eines der Glieder zu verlieren, als mit unversehrtem Körper in die Hölle geworfen zu werden" (Matthäus 5,22-29). Unabhängig davon, ob diese Vermeidung nun unbewusst oder bewusst stattfindet, sie ist nicht nur auffällig, sondern bedeutsam (Siehe dazu *Studies in the Sermon on the Mount* von D. Martyn Lloyd-Jones und *Christian Counter-culture* von John R.W. Stott).

Das Problem lässt sich auch nicht dadurch lösen, dass manche darauf hinweisen, dass die Predigt wahrscheinlich von der Öffentlichkeit mitgehört wurde (Matthäus 7,28); sie war eindeutig an Jünger gerichtet (Matthäus 5,1). Auf jeden Fall gelten die unglaublich hohen moralischen Standards, die hier gefordert werden, eindeutig für das Leben im Königreich. Sie sind sogar für jemanden, der göttliche Gnade empfangen hat, schwer einzuhalten. Wer sie nicht hat, für den ist es gar nicht möglich. Sie richtet sich an „euch", die das Salz der Erde und das Licht der Welt sind, die aber dennoch „wegen mir [Jesus] verfolgt werden". Trotzdem schwingt die Bedrohung der Hölle im gesamten Diskurs mit und wird an einigen Stellen explizit angesprochen. Die Jünger, die zuhörten, mussten sich zwischen dem breiten Weg, der zur Zerstörung führt, und dem schmalen Weg, der zum Leben führt, entscheiden. Sie konnten sich durch die „Lust der Augen" (Matthäus 5,28; 6,23; vgl. Hiob 31,1 und 1. Johannes 2,16) oder durch verächtliche Rede (Matthäus 5,22) auf den falschen Weg begeben.

Die apostolischen Briefeschreiber setzen häufig den gleichen Schwerpunkt. Paulus warnt die Gläubigen mehr als einmal, dass sie, wenn sie *weiterhin* die Werke des Fleisches *tun*, „das Königreich nicht erben werden" (1. Korinther 6,9f; Galater 5,19-21; vgl. Matthäus 25,22). Der Brief an die Hebräer ist noch pointierter - es gibt kein Opfer mehr für diejenigen, die absichtlich weiter sündigen, nachdem sie Kenntnis von der Wahrheit erhalten haben (Hebräer 10,26; das ist eindeutig an die Gläubigen gerichtet, da der Schreiber meint, dass das Risiko auch für ihn besteht, z.B. in 2,1 - 3, ganz zu schweigen von der berüchtigten Warnung in 6,4 - 8). Petrus sagt ebenfalls, dass es besser ist, „niemals den Weg der Gerechtigkeit" gekannt zu haben, als sich von ihm abzuwenden (2. Petrus 2,21f).

Der Grund für solche Warnungen an die Gläubigen ist Gottes Gerechtigkeit. Wäre es nicht grob unfair von Gott, einen Ungläubigen wegen Ehebruchs zu verurteilen und einem Gläubigen, der das Gleiche tut, zu vergeben? Das wäre Parteilichkeit, ja sogar Vetternwirtschaft, die vielleicht bei menschlichen Richtern zu finden ist. Doch der Charakter Gottes kennt so etwas nicht. Das bezeugen viele Schriften (Siehe Römer 2,1-11; hier gibt es einen aufrüttelnden Appell an die römischen „Heiligen", nicht anmaßend zu denken und zu meinen, dass Gott bei ihnen übersehen würde, wofür er andere verurteilt.). Gott muss Sünde ahnden, wo immer er ihr begegnet, innerhalb oder außerhalb seines Volkes (Kolosser 3,25). Tatsächlich muss das Gericht in der Familie Gottes beginnen (1. Petrus 4,17).

Aber sind zu dem Zeitpunkt, wenn wir aus Gnade durch den Glauben an Christus gerechtfertigt werden, nicht alle Sünden vergeben? Gewiss, vergangene Sünden sind vergeben, aber nicht die zukünftigen. Wir werden weiterhin sündigen. Das zu leugnen wäre Selbstbetrug (1. Johannes 1,8). Damit können und müssen wir umgehen und stets an unseren Fürsprecher appellieren (1. Johannes 2,1) und sein Sühneopfer für uns in Anspruch nehmen; während wir weiterhin unsere Sünden bekennen, wird er weiterhin vergeben und das Blut Jesu wird uns weiterhin reinigen „von allem Unrecht, das wir begangen haben" (1. Johannes 1,9; alle Verben stehen im Griechischen in der „Verlaufsform des Präsens".).

Es gibt noch einen anderen Punkt, den wir ernstnehmen müssen. So wie das 3. Buch Mose zwischen unbeabsichtigten und vorsätzlichen Gesetzesübertretungen unterscheidet (Beides erfordert unterschiedliche Opfergaben.), so unterscheidet das Neue Testament ebenfalls zwischen versehentlichen Fehltritten (Galater 6,1) und vorsätzlicher Sünde (Hebräer 10,26). Selbstgefälligkeit ist Jüngern in dieser Hinsicht nicht gestattet.

Kehren wir zur Lehre Jesu in den Evangelien zurück. Darin findet sich ein ganz anderer Schwerpunkt in punkto Hölle für Gläubige. Verglichen mit der Liste der Dinge, die Ungläubige in die Hölle bringen, beziehen sich die meisten Warnungen auf Unterlassungssünden, also auf Dinge, die man unterlässt, statt tut. Das ist ein völlig anderes Spektrum an strafbaren Handlungen.

Der letzte Block der Lehre in Matthäus (der nur an die Zwölf gerichtet ist) handelt von der Zukunft des Königreichs, den Zeichen der Wiederkunft Jesu und wie sich seine Diener auf dieses Ereignis vorbereiten können (Matthäus 24 - 25). In einer Reihe von Gleichnissen weist Jesus darauf hin, dass es ihrem Herrn und Meister nicht so sehr darum geht, was sie im Moment seiner Rückkehr tun, sondern was sie während seiner Abwesenheit getan haben, besonders wenn er „eine lange Zeit" weg sein wird (Matthäus 24,48; 25,5, 19). Der eigentliche Test unserer Hingabe ist nicht das, was wir tun, wenn wir seine Wiederkunft in Kürze erwarten, sondern was wir tun, wenn sich sein Kommen verzögert.

Von seinen Jüngern erwartet der abwesende Herr *Wachsamkeit* (Vergleichsweise sollen die Brautjungfern ausreichend Öl in ihren Lampen mitnehmen, damit diese dann noch brennen, wenn der Bräutigam kommt.), *Fleiß* (Vergleichbar mit fähigen Geschäftsleuten, die mit ihren Talenten Geschäfte machen.) und *Barmherzigkeit* (Das schließt die Speisung von Brüdern, deren Ausstattung mit Kleidern sowie Besuche mit ein. Um wen es geht, siehe Bibelstudium C.).

Das Alarmierende in den Gleichnissen, die den Zwölfen erzählt wurden, ist das Gericht und die Verurteilung von Leuten, die ihre Aufgaben nicht treu erfüllen. Ein Diener, der seine Pflicht vernachlässigt und seine Kollegen misshandelt, wird „in Stücke gehauen und dorthin gebracht, wo die Heuchler sind, und wo es nichts gibt als lautes Jammern und angstvolles Zittern und Beben" (Matthäus 24,51; beachten Sie, dass das „In-Stücke-gehauen-werden" seine Existenz nicht beendet!). Der Diener, der sein Talent vergrub (weil ihm nur eins gegeben wurde?), wird beschuldigt, böse, faul und unnütz zu sein. Im Anschluss wird er in die Finsternis geworfen, wo es nichts gibt als lautes Jammern und angstvolles Zittern und Beben (Matthäus 25,30). Wer sich also nicht um die Brüder im Herrn kümmert, wird verflucht und zur endlosen Strafe im ewigen Feuer verbannt, das für den Teufel und seine Engel bereitet ist (Matthäus 25,41 - 46). Das ist Höllensprache, obwohl das Wort nirgends erwähnt wird.

All das ist weder an die Öffentlichkeit noch speziell an

Sünder gerichtet, sondern an die zwölf Jünger (Matthäus 24,1). Zum einen wurde Schlechtes getan, zum anderen Gutes unterlassen. Jüngerschaft darf nicht auf die leichte Schulter genommen werden. Sie umfasst nicht nur Privilegien, sondern auch Verantwortung.

Es sollte ein ernüchternder Gedanke sein, dass einer der Zwölf, der im Namen Jesu predigte und heilte, ein so schreckliches Ende nahm und dorthin ging, wo er hingehörte (Apostelgeschichte 1,25). Judas Iskariot wurde von Jesus selbst berufen, folgte seinem Ruf, zog mit ihm umher und diente ihm drei Jahre lang. Seine Gier nach Geld war für Satan das Einfallstor und er „ergriff Besitz von ihm". Er, der ein angenommener Sohn hätte sein können, wurde zum Sohn der Verdammnis (Johannes 17,12).

Kein Wunder also, dass die apostolischen Schreiber die Gläubigen ständig ermahnten, nüchtern und wachsam zu sein und auf den Herrn zu vertrauen, nicht auf sich selbst. Es gibt nämlich ein falsches Vertrauen, eine Art Selbstgefälligkeit: „Wer also meint, er stehe fest und sicher, der gebe Acht, dass er nicht zu Fall kommt" (1. Korinther 10,12; ein Lehrstück für alle Gläubigen ist das Versagen der vielen Israeliten, die es nicht ins gelobte Land schafften.).

Es ist Zeit, das Kapitel zusammenzufassen. Nicht ohne Grund sollten Gläubige und Ungläubige ermahnt werden, dass jedem die Hölle drohen kann. Gemäß der Lehre Jesu ist das für jeden, der ihm folgen und dienen will, äußerst bedeutsam. Diese Erkenntnis ergibt sich aus dem Kontext und steht in krassem Gegensatz zur traditionellen Lehrweise. Sie eröffnet uns eine neue Perspektive und räumt mit einem der Hauptgründe auf, warum Prediger das Thema als unangenehm empfinden und Zuhörer als verstörend (Siehe Kapitel 7.).

Offensichtlich ist es für Gläubige und Ungläubige gleichermaßen einfach, in die Hölle geworfen zu werden, aber schwer, in den Himmel zu kommen (Jesus selbst würde das vermutlich genau so sehen; Matthäus 7,13 - 14.). Vieles, was wir getan bzw. unterlassen haben, könnte uns dorthin bringen. Wären wir uns selbst überlassen, würde die Hölle für uns nicht nur ein Risiko darstellen, sondern wäre uns absolut gewiss. Aber das sind wir nicht. Die gesamten Ressourcen des Himmels wurden uns zur Verfügung gestellt. Es gibt keinen Grund, in der Hölle zu enden. Bisher verkündete dieses Buch vorwiegend schlechte Nachrichten; es wird Zeit für gute!

5. DIE RETTUNG

Weder für Gott noch für einen Menschen wäre ein Buch über die Hölle ersprießlich ohne ein Kapitel, das Auskunft gibt, wie man ihr entkommt. Gäbe es keinen Ausweg, wäre es besser, ganz zu schweigen. Diejenigen, die für die Hölle bestimmt sind, könnten dann wenigstens zeitweilig Spaß an der Sünde haben, ohne den quälenden Gedanken, sich eines Tages dafür verantworten zu müssen. Ihnen ihr kurzes Glück durch quälende Vorstellungen von ewigem Leid verderben - warum? Was ich nicht weiß, macht mich nicht heiß, sagt man doch.

Auf der anderen Seite, wenn es für jedermann einen Weg des Entkommens gibt, dann sollten selbstverständlich alle darüber informiert werden. Und es gibt ihn! Er mag eng sein und nur wenige entdecken ihn (Matthäus 7,14); aber er steht allen offen. Kein Mensch muss den Rest seines Lebens an jenem schrecklichen Ort verbringen. Positiv formuliert: Jeder Mensch kann die Ewigkeit im Himmel verbringen.

Der Himmel hat zwei Voraussetzungen: Vergebung und Heiligung. Das eine beendet unsere sündige Vergangenheit, das andere präpariert uns für unsere sündlose Zukunft. Es ist uns nicht möglich, uns selbst zu vergeben oder uns zu heiligen. Die gute Nachricht ist, dass das, was bei den Menschen unmöglich ist, bei Gott möglich ist. Er ist fähig und willens, Vergebung und Heiligung als freie Gnadengaben jedem (vom Kleinsten bis zum Größten!) zu gewähren, der seine Sünden bereut und an seine rettende Kraft glaubt.

Diese Aussage klingt wie das typische Klischee eines Predigers. Aber man muss es schon genau betrachten. Das Heil mag kostenlos sein, aber es ist nicht billig, weder für unseren Herrn noch für uns selbst. Ihn kostete es seinen einzigen Sohn durch den Tod am Kreuz. Für uns bedeutet es, täglich unser Kreuz auf uns zu nehmen und ihm zu folgen. Wie sagt man so schön? „Der Eintritt ist frei, aber das Jahresabo kostet dich alles!"

Uns stehen jetzt alle göttlichen Mittel zur Verfügung, aber wir müssen sie nutzen. Gott hat alles Mögliche und Nötige getan, um uns vor der Hölle zu retten – außer, uns zu zwingen, sein Heilmittel anzuwenden. Uns steht es frei, seinem Geist zu widerstehen und sein Heil abzulehnen.

Vier Personen, drei göttliche und eine menschliche, sind daran beteiligt, wenn jemand der Hölle entkommt. Auch wenn alle gemeinsam dazu beitragen, ist es hilfreich, jede einzeln zu betrachten.

Die Zuneigung des Vaters

Gott schuf die Menschheit, weil er sich an seinem einzigen Sohn so sehr freute, dass er eine größere Familie haben wollte. Viele Söhne sollten zur Herrlichkeit kommen. Doch diejenigen, die für dieses wundervolle Schicksal vorbestimmt waren, weigerten sich, seine liebenden und gehorsamen Kinder zu sein. Trotzdem war seine Liebe zu ihnen weiterhin dermaßen stark, dass er bereit war, das größte Opfer überhaupt zu bringen, um sie zurückzugewinnen (Johannes 3,16 ist zu Recht die bekannteste biblische Erklärung dieser überwältigenden Wahrheit.).

Bisher haben wir die Hölle fast ausschließlich aus menschlicher Sicht erörtert - was es für uns bedeutet, wenn wir dort hinkommen. Kaum einer hält inne, um darüber nachzudenken, was es für Gott bedeutet, uns dorthin schicken zu müssen. Vielleicht helfen uns drei Einsichten, dies zu ermessen.

Erstens: Gott hatte die Hölle nicht für Menschen bestimmt. Wie wir bereits (in Kapitel 3) gesehen haben, wird sie gerade

DIE RETTUNG

„für den Teufel und seine Engel vorbereitet" (Matthäus 25,41). Als „unsterbliche" Geschöpfe („können sie nicht sterben"; Lukas 20,36) müssen sie eines Tages von Gottes Himmel und Erde komplett isoliert werden. Für sie gibt es keine Chance, der Hölle zu entkommen. Wer einmal den Himmel geschmeckt und ihn trotzdem abgelehnt hat, für den kann nicht einmal das Blut Jesu etwas tun (Hebräer 2,16).

Zweitens: Gott hat keine Freude am Tod der Ungerechten. Vielmehr freut es ihn, wenn sie sich von ihrer Bosheit abwenden und sich ihm zuwenden (Hesekiel 18,23). Nichts könnte weiter von der Wahrheit entfernt sein als die Vorstellung, dass es einem Gott der Vergeltung Genugtuung verschaffen würde, diejenigen, die ihn beleidigt haben, mit der Hölle zu bestrafen. So etwas überhaupt zu denken, ist verleumderisch. Wer das tut, hat nicht einmal angefangen zu verstehen, was mit dem Wort „verloren" gemeint ist (Der verlorene Sohn wusste genau, wo er war – aber für seinen untröstlichen Vater war er „verloren".). Man kann sich Gottes Gefühle gut vorstellen, wenn er jemanden, den er einst nach seinem Ebenbild geschaffen hatte, als „Müll" wegwerfen muss. Das kann nichts anderes als furchtbare Schmerzen verursachen, kein hämisches Vergnügen. Gott ist kein Sadist.

Drittens: Er hat alles getan, um uns vor einem solchen Schicksal zu bewahren. Wir sagten das bereits, aber es kann nicht oft genug wiederholt werden. Gott hat es sich zur Aufgabe gemacht, Abfall zu recyceln, gefallene Kreaturen wieder in ihren ursprünglichen Zustand zu versetzen und nutzbar zu machen, die Kaputten wiederherzustellen und die Verlorenen zu retten (Schön wird das in der Rückkehr des Sklaven Onesimus illustriert. Sein Name bedeutet „seinem Herrn nützlich sein"; Philemon 11). Das ist seine ganze Freude und das Werk, das er liebt.

Er wartete auch nicht darauf, bis in uns der Wunsch

reifte, wiederhergestellt zu werden; nein, er selbst ergriff die notwendigen Schritte. Die Initiative ging von ihm aus, nicht von uns. Er liebte uns, bevor wir ihn liebten. Er entschied sich, uns zu retten, lange bevor wir uns dazu entschieden, gerettet zu werden. Obwohl wir ihn nicht suchten, kam er, um uns zu suchen (und zu retten). Deshalb ist allen, die sich im Recyclingvorgang befinden, völlig bewusst, dass sie für diese Gunst und dieses Schicksal vorhergesehen waren (Das heißt nicht, dass all jene, die bisher nicht gerettet wurden, zum Scheitern verurteilt sind.).

Gottes rettende Gnade kam durch seinen Sohn zu uns.

Die Sühne durch den Sohn

Mit seinen Erklärungen vermittelte uns Jesus alle wichtigen Informationen über die Hölle, einschließlich der Lebensweise, die einen Menschen dorthin bringen kann. Vorgelebt hat er uns aber einen Lebensstil, der in den Himmel führt. Was er sagte und wie er handelte, könnte uns verzweifeln lassen. Das war sogar bei einem seiner besten Gefährten so („Geh weg von mir, Herr, ich bin ein sündiger Mensch"; Lukas 5,8). Diejenigen, die Jesus nur als ein gutes Beispiel sehen, haben nie wirklich versucht, seinem Beispiel zu folgen!

Durch seinen Tod, sein Begräbnis und seine Auferstehung machte Jesus es uns möglich, der Hölle zu entgehen und in den Himmel zu kommen. Indem er in die Hölle hinabstieg und in den Himmel aufstieg, ging er uns voraus und ebnete uns einen Weg, dem wir folgen können (Das ist es, was in Hebräer 2,10 gesagt wird.).

Er ging in die Hölle. Das geschah nicht nach seinem Tod (wie es ältere Versionen des apostolischen Glaubensbekenntnisses andeuten; moderne sprechen zu Recht anstatt von der „Hölle" vom „Hades" bzw. schlicht von „den Toten", also der Welt der körperlosen Geister). Nein, er erlebte die Hölle, als er noch in seinem Körper war, während der letzten drei von den sechs Stunden, die er am Kreuz hing.

Die Hölle ist die totale Finsternis, und von mittags bis drei Uhr nachmittags war Jesus in dieser Dunkelheit. Bei seiner Geburt schien der Stern hell, nun bei seinem Tod verfinsterte sich die Sonne (Das war kein „natürliches" Geschehen. Beides waren übernatürliche Zeichen, die auf die einzigartige Bedeutung der zwei Ereignisse hinwiesen.). Die Hölle ist zudem ein Ort, an dem Durst die Menschen quält. Und während dieser Zeit schrie Jesus: „Ich habe Durst." Ihm wurde Essig geboten (Der hätte seinen Durst verschlimmert.) und Wein (Den lehnte er ab, weil er geschworen hatte, davon nichts mehr zu trinken, bis das Königreich vollständig gekommen war.). Obendrein ist die Hölle ein Ort, an dem Gott nicht zu finden ist. Denn die Hölle steht für die Trennung von Gott. Aus diesem Grund schrie Jesus aus Verzweiflung: „Mein Gott, mein Gott, warum hast du mich verlassen?" (Es handelt sich dabei um ein Zitat aus Psalm 22, der insgesamt eine bemerkenswerte Vorhersage seines Leidens ist, angesichts der Tatsache, dass der Autor, König David, nie eine Kreuzigung beobachtet oder erlitten hat.).

Zum ersten Mal in der gesamten Ewigkeit riss der Kontakt zwischen Sohn und Vater ab. Auf menschlicher Ebene bedeutete das jedenfalls, das Verständnis für das, was gerade geschah, zu verlieren. Jeder von uns kann seine Bestürzung bedingt nachvollziehen; auch wir waren schon einmal von persönlichem Leid und Einsamkeit dermaßen übermannt, dass wir ein verzweifeltes „Warum?" seufzten.

Aber wir wissen heute, warum er so litt. Und er selbst wusste es davor und danach auch, jedoch nicht während dieser dunklen Stunden. Er zahlte den Preis, um uns aus der Sklaverei der Sünde zu befreien, „als ein Lösegeld für viele" (Markus 10,45). Sein Tod war ein Sühneopfer, die Sühne für unsere Sünden (Römer 3,25). Derjenige, der keine Sünde kannte, wurde für uns zur Sünde gemacht (2. Korinther 5,21). Er trug unsere Sünden an seinem eigenen Leib ans „Kreuz" (1. Petrus 2,24). Wie ein Verbrecher verurteilt nahm er unseren Platz ein. Stellvertretend für uns ging er in den Tod.

Jetzt ist Vergebung möglich. Sie ist in seinem Blut geschrieben. Die Strafe ist bezahlt, die Schuld erlassen. Aber das Kreuz steht auch dafür, dass jede unvergebene Sünde nun geahndet werden muss; Gott kann sie nicht mehr übersehen, und kein Mensch kann sich mehr herausreden (Apostelgeschichte 17,30; Römer 3,25). Seit Golgatha hat die Welt eine völlig neue moralische Beziehung zu ihrem Schöpfer, mit einer viel kraftvolleren Offenbarung seiner Gerechtigkeit und seiner Gnade. Der Himmel und die Hölle stehen jetzt weit offen.

Er stieg in den Himmel hinauf und Gott rehabilitierte seinen Sohn. Die Menschen verurteilten ihn zum Tod. Doch Gott erweckte ihn, bevor sein Körper verweste. Die Menschen verspotteten seinen Anspruch, ihr König zu sein. Aber Gott gab ihm alle Macht auf Erden und im Himmel. Jesus ist jetzt Herr.

Er ging, um einen Ort für uns vorzubereiten. Er tritt seither dort für uns ein. Er wird zurückkommen und uns dahin mitnehmen, wo er ist. Er hat die absolute Kontrolle über alle Kräfte, die gegen uns gerichtet sind, einschließlich des Teufels und all seiner Dämonen.

Indem er uns vorausging, bereitete er den Weg in den Himmel und wir können nun seinen Fußspuren folgen. Doch die Frage ist: Geht das tatsächlich? Gesetzt den Fall, die Vergangenheit wurde gesühnt, unsere Sünden vergeben und unsere Beziehung zu Gott wiederhergestellt, wie könnten wir je den Weg gehen, den Jesus ging, und so leben, wie er lebte? Durch ihn haben wir zwar Vergebung, doch wie erlangen wir seine Heiligkeit?

Auch darauf gab er die Antwort. Im eigentlichen Sinne

ist er selbst die Antwort. Denn er ist unsere Gerechtigkeit (1. Korinther 1,30) und in Verbindung mit ihm können wir die Gerechtigkeit Gottes für uns beanspruchen (2. Korinther 5,21). Es ist ein erstaunlicher Austausch: Er nahm unsere Sünden und wir bekommen seine Gerechtigkeit!

Mit anderen Worten, Christus bietet uns einen *doppelten* Austausch. Er nimmt unseren Platz im Tod und im Leben gleichermaßen ein. Er starb für uns und er lebt in uns. Aber wie geschieht so etwas? Wie kann er unten auf der Erde in uns leben, da er doch oben im Himmel ist?

Der Beistand des Geistes

Kommen wir zur dritten Person der Dreifaltigkeit. Der Heilige Geist hat seit jeher existiert und kam von Zeit zu Zeit zu den Menschen, um sie mit übernatürlichen Geistes- und Gnadengaben zu salben. Auf einzigartige Weise war er stets mit Jesus, bei seiner Taufe (Lukas 3,21f.), bei seinen Versuchungen (Lukas 4,1), in seinem Sterben (Hebräer 9,14) und in seiner Auferstehung (Römer 8,11). Anfangs war er „mit" den Jüngern, die Jesus folgten, und später „in" ihnen (Johannes 14,17).

Eines der ersten Dinge, die Jesus nach der Himmelfahrt tat, war, seinen Vater zu bitten, den Geist zu senden, damit er auf der Erde seinen Platz als „Ermutiger" und „Beistand" für seine Jünger einnahm (Diese beiden Bezeichnungen übersetzen das griechische Wort *parakletos* besser als das eher blutleere Wort „Tröster", dem im Deutschen der Anklang von „Kraft" fehlt.). Nachdem er für sie am jüdischen Passahfest gestorben war, kam er am darauffolgenden Pfingstfest (durch seinen Geist) zu ihnen. Er hatte ihnen gesagt, dass sie mit seiner inneren, unsichtbaren Präsenz (immer und überall) besser dran wären als mit seiner äußeren, sichtbaren.

Heiligkeit ist jetzt möglich. Denn er ist der *Heilige*

Geist. Gerechtigkeit ist nicht mehr länger eine äußere Angelegenheit, die bestenfalls zu Stolz und schlimmstenfalls zu Heuchelei (wie bei den Pharisäern) führt. Gerechtigkeit bedeutet innere Veränderung des Wollens, die zu richtigen Verhaltensweisen und Beziehungen führt. Heiligkeit ist die Frucht des Geistes - eine (einzigartige) Frucht mit neun Geschmacksrichtungen (Galater 5,22f.): Liebe, Freude und Frieden im Herrn; Geduld, Freundlichkeit und Güte (Großzügigkeit) gegenüber anderen; Treue, Sanftmut und Selbstbeherrschung. Das ist Jesu Charakter, der sich in denen, „die im Geist wandeln", stets widerspiegelt. Wie bei jeder Frucht braucht es jedoch Zeit, um zu wachsen und zu reifen.

Auch verläuft der Prozess nicht automatisch oder zwangsläufig. Reben müssen am Weinstock „bleiben", sonst tragen sie keine Früchte (Johannes 15,4). Gläubige müssen alle Anstrengungen unternehmen ..., um heilig zu sein; ohne Heiligung „wird niemand den Herrn sehen" (Hebräer 12,14). Wir haben also unseren Beitrag zu leisten.

Der Beitrag eines Gläubigen

Obwohl Vater, Sohn und Heiliger Geist zusammenarbeiten, um uns vor der Hölle zu retten, indem sie Vergebung und Heiligkeit in unsere Reichweite bringen (Das Königreich ist „zur Hand".), ist unsere aktive Mitarbeit dennoch nötig. Die Gaben müssen angenommen und eingesetzt werden. Die Leute müssen die kostenlosen Angebote in Anspruch nehmen.

Christus starb für die Sünden der gesamten Welt (Das glaubte sogar Calvin.). Dabei ist es offensichtlich, dass weder Vergebung noch Heiligkeit der ganzen Welt zuteilwerden. Was also fehlt? Es ist die vierte Person, die notwendig ist, um das Bild zu vervollständigen: Man selbst!

Am Anfang wurde der neue Glaube der Jünger „Der

Weg" genannt. Damit wurde eine andere Art zu leben (und zu sterben) beschrieben. Es ist der Weg in den Himmel. Ausgangspunkt ist die persönliche Beziehung zu Jesus, der von sich selbst sagte: „Ich bin der Weg" (Johannes 14,6).

Aber „der Weg" impliziert eine Straße, die es zu gehen gilt, eine Reise, die es zu vollenden gilt. Nur wer bis zum Ende durchhält, erreicht sein Ziel. Anfangen allein reicht nicht aus. Ein gutes Ende ist genauso wichtig wie ein guter Start. Das Rennen wird beim Einlauf entschieden. Wer sein Ziel nicht aus den Augen verliert, gewinnt den Preis (Philipper 3,1214; Hebräer 12,1.f).

Zuerst müssen wir uns auf den Weg machen. Dafür ist ein gelungener Start sehr hilfreich. Denn ein schlechter Start kann ein echtes Handikap sein. Es gibt vier erste Schritte, die wir machen müssen, um richtig loszulegen. Nummer eins ist, Buße zu tun (Damit verlassen wir den falschen, breiten Weg, der ins Verderben führt.). Nummer zwei ist, an Jesus zu glauben (Zum einen vertrauen wir damit darauf, dass er tut, was er verspricht, zum anderen gehorchen wir dem, was er uns vorgibt.). Nummer drei ist, sich taufen zu lassen (Das ist gleichzeitig die Seebestattung unseres alten, vergangenen Lebens und ein Reinigungsbad für das neue.). Nummer vier ist, den Heiligen Geist zu empfangen - durch ein bewusstes Sichfüllenlassen bis wir überlaufen, was normalerweise durch den Mund geschieht (Siehe mein Buch *The Normal Christian Birth,* Hodder and Stoughton, *1989.* Darin werden die vier Schritte noch detaillierter beschrieben.).

Viele Jünger erleben leider eine „schwierige Geburt". Wer einen oder mehrere dieser lebenswichtigen Schritte verpasst, schreitet nicht so schnell und nicht so weit voran wie jemand, der einen gelungenen Start hatte. Aber im Leben ist es nie zu spät, um Versäumtes nachzuholen. Das sollte in der Tat so schnell wie möglich passieren. Ein Vierzylinder fährt am besten, wenn er auf allen Zylindern läuft!

Selbst nach einer „problemlosen Geburt" kann jemand

den Fehler machen, zu denken, dass er sein Ziel bereits erreicht hat (oder zumindest sein Ticket in den Himmel gelöst hat und in den Zug gestiegen ist, der ihn dorthin bringt). Das christliche Leben ist ein Marsch, keine Zugfahrt. Wiedergeboren zu werden bedeutet, in die richtige Richtung zu gehen, die Reise zu beginnen (John Bunyan stellte das in *Pilgrim's Progress* anschaulich dar.). Keiner von uns ist bisher angekommen; wir sind „auf dem Weg".

Jetzt gilt es, auf diesem Weg zu bleiben. Das christliche Leben ist dynamisch, nicht statisch. Ein göttliches Leben bedeutet, mit Gott zu wandeln. Aber Gott geht voran und wir verlieren den Anschluss, wenn wir nicht mit ihm mithalten. Jesus war mit seinen Jüngern ständig unterwegs (Meistens lehrte oder heilte er „im Vorbeigehen".), sogar bis zu seinem Tod und nach seiner Auferstehung (Lukas 24,13 - 35). Derzeit geht er zwischen den Leuchtern (den Gemeinden; Offenbarung 2,1) umher. Sogar im Himmel werden wir neben ihm hergehen (Offenbarung 3,4).

Das Neue Testament ist voll von Warnungen für jeden, der sein Ziel nicht erreicht. Die Tatsache, dass viele hebräische Sklaven das Land Kanaan nicht erreichten, dient gleich drei apostolischen Schreibern als Mahnung an die Gläubigen (1. Korinther 10, Hebräer 4 und Judas). Christen laufen genauso Gefahr, „abgehauen" zu werden wie die Juden, die „aufhörten", sich auf die Güte Gottes zu verlassen (Römer 11,22). Doch wenn wir im Schutz seiner Liebe bleiben, wird uns Gott vor Fehltritten bewahren (Judas 21,24).

Auf dem Weg zu bleiben bedeutet dasselbe wie in Christus zu bleiben. Es heißt, beständig an ihn zu glauben. Das Substantiv „Glaube" entspricht sowohl im Hebräischen als auch im Griechischen dem Wort Treue oder Beständigkeit. Jemandem zu vertrauen bedeutet, unaufhörlich auf ihn zu bauen, komme, was wolle. Das Verb „glauben" (Es wird im Neuen Testament häufiger benutzt als das Substantiv.)

DIE RETTUNG

steht oft in der Gegenwartsform, die im Griechischen „die Verlaufsform des Präsens" genannt wird, weil es sich auf eine kontinuierliche Handlung bezieht. Das heißt, etwas wird *dauerhaft* oder *fortwährend* getan. „Denn Gott hat der Welt seine Liebe dadurch gezeigt, dass er seinen einzigen Sohn für sie hergab, damit jeder, der an ihn glaubt (oder fortwährend glaubt), das ewige Leben hat (oder fortwährend hat) und nicht verloren geht" (Johannes 3,16; hier wird die gleiche Zeitform wie in 20,31 gebraucht.).

Wer nicht standhaft am Wort festhält, ist vergeblich zum Glauben gekommen (1. Korinther 15,2). Es ist möglich, im Glauben Schiffbruch zu erleiden (1. Timotheus 1,19). Umso eifriger müssen wir bemüht sein, unsere Berufung und Wahl zu bestätigen (2. Petrus 1,10; beachten Sie, dass es unsere Aufgabe ist, uns darum zu bemühen.). Diejenigen, die überwinden, deren Namen werden nicht aus dem Lebensbuch des Lammes gelöscht (Offenbarung 3,5; die Auswirkung für jeden, der nicht überwindet, dürfte klar sein.). Wer bis zum Ende durchhält, wird gerettet werden (Markus 13,13). Der Brief an die Hebräer ist vollgepackt mit Aufrufen zum „Weitermachen" und Warnungen bezüglich der Folgen des „Zurückweichens" (2,1 - 3; 3,6.12.14; 6,4 - 11; 10,23 - 27; 12,3.14). Reben, die nicht am Weinstock bleiben, „werden schließlich ins Feuer geworfen und verbrannt" (Johannes 15,6).

Derartige Lehrinhalte provozieren in der Regel zwei Fragen, ja sogar Einwände. Erstens, lehrt dies nicht die Erlösung durch Werke, um sich aus eigener Kraft zu retten? Zweitens, wird dadurch nicht unsere innere Überzeugung, ja, die Gewissheit zerstört, dass wir in den Himmel kommen?

Der erste Einwurf kommt von Leuten, die die Souveränität Gottes betonen und behaupten, das Heil hängt allein davon ab, wen er erwählt. Keiner kann sich dieser Vorherbestimmung widersetzen. Sie zwingt den Auserwählten förmlich zu Buße und Glauben und garantiert insofern die Standhaftigkeit des

Heiligen und seine sichere Ankunft im Himmel. Daraus folgt, dass Gott quasi nicht will, dass alle Menschen gerettet werden, da nur einige erwählt sind. Auch ist Christus nicht für alle Menschen gestorben, sondern nur für die Auserkorenen denn, dass seine Sühne ihren Zweck nicht erfüllen würde, ist unvorstellbar. Ironischerweise sind diejenigen, die diese Sichtweise (allgemein als „calvinistisch" oder „reformiert" bezeichnet) vertreten, auch diejenigen, die bisher besonders treu am traditionellen Verständnis der Hölle festhielten. Gleichzeitig verneinen sie, dass sie für einen Erwählten irgendeine Bedeutung hat. Ihr Motiv ist lobenswert. Sie wollen die Gnade und Barmherzigkeit Gottes verherrlichen, indem sie einem gefallenen Menschen den stolzen Gedanken, etwas zu seiner Rettung beigetragen zu haben, nicht zugestehen. Alles kommt von Gott - von Anfang bis Ende, sogar die Entscheidung, die zur Erlösung führt. Uns bleibt nur, die Gnade zu preisen, aus der einige auserwählte Sünder trotz ihrer selbst gerettet sind. Allein der Verweis darauf, dass die Erlösung von *unserem* fortwährenden Glauben oder sogar von einem ersten Glaubensschritt unsererseits abhängen könnte, unterliegt dem Kirchenbann. Denn dadurch würde die Herrlichkeit den Menschen zugerechnet, nicht Gott.

Was gibt es dazu zu sagen? Kurzum: Mitwirkung ist nicht dasselbe wie Beitrag. Nehmen wir an, ein Schiffspassagier geht über Bord. Ein Besatzungsmitglied wirft ihm einen Rettungsring zu und schreit: „Nimm ihn!" Ergreift der Ertrinkende diesen, ruft er weiter: „Halt dich fest, bis ich dich zurück ins Schiff gezogen habe." Der Mann ist gerettet. Von wem?

Wird der Passagier jemals behaupten, sich selbst gerettet zu haben? Wird er auf seinen eigenen „Beitrag" zur Rettung stolz sein? Oder wird er seinem Retter so dankbar sein, dass ihm derartige Gedanken gar nicht in den Sinn kommen? Wenn er durch Werke gerettet wurde, dann durch die Werke seines Retters; an ihn zu glauben, darin bestand sein Beitrag. Sein eigenes Tun würde er weder als lobenswert noch als verdienstvoll oder „erlösungswürdig" empfinden, sondern als verzweifelten Akt eines Menschen, der sich nicht selbst retten konnte und sein ganzes Vertrauen auf jemand anderen setzte.

Der Glaube ist etwas Aktives, nichts Passives. Glaube ohne Taten ist tot, er kann nicht retten (Jakobus 2,14.26; schade ist, dass in manchen Übersetzungen dieser Verse das Wort „Werke" verwendet wurde [z.B. ELB und LUT 2017]. Das führte zu einem scheinbaren Widerspruch zu Paulus. Sogar Luther unterlag diesem Missverständnis.). Dieser aktive Glaube ist unsere mündige Reaktion auf die unverdiente Gnade Gottes. Wir tragen nichts zu unserem Heil bei. Vielmehr kooperieren wir, wenn wir am Anfang unseres Weges Christus im Glauben zu fassen bekommen und uns auf dem gesamten Weg an ihn klammern, bis er uns sicher in den Himmel gebracht hat.

Errettung ist ein Prozess, der zwar begonnen hat, aber noch lange nicht beendet ist. Wir *wurden gerettet* (vor der Strafe der Sünde durch Rechtfertigung), wir *werden gerettet* (vor der Macht der Sünde durch Heiligung) und wir *werden gerettet werden* (vor der Gegenwart der Sünde durch Verherrlichung). Alle drei Zeitformen des Verbs „retten" werden im Neuen Testament verwendet. Der Prozess wird erst dann abgeschlossen sein, wenn Jesus wiederkehrt - nicht um Sünden zu tragen, sondern um denen, die auf ihn warten, das Heil zu bringen (Hebräer 9,28).

Was bedeutet das für die Lehre der Heilsgewissheit? Wessen können wir uns sicher sein? Wir können darauf bauen, dass wir „auf dem Weg sind, gerettet zu werden", dass wir uns „himmelwärts" bewegen. Aber diese Zusicherung beruht weder auf einer syllogistischen Ableitung aus der Schrift (Soll heißen, es steht in der Bibel, ich habe es geglaubt, basta!), noch auf einer simplen Entscheidung für Christus (D.h., ich bete einmal das Übergabegebet.). Sie entspringt allein einer Beziehung, die nicht nur irgendwann einmal bestand, sondern die ständig gepflegt wird. Während wir mit dem Herrn wandeln, „bezeugt es uns der Geist selbst in unserem Innersten, dass wir Gottes Kinder sind." (Römer 8,16; wieder in der Verlaufsform der Gegenwart). Wenn wir im Fleisch statt im Geist wandeln, ist eines der ersten Dinge, die verloren gehen, das Zeugnis unseres Geistes. Wir verlieren unsere Sicherheit.

Wir können und sollten also sicher sein, dass wir auf dem Weg in den Himmel sind. Aber erst wenn wir angekommen sind, können wir sicher sein, dass wir wirklich da sind. Als Billy Graham von einem BBC-Reporter gefragt wurde, was sein erster Gedanke im Himmel sein würde, antwortete er ohne Zögern: „Erleichterung!" John Bunyan schrieb am Ende von *Pilgrim's Progress [zu Deutsch: Die Pilgerreise aus dieser Welt in die Zukünftige; Anm. der Übersetzerin]*: „Dann sah ich, dass es sogar direkt vor den Toren des Himmels einen Weg in die Hölle gab." Paulus behielt sich stets eine gesunde Furcht, dass er, nachdem er anderen gepredigt hatte, nicht selbst ausgemustert werden würde (1. Korinther 9,27).

Lassen Sie uns mit einer positiven Bemerkung schließen: Es ist nicht nötig, dass jemand scheitert. Wer kann gegen uns sein, wenn Vater, Sohn und Heiliger Geist auf unserer Seite sind - außer wir selbst. Es ist Gnade (sein Werk, nicht unseres), dass wir durch den Glauben gerettet werden, durch anhaltenden und beharrlichen Glauben. Vergebung wird denen zuteil, die fortwährend glauben (und immer wieder Buße tun und Sünden bekennen; 1. Johannes 1,9). Wer im Glauben ausharrt, der empfängt Heiligkeit. (Denn, während wir weiterhin vertrauen und gehorchen, kann er das gute Werk vollenden, das er in uns begonnen hat; Philipper 1,6.).

DIE RETTUNG

Uns gehört doch alles in Christus (1. Korinther 3,21-23). In seiner göttlichen Macht hat Jesus uns alles geschenkt, was zu einem Leben in Ehrfurcht nötig ist (2. Petrus 1,3); es liegt an uns, unsere Berufung und Erwählung zu bestätigen (2. Petrus 1,10).

Wer sich in der Hölle wiederfindet, kann sich nur selbst die Schuld dafür geben. Wenn jemand in den Himmel kommt, kann er dafür nur den Herrn loben.

6. DAS GEGENSTÜCK

Zukünftig wird es nur zwei Schicksale geben, die der Menschheit offenstehen – Himmel oder Hölle. Wir alle enden an dem einen oder dem anderen Ort. Beide könnten unterschiedlicher nicht sein; sie sind vollkommene Gegensätze. Wieviel Gutes über den Himmel gesagt werden kann, soviel Schlechtes kann auch über die Hölle gesagt werden, und umgekehrt. Was der eine Ort Gutes hat, hat der andere Schlechtes.

Der Himmel ist der Gegenpol zur Hölle. Das Licht des Himmels lässt die Dunkelheit der Hölle umso schwärzer erscheinen. Die Gemeinschaft mit Gott im Himmel macht die Trennung von Gott in der Hölle umso schrecklicher. Die goldenen Straßen des Himmels stehen in scharfem Kontrast zum dahinrottenden Dreck der Hölle.

Dieses Kapitel dreht sich um den Himmel. Dass er hier vorkommt, dient nicht nur dazu, den Schrecken und das Elend der Hölle hervorzuheben. Diejenigen, die dorthin kommen, erkennen genau, was sie verpasst haben; vom Himmel zu wissen ist Teil der Qual (vgl. Matthäus 8,11f.). Kein Wunder, dass es dort „Weinen und Zähneknirschen" geben wird.

Der Hauptgrund ist, dass der Wunsch, der Hölle zu entgehen, im Wesentlichen eine negative Triebfeder darstellt und durch das positive Verlangen, in den Himmel zu kommen, verstärkt werden sollte. Wenn beides sich die Waage hält, wird deutlich, wie wichtig ein „volles" Evangelium ist, das nicht nur Heiligung und Rechtfertigung beinhaltet, sondern auch Heiligkeit und Vergebung – beides sind kostenlose Gnadengaben Gottes, die für diejenigen bereitstehen, die aus Glauben leben.

Auch unter Gläubigen kann die Hölle aus nachvollziehbaren

Gründen umstritten sein. Über den Himmel wird selten debattiert, was genauso nachvollziehbar ist, außer unter Ungläubigen. Zwei Kritikpunkte werden stets gegen die Lehre der Kirche vom Himmel vorgetragen.

Manche sagen, er sei *eine naive Illusion*. Als Ergebnis menschlicher Vorstellungskraft sei der Himmel nicht mehr als ein selbstgemachter Ausgleich für die Unannehmlichkeiten und Schwierigkeiten unseres Lebens. Perlenverzierte Tore und goldene Straßen gehörten ins Reich der Märchen (Was sei überhaupt der Unterschied zwischen Feen und Engeln?).

Insofern werden Witze über den Himmel gerissen (Häufig beziehen sie sich auf Probleme beim Einlass durch den Heiligen Petrus.), die zum Ausdruck bringen, dass der Erzähler das Gesamtkonzept bezweifelt. Eine weitere Form der subtilen Skepsis sind „verquere" Fragen, die bereits andeuten, dass der Glaube an den Himmel lächerlich sei. Das war ja auch der „Kern der Frage", als die Sadduzäer eine Frau ins Spiel brachten, die nach sieben kinderlosen Ehen siebenmal verwitwet war (Gelinde gesagt, statistisch ein äußerst unwahrscheinliches Ereignis!). Zu welchem Mann würde sie im Himmel gehören? Jesus korrigierte damals zunächst ihre falsche Annahme, dass irdische Beziehungen zu diesem Zeitpunkt dann noch immer Bestand hätten. In der Folge rügte er sie noch scharf für ihren zugrundeliegenden Unglauben an eine körperliche Existenz nach dem Tod. Das war nämlich die Grundannahme hinter ihrer Frage (Lukas 20,27–38).

Andere betrachten den Himmel als gefährliche Täuschung, die nach Realitätsflucht anmutet. Das Versprechen einer zukünftigen Belohnung soll bewirken, dass die derzeitige Ungerechtigkeit hingenommen wird (Die „Negro-Spirituals", ehemals von Sklaven auf den amerikanischen Baumwollplantagen gesungen, werden oft als Beispiele dafür angeführt.). Es war Charles Kingsley (der anglikanische Geistliche, der *Tom and the Water Babies [Wasserkinder,*

DAS GEGENSTÜCK

1862; Anm. der Übersetzerin] schrieb), der als Erster den Ausdruck „Opiat fürs Volk" verwendete, allerdings in Bezug auf eine andere Weltreligion. Karl Marx übernahm diesen Ausspruch, änderte den Wortlaut jedoch in „Opium" ab. Diese Denkweise findet sich auch in einer bekannten englischen Spöttelei wieder: „Pie in the sky when you die" *[Zu Deutsch: Im Himmel gibt's Süßes für den Verstorbenen; Anm. der* Übersetzerin]. (Ich bin dann immer versucht zu antworten, dass das besser ist als „pain in the pit when you flit" *[Höllenqualen für den, der den Abgang macht; Anm. der* Übersetzerin].)

Die Kirche wurde vermehrt dafür kritisiert, dass sie „so himmlisch gesinnt sei, dass sie keinen irdischen Nutzen mehr habe". Leider reagierte die Kirche dermaßen sensibel auf diesen Vorwurf, dass sie ins Gegenteil ausschlug. Prediger äußern sich zunehmend zum sozialen und politischen Tagesgeschehen, zögern aber, über die kommende Welt zu sprechen. Und im selben Maß, wie nicht mehr über den Himmel gepredigt wird, wird auch nicht mehr über die Hölle gesprochen.

Doch die Ewigkeit dauert viel länger als unsere irdische Zeit. Hier ist das Leben kurz und bald vorüber. Glaubten wir aus tiefstem Herzen, dass wir nur Pilger auf der Durchreise sind, die sich auf ein langandauerndes Leben an einem anderen Ort vorbereiten, würden wir es sicher als unsere Hauptaufgabe ansehen, andere auf ihre Zukunft aufmerksam zu machen. Wir setzten alles daran um sicherzustellen, dass sie das richtige Ziel erreichen, und unterstützten sie auf dem Weg. Wir redeten viel mehr über den Himmel. Was aber würden wir ihnen sagen?

In der Schrift hat der „Himmel" verschiedene Ebenen. Die unterste ist die Atmosphäre um die Erde herum, wo die Vögel fliegen und die Insekten schwirren. Der Bereich darüber ist der „Sternenhimmel" (das „Weltall"). Das hebräische

Weltbild kennt viele „Himmelsschichten" (Paulus wurde in den „dritten Himmel" gehoben, was wahrscheinlich eine „außerkörperliche Erfahrung" war.). Der „oberste Himmel" ist Gottes Wohnort, weit über seiner gesamten Schöpfung.

Die Entfernung zwischen Himmel und Erde spielt für die biblische Himmelslehre eine entscheidende Rolle. Man kann sie getrost als relativ bezeichnen, da sie nicht physisch, sondern geistlich bemessen wird. Während der Schöpfungsphase waren sich beide so nah, dass der „allerhöchste" Gott einen Abendspaziergang im Garten Eden machen konnte (1. Mose 3,8). Aber der Sündenfall des Mannes (und der Frau) ließ eine große Kluft entstehen, die im gesamten Alten Testaments zu spüren ist. Gott schien weit weg zu sein. Um mit ihm in Kontakt zu treten, war es nötig, ihn „anzurufen". Anbetung musste deshalb auch ein freudiger „Lärm" sein! Jakobs Traum von der langen Leiter, die vom Boden in den Himmel reichte, war typisch und erklärt, warum im Alten Testament Engel so maßgeblich waren – sie fungierten als Mittler; sogar das Gesetz des Mose wurde von Engeln überbracht (Hebräer 2,2).

Die Veränderung im Neuen Testament ist auffallend. In der Person Jesu berührt der Himmel wieder die Erde. Das Königreich des Himmels ist in greifbarer Nähe. Eine der verblüffendsten Aussagen, die Jesus je gemacht hat, war: „Es ist noch nie jemand in den Himmel hinaufgestiegen; der Einzige, der dort war, ist der, der aus dem Himmel herabgekommen ist *und der im Himmel ist*" (Johannes 3,13 inklusive meiner eigenen Hervorhebung). Also hat er den Himmel nicht verlassen, um hierher zu kommen, er hat ihn mitgebracht!

Wir haben bereits erkannt, dass die meisten unserer Informationen über die Hölle aus dem Munde Jesu stammen; dasselbe gilt für den Himmel. Letztendlich müssen wir seiner Bezeugung vertrauen, und zwar der ganzen (einschließlich dessen, was sein Geist den Gemeinden in der Offenbarung preisgibt). Jesus war sich bewusst, dass Menschen sein Wissen anzweifeln würden: „Und da ihr mir nicht einmal glaubt, wenn ich über die irdischen Dinge zu euch rede, wie werdet ihr mir dann glauben können, wenn ich über die himmlischen Dinge zu euch rede?" (Johannes 3,12) Er behauptete, dass er in einer so wichtigen Angelegenheit nie falsche Hoffnungen wecken würde: „Im Haus meines Vaters gibt es viele Wohnungen. Wenn es nicht so wäre, hätte ich dann etwa zu euch gesagt ..." (Johannes 14,2). Bei seiner Himmelfahrt ging er einfach nach Hause. Der Himmel war und ist der Ort, wo er wirklich hingehört.

Er ist auch der richtige Ort für diejenigen, die an ihn glauben. Es gibt ein aufrichtiges Empfinden, dass der Himmel bereits unser Zuhause ist. Diejenigen, die mit ihm gekreuzigt, begraben und auferweckt wurden (Galater 2,20; Römer 6,4), sind auch mit ihm aufgefahren und sitzen jetzt mit ihm an himmlischen Orten (Epheser 2,6). Obwohl unsere physischen Sinne uns nur allzu oft und nachdrücklich sagen, dass wir immer noch hier unten auf der Erde sind, ist unser wirkliches „Leben jetzt mit Christus in Gott verborgen" (Kolosser 3,3).

Wenn der Körper stirbt, wird unser gesamtes Bewusstsein dem des Geistes entsprechen und sich daher nur an jenen himmlischen Orten befinden, mit denen wir bereits gesegnet sind (Epheser 1,3). Wir werden dann wirklich „weg vom Leib und zu Hause beim Herrn" sein (2. Korinther 5,8). Auch wenn wir dann körperlos sind (Paulus sagt „unbekleidet".), ist ein solcher Zustand dennoch „bei weitem besser" (Philipper 1,23).

Doch vermutlich ist es irreführend, diesen Übergang als „in den Himmel kommen" zu beschreiben, wie es oft gemacht wird. Genau genommen ist der Himmel ein „Ort" für Geister, die einen Körper haben. Zu jener dritten Phase gehört unser Dasein, das sowohl über die Wiederkunft Jesu als auch über die allgemeine Auferstehung und den Tag des Gerichts hinausgeht. „Und wenn ich einen Platz für euch vorbereitet habe, werde ich wiederkommen und euch zu mir holen, damit auch ihr dort seid, wo ich bin" (Johannes 14,3). Wie wird dieser „Ort" aussehen?

Das erneuerte Universum

Gott will nicht nur Menschen in den Himmel bringen; mit der Erlösung verfolgt er eine viel größere Absicht. Er will seine gesamte Schöpfung erlösen, nicht allein die menschlichen Lebewesen. Er will „alle *Dinge* neu machen" (Offenbarung 21,5). Es wird also einen neuen Himmel und eine neue Erde geben – ja sogar ein ganz neues Universum, was es derzeit noch nicht gibt. Das gegenwärtige Universum wird „vergangen" sein (Dieser Ausdruck wird normalerweise in Zusammenhang mit dem Tod verwendet.). Es wird durch Feuer zerstört werden (2. Petrus 3,10). Vielleicht heißt das, dass jedes Atom gespalten und die ihm innewohnende Energie freigesetzt wird. In diesem Fall würde die Welt tatsächlich in einem nuklearen Holocaust enden. Der wird jedoch von Gott ausgelöst, nicht vom Menschen.

Es wird viele erstaunen, dass die Erde eine Zukunft hat oder, besser gesagt, dass es eine zukünftige Erde geben wird. Die Kirche hat sich entweder so sehr auf den Himmel konzentriert, dass sie diese neue Erde übersehen hat (bzw. den Händen einiger Sekten überließ) oder sie hat sich in letzter Zeit derart dem ökologischen Umweltschutz verschrieben, dass sie die neue Erde aus den Augen verloren hat. Legitimerweise sollten sich Christen über die zerstörerische Ausbeutung und Verschmutzung der Umwelt Gedanken machen. Sie brauchen aber nicht in Panik verfallen wie all jene, die glauben, dass

DAS GEGENSTÜCK

dies unsere einzige Erde ist und dass die menschliche Rasse aussterben wird, wenn wir sie zerstören. Gott, der die Welt erschaffen hat, kann und wird eine andere erschaffen. Sie wird in Zukunft von denen bevölkert, die sich sowohl gegenüber ihrem Schöpfer als auch gegenüber der Schöpfung als verantwortungsbewusst erweisen (In der Schrift wird der Begriff „Natur" nicht ein einziges Mal erwähnt, geschweige denn „Mutter Natur". Feminine Fruchtbarkeitskulte werden rundweg als Götzendienst verurteilt.).

Wer einen neuen Körper hat, für den wird die neue Erde (und der neue Himmel) zur Heimat werden. In der Tat seufzt die ganze Schöpfung voller Frustration schon jetzt, bis unsere Körper endlich erlöst sind (Römer 8,22f.). Unsere Hoffnung ist nicht nur, „in den Himmel zu kommen", sondern unter einem neuen Himmel und auf einer neuen Erde zu leben, wo wir uns genauso frei bewegen können, wie einst Jesus nach seiner Auferstehung. Der neue Himmel und die neue Erde werden so nah beieinander sein, wie sie es am Anfang der Schöpfung waren. Es ist bemerkenswert, wie sehr die letzten beiden Kapitel der Bibel den ersten beiden ähneln. Sogar der Baum des Lebens taucht nach langer Abwesenheit wieder auf (1. Mose 2,9; Offenbarung 22,2).

Genau wie jetzt wird das Stadtleben im Vordergrund stehen. Aber dann wird jene Stadt dominieren, die von Gott selbst und dem Zimmermann aus Nazareth entworfen und gebaut wurde. Sogar Abraham wusste bereits von diesem Projekt (Hebräer 11,10). Das erklärt vielleicht, warum er sich damit begnügte, im Alter von achtzig Jahren sein Haus aus Ziegeln zu verlassen und den Rest seines Lebens in einem Zelt zu verbringen. Das ist der klassische Fall, bei dem die Erwartung einer Entschädigung in der Ewigkeit jemanden bereits auf Erden zufriedenstellt!

Das „neue Jerusalem" wird ein riesiger Ballungsraum sein und Millionen beherbergen. Dennoch wird es

„menschlich" zugehen (Stadtarchitekten haben stets mit dieser Kombination gerungen, aber Gott kennt die ideale Lösung für das Problem.). Die ganze Stadt ist so dimensioniert, dass sie einmal in den Mond passen könnte, wäre er hohl; anders gesagt, sie wird zwei Drittel des europäischen Kontinents abdecken. Da Breite, Länge und Höhe gleich sind, muss seine Form entweder ein Würfel oder eine Pyramide sein.

Die Materialien, aus denen sie gebaut sein wird, sind sowohl rein (Reines Gold ist weiß, fast transparent, nicht gelb oder grünlich, wie wir es kennen.) als auch wertvoll (Edelsteine). Dass Letztere ausgewählt wurden, ist im Lichte der modernen Wissenschaft bemerkenswert. Die in der Offenbarung aufgelisteten Steine sind alle extrem hart (Härte 7 oder höher auf Mohs' Härteskala). Alle erscheinen in reinem Licht „anisotrop" (Werden sie unter Licht betrachtet, das durch einen kreuzpolarisierten Filter gebrochen wird, bringen sie in unendlicher Mustervielfalt alle Farben des Regenbogens zum Vorschein, unabhängig von ihrer ursprünglichen Farbe.). Steine, die „isotrop" sind (wie Diamanten oder Rubine, die bei diesem Licht jede Farbe verlieren), werden nicht verwendet. Dieser Unterschied konnte „Johannes", der die Offenbarung schrieb, nicht bekannt sein. Das ist ein weiterer erstaunlicher Beweis dafür, dass Gott die Schrift inspirierte. Es gibt eine weitere Unterscheidung, die damals vielleicht bekannt war. Alle verwendeten Steine haben eine mehr oder weniger längliche Kristallform mit spitzen Winkeln (trigonal, tetragonal oder hexagonal) und sind daher leicht zusammenzufügen. Edelsteine, die gedrungen und gerundet sind (Kristalle sind „kubisch".), werden nicht verwendet. In der Stadtmitte wird Wasser fließen, ein Merkmal vieler Städte, egal ob alt oder neu (Um das zu erreichen, wurden sowohl in Brasilia als auch in Canberra Staumauern gebaut.). Die Tore stehen immer offen, denn niemand hat Sicherheitsbedenken. Im Himmel gebaut, wird die Stadt auf die Erde transportiert (Gott war also der Erste, der den Einfall hatte, eine Stadt im Weltall zu bauen!). Ihre Ästhetik wird atemberaubend sein – wie die Erscheinung einer Braut bei der Hochzeit.

Aber wie wird das Leben in dieser Großstadt und ihrer Umgebung sein?

Der erlöste Zustand

Das Leben unter dem neuen Himmel und auf der neuen Erde kann auf zwei Weisen dargestellt werden: negativ (Die Merkmale unseres gegenwärtigen Lebens werden nicht mehr vorhanden sein.) und positiv (Es wird neue Umstände geben.). Wir listen jeweils sieben davon auf und beginnen mit Ersterem.

Es wird *keinen Sex* geben. Wir werden ihn nicht einmal vermissen! Jesus machte ganz klar, dass wir „wie die Engel sein werden, die weder heiraten (Das betrifft die Männer.) noch in die Ehe gegeben werden (Das betrifft die Frauen.)". Da wir „nicht sterben werden", bedarf es weder der Fortpflanzung noch eines Familienlebens um Kinder großzuziehen (Lukas 20,35f.). Das ist der Grund, warum unsere Ehebeziehungen nur so lange dauern „bis dass der Tod uns scheidet". Auch unsere Verwandtschaftsbeziehungen werden aufgelöst sein.

Es wird *kein Leid* mehr geben; keiner braucht mehr Krankenhäuser. Ärzte und Krankenschwestern werden überflüssig sein. Unsere „verherrlichten" Körper werden von keiner Behinderung oder Missbildung beeinträchtigt sein. Doch die Narben, die wir im Dienst für das Königreich davongetragen haben, bleiben als „körperliche Ehrenmale" vorhanden, wie die Nagelmale am Leib des Herrn Jesus

(Johannes 20,27). Paulus hatte eine ganze Reihe davon (2. Korinther 11,24f.; Galater 6,17).

Es wird *keine Trennung* mehr geben. Das Leben hier ist voll von Abschieden. Distanz und Tod zerstören ständig unsere Beziehungen. Vielleicht ist das der Grund, warum es „kein Meer mehr" geben wird (Offenbarung 21,1); keiner wird mehr „nach Übersee reisen".

Es wird *keine Trauer* mehr geben. Eine der schönsten Aussagen über unseren himmlischen Vater ist, dass er „alle Tränen abwischen wird" (Offenbarung 21,4), als ob er sagen würde: „Es ist alles vorbei, es gibt keinen Grund mehr zu weinen."

Es wird *keinen Schatten* mehr geben. Reines Licht (aber nicht das der Sonne) wird unablässig jeden Winkel erhellen. In den Straßen aus Gold wird es keine Dunkelheit, keine Nacht und somit auch keine Straßenlaternen mehr geben.

Es braucht *keine Zufluchtsorte* mehr. Kein Turm, keine Warte, kein Kirch- oder Tempelturm wird mehr in den Himmel ragen. Alle Gebäude werden Wohnhäuser sein, keines wird mehr einem religiösen Zweck dienen (Spendenaufrufe für Kathedralenrestaurierungen sind nicht mehr nötig!). Gott wird überall und jederzeit angebetet werden.

Es wird *keine Sünde* mehr geben. Nichts kann mehr verunreinigt oder verschmutzt werden. Stolz und Gier, Neid und Eifersucht, Lust und Lügen – all das wird Vergangenheit sein. Es wird nicht einmal Versuchungen geben, keine verbotenen Früchte (Anders als der Baum des Lebens wird der Baum der Erkenntnis von Gut und Böse nicht mehr da sein.). Jeder kann dort alles bedenkenlos genießen. Das wird himmlisch sein!

Wenn sogar diese Negativliste gut ist, wie viel besser muss dann die positive Liste sein.

Es wird *Erquickung* geben - nicht durch Ausruhen im Sitzen oder Liegen, sondern im Agieren und Arbeiten ohne müde zu werden. Stimulierende Aktivität wird uns ständig erfrischen,

DAS GEGENSTÜCK

das ist die Essenz jeder „Erholung". Aber die Basis dieser „Ruhe" wird der innere Frieden der Seele sein (*Schalom*, das erste Wort, das Jesus nach seiner Auferstehung benutzte.). Jeder wird in vollkommener Harmonie sein, mit sich, seiner Umgebung, seinen Gefährten und seinem Schöpfer.

Es wird eine *Belohnung* geben. Sich den Himmel als egalitäre sozialistische Republik vorzustellen, in der alle gleich sind, ist falsch. Es wird große Unterschiede geben, als Ausgleich für besondere Treue auf Erden. Einige werden Ehren– bzw. Ruhmeskronen tragen. Und alle werden „leuchten wie Sterne" (Daniel 12,3), aber „selbst die Sterne unterscheiden sich in ihrer Leuchtkraft voneinander" (1. Korinther 15,41). Die Verfolgten und besonders die Märtyrer werden große Belohnungen davontragen (Matthäus 5,11f).

Es wird *Verantwortung* geben. Wir werden dem Herrn in 24–Stunden–Schichten Tag und Nacht dienen! (Offenbarung 7,15) Welche Art von Tätigkeit wird das sein? Keine Ahnung! Aber wir wissen, dass die Art und Weise, wie wir unsere Arbeit hier auf Erden verrichten (egal ob als Hausfrau, Missionar oder Taxifahrer), darüber entscheiden wird, welche Aufgabe wir dort bekommen (Der Herr ist weniger daran interessiert, was wir machen; ihn interessiert, wie wir die Dinge machen.).

Es wird *Erkenntnis* geben. Wir werden allumfassend erkennen, so wie „Gott uns jetzt schon kennt" (1. Korinther 13,12). Gott, der weiß, wie viele Haare wir auf unserem Kopf haben (Die Spanne reicht von neunzig bis einhundertzwanzigtausend, je nachdem, ob wir dunkel–, hell– oder rothaarig sind.), wird alle seine Geheimnisse mit uns teilen. Wir werden auf all unsere theologischen und schicksalsbezogenen Fragen Antworten erhalten (Calvinisten oder Arminianisten, wer hatte Recht? Warum ließ Gott große Katastrophen und persönliche Tragödien zu? Wir werden es wissen.).

Es wird *Wiedererkennen* geben. Die Frage ist, wie werden wir einander erkennen, besonders Leute, die sehr jung oder sehr alt starben und deren neue Körper dann in der Blüte des Lebens sein werden? Die Antwort lautet: Genauso wie Petrus, Jakobus und Johannes auf dem Berg der Verklärung Moses und Elia erkannten, denen sie zuvor nie begegnet waren, weil sie Jahrhunderte zuvor lebten. Man wird sich spontan erkennen und sofort Klarheit haben.

Es wird *Gerechtigkeit* geben. In der neuen Welt wird „Gerechtigkeit regieren" (2. Petrus 3,13). Gute Taten gehören wirklich dorthin, sind für diesen Ort quasi „maßgeschneidert". Der Himmel ist die Quelle all dessen, was richtig ist. Der gesamte Charakter dieses Umfelds wird prächtig und perfekt sein und sich großartig anfühlen. Nichts Unmoralisches wird die Umwelt verschmutzen. Leider haben wir uns so sehr ans Böse gewöhnt, dass es fast unmöglich ist, sich eine Welt auszumalen, in der nichts Böses existiert. Und doch, sie wird kommen.

Es wird *Jubel* geben. Da die Engel stets eine Party feiern, wenn sich ein einziger Sünder bekehrt, stellt sich die Frage, wie die Atmosphäre sein wird, „when the saints go marching in" *[zu Deutsch: wenn die Heiligen einmarschieren; gemäß einem alten geistl. Lied; Anm. der Übersetzerin]*. Wie werden sich die Sünder fühlen, denen vergeben wurde, wenn sie erkennen, dass sie endlich wohlbehalten zu Hause angekommen sind und alle Prüfungen und Probleme hinter ihnen liegen? Kein Wunder, dass der Himmel als Festveranstaltung dargestellt wird. Es wird das größte Bankett aller Zeiten. Jesus wird wieder Wein trinken (Markus 14,25), aber er hat sich entschieden, selbst zu kellnern und das Essen zu servieren (Lukas 12,37; beachten Sie, dass uns der Kontext an Folgendes erinnert: Die Feier ist für richtig Gekleidete, die voller Erwartung vorbereitet waren.). Aber das Beste kommt noch - nicht in Form von Essen oder Getränken, sondern in Form von Gemeinschaft.

DAS GEGENSTÜCK

Die versöhnte Gemeinde

Der Himmel lässt sich am besten mit dem Wort „Heim" beschreiben. Aber was ist ein Heim? Nur ein Ort zum Leben? Nein. Das ist ein Haus. Wodurch wird ein Haus zu einem Heim? Weder durch persönliches Eigentum noch durch vertraute Möbel, sondern durch entspannte Beziehungen. Daheim ist, wo man liebt und geliebt wird.

Wir haben bereits umrissen, *wie* der Himmel sein wird, aber die wichtigere Frage ist doch, *wer* dort sein wird. Denn das macht das Herz des Himmels aus.

Die *Heiligen* werden da sein. Es werden die großen Persönlichkeiten des Glaubens aus dem Alten Testament (aufgeführt in Hebräer 11) dort sein. Schon jetzt warten sie darauf, dass wir uns ihnen anschließen. Die Apostel des Neuen Testaments werden da sein, genau wie die Helden und Heldinnen aus zweitausend Jahren Kirchengeschichte. Es wird ein heiliges Privileg sein, sie alle zu treffen. Neben bekannten Namen wird jedoch „eine riesige Menschenmenge aus allen Stämmen und Völkern anwesend sein, Menschen aller Sprachen und Kulturen" (Offenbarung 7,9), die bisher nur Gott kannte. Die können wir dann alle kennen lernen. Wir werden viele neue Freunde haben und ewig Zeit, um einander näher zu kommen!

Engel werden da sein – Tausende von ihnen. Wir erkennen vielleicht jene wieder, die in unseren Straßen, Häusern und sogar Autos waren (Hätten Engel immer Flügel und Harfen, wäre es schwierig, „sie ohne es zu wissen, bei sich aufzunehmen"; Hebräer 13,2). Wenn wir entdecken, wie oft sie uns beschützt und geholfen haben, werden wir wahrscheinlich erstaunt und dankbar sein. Eine ziemliche Überraschung wird sein, dass wir in der Schöpfungsordnung über ihnen stehen werden. Obwohl der Mensch etwas niedriger als die Engel geschaffen wurde (Psalm 8,5), sind wir als Menschen in Christus über sie erhoben (Hebräer 2,5–10). Sie werden uns dienen! Wie gut sie sich doch um Lazarus, den Bettler, kümmerten, nachdem er diese Welt verlassen hatte (Lukas 16,22).

Jesus wird da sein. Wie sehr wird er sich freuen, wenn er die Folgen seines Seelenleids sieht – er wird erfüllt davon sein (Jesaja 53,11). Wie werden wir uns freuen, ihn so zu sehen, wie er wirklich ist, und ihm persönlich für alles danken zu können, was er durchgemacht hat, damit wir an diesem Ort sein können. Er besitzt bereits etwa 250 Namen und Titel; um ihn anzusprechen werden wir am liebsten alle verwenden wollen. Wie wird er uns anreden? Wird er für jeden Einzelnen einen neuen Namen haben (Offenbarung 2,17), der beschreibt, was wir als Person für ihn bedeuten? Wir wissen ja, dass er sich nicht schämt, uns „Brüder" zu nennen (Hebräer 2,11). Doch wie der Heilige Geist die Aufmerksamkeit von sich weg auf den Sohn lenkt, so wird der Sohn die Aufmerksamkeit von sich weg auf den Vater lenken. Er kam zu uns, um uns zum Vater zurückzuführen. Er beansprucht die Reiche dieser Welt nur, um sie dem Vater zurückzugeben, damit „Gott alles in allem sei" (1. Korinther 15,28).

Endlich kommen wir zum Höhepunkt: *Gott* wird gegenwärtig sein. Der Himmel ist das Haus des Vaters, das Haus seiner Familie. Sein Wunsch nach einer größeren Familie wird sich endlich erfüllen. Und wir werden ihn von Angesicht zu Angesicht sehen und nicht mehr durch die schwache Reflexion eines Spiegels (1. Korinther 13,12). Es war diese innige Gemeinschaft, die sein einziger Sohn stets genossen hatte (Johannes 1,1 sagt wörtlich eigentlich: „Das Wort war von Angesicht zu Angesicht mit Gott."); und jetzt werden versöhnte und wiederhergestellte Menschen das gleiche unaussprechliche Privileg haben, in das Gesicht des Vaters zu schauen und seinen liebenden Gesichtsausdruck zu sehen. Die Heiligen aller Zeiten haben sich nach dieser

DAS GEGENSTÜCK

seligen Vision gesehnt und sich darauf gefreut. „Glücklich zu preisen sind die, die ein reines Herz haben; denn sie werden Gott sehen" (Matthäus 5,8).

Wo wird das alles passieren? Die Antwort ist die größte Überraschung – und vielleicht die schönste. Wir „gehen nicht in den Himmel", um bei Gott zu sein; er kommt auf die Erde, um bei uns zu sein! Das „neue Jerusalem" kommt vom Himmel herab (Offenbarung 21,10). Aber es ist nicht nur ein neues Umfeld für uns, sondern auch Gottes neue Heimat! Er zieht um und ändert seine Adresse. Von nun an wird er unser „Vater sein, der auf Erden ist ...". Die Bibel sagt nämlich nicht, dass unsere Wohnung bei ihm sein wird; vielmehr ruft der Engel erstaunt: „Seht, die Wohnung Gottes ist jetzt bei den Menschen! Gott wird in ihrer Mitte wohnen" (Offenbarung 21,3). Der Gott, der im Garten Eden wandelte, wird mit uns einziehen. Die neue Erde wird das Zentrum des neuen Universums sein. Der Name „Immanuel" („Gott mit uns") wird eine ganz neue Bedeutung bekommen. Den Sohn bei uns auf Erden gehabt zu haben, war schon wunderbar; den Vater auch hier zu haben, kann uns nur in Erstaunen versetzen.

Wahrlich, „kein Auge hat je gesehen, kein Ohr hat je gehört, und kein Mensch konnte sich jemals auch nur vorstellen, was Gott für die bereithält, die ihn lieben" (In 1. Korinther 2,9 wird Jesaja 64,4 zitiert.). Aber die Bibel erlaubt uns nicht, Traumbildern nachzuhängen, indem wir über solche Wunder nachdenken. Dieselben zwei Kapitel, die uns so viel darüber berichten, holen uns auch wieder auf den Boden zurück. Denn sie erinnern uns, dass manche auch „außerhalb" von all dem sind – im „Feuersee" (Offenbarung 21,8; 22,15). Die Freuden des Himmels auf Erden bleiben denjenigen vorbehalten, die stets den Versuchungen widerstehen, in Prüfungen „überwinden" und ihre Gewänder „reinhalten" (Offenbarung 21,7; 22,14).

DER WEG ZUR HÖLLE

Gleichzeitig mit der Offenbarung der kommenden Herrlichkeit warnt uns der Herr vor der Hölle, warum? Dieser Herausforderung wollen wir uns im letzten Kapitel stellen. Warum aber sollte die Hölle in unserer Predigt und Lehre immer mit thematisiert werden, selbst wenn wir über den Himmel sprechen?

7. DIE BEDEUTUNG

Welchen Unterschied würde es machen, wenn wir das Thema Hölle beim Predigen und in der Lehre vollkommen weglassen? Würde diese Auslassung unsere Öffentlichkeitswirkung nicht verbessern? Ist es nicht eine unnötige Erschwernis, wenn wir daran festhalten?

Über derartige Fragen zu diskutieren ist keineswegs unerheblich. Die Mehrheit der Kirchen in Europa hat die Hölle bereits aus ihrem Glaubensbekenntnis gestrichen. Auch in Nordamerika haben das viele getan. Es wäre gewagt, zu behaupten, diese Kirchen hätten sich dadurch in Quantität und Qualität spürbar gesteigert (Allem Anschein nach ist das Gegenteil der Fall.). Viele argumentieren jedoch, dass sich das psychische Wohlbefinden gesteigert habe, indem solche „morbiden Ängste" reduziert oder ganz abgelegt wurden.

Die einfache Frage, ob die traditionelle Höllenlehre beizubehalten oder abzulehnen ist, basiert grundsätzlich auf dem vorangegangenen Thema, nämlich ob sie wahr ist oder nicht. Eine Debatte über die *Relevanz* der Hölle können generell nur Leute führen, die von ihrer *Existenz* überzeugt sind.

Ist die Realität der Hölle erst einmal erkannt und akzeptiert, gilt es, noch weitere Fragen zu stellen, zum Beispiel: Welchen Stellenwert sollte man ihr einräumen? Sollte sie im Vordergrund unseres Denkens und Redens stehen oder eher im Hintergrund?

Man trifft auf viele Extreme: Manche Prediger erwecken den Eindruck, dass es „gar nichts anderes gibt" und für andere „existiert sie überhaupt nicht". Um ein ausgewogenes Gleichgewicht herzustellen, bedarf es einer Vorstudie über die Beziehung zwischen dem Glauben an die Hölle und anderen Glaubens– und Verhaltensfragen.

Dabei werden wir die Auswirkungen auf Ungläubige und Gläubige erneut getrennt untersuchen, ebenso die Frage, welche Effekte die Hölle bei der Evangelisierung der ersten Gruppe hat und ob sie zur Erbauung der zweiten Gruppe beiträgt.

Die evangelisation Ungläubiger

Manche fragen sich vielleicht, warum das überhaupt diskutiert werden soll. Für sie ist ganz klar, dass Sünder vor der Hölle gerettet werden müssen. Dabei ist es hilfreich, ihnen ohne Umschweife zu vermitteln, dass sie dorthin gehen. Was gibt es da noch zu sagen? In der Vergangenheit war dieses Denken sicher ein Hauptmotiv für viele missionarische Bemühungen und lieferte eine relativ einfache Argumentationsgrundlage. Männer und Frauen gingen bis ans Ende der Welt, um ihre Mitmenschen vor einer „verlorenen Ewigkeit" zu retten. Ihrem Eifer lag ein Dringlichkeitsgefühl zugrunde. Die Verlorenen sollten gerettet werden, bevor sie starben.

Das motiviert die eifrigsten, wenn auch nicht unbedingt die weisesten Missionare noch heute. Mag sein, dass diese Leute vereinfachende Vorgehensweisen anwenden und kulturell bedingte Fehler machen, doch ihre Begeisterung ist unbestritten. Wenn Strategen meinen, dass eine reifere Missionsmethode auch ohne eine derartige Inspiration auskommt, müssen sie ihrerseits noch beweisen, dass dann mit gleichem oder größerem Eifer an die Sache herangegangen wird.

Dennoch müssen wir uns der Tatsache stellen, dass weder Jesus noch die Apostel die Hölle in der evangelistischen Verkündigung an die erste Stelle rückten. Sie ließen sich nicht vom „überm Abgrund baumelnden Sünder" antreiben. Sie nutzten auch keine detaillierten Beschreibungen vom endlosen Leid, um ihre Hörer dazu zu überreden, vor den Qualen zu fliehen. Heißt das, dass es vielleicht nur nötig ist, die Gefahr, in der Sünder schweben, zu erkennen, es ihnen aber nicht unbedingt zu sagen? Ist die Hölle etwa dazu da, den Evangelisten zu motivieren und nicht den zu Evangelisierenden?

Ganz so einfach ist es nicht. Zum einen sprachen Jesus und die Apostel frei über das zukünftige Gericht. Dies war ein integraler Bestandteil ihrer Evangeliumsbotschaft. Das Urteil hat unweigerlich mit Lohn und Strafe zu tun – und es wäre verwunderlich, wenn es niemanden neugierig machen würde, wie beides aussieht. Um es anders auszudrücken: Das Evangelium enthält schlechte Nachrichten bezüglich des Zorns Gottes, aber auch gute Nachrichten bezüglich seiner Barmherzigkeit. Und dieser Zorn, der in der Gegenwart brodelt, wird in der Zukunft überkochen (Johannes 3,36, Römer 2,5 und Offenbarung 6,17 sind nur drei Beispiele für den roten Faden, der sich durch das Neue Testament zieht.). Johannes der Täufer hatte damit begonnen, seine Zuhörer zu ermahnen, „dem zukünftigen Zorn zu entgehen" (Lukas 3,7; LUT 2017).

Die ersten Prediger, die sich an die Juden wandten, konnten davon ausgehen, dass jeder mit dem Begriff Hölle etwas anfangen konnte und dass die Leute daran glaubten. Wie wir bereits festgestellt haben, ist der Gebrauch der Metapher „Gehenna" für die Hölle ursprünglich vermutlich nicht auf Jesus zurückzuführen. Die Pharisäer glaubten sicherlich daran, allerdings nicht in Bezug auf sich selbst (Für die Sadduzäer hingegen gab es kein Leben in der Zukunft.). Auch in der heidnischen Welt war die Hölle kein unbekanntes Konzept. Den griechischen Namen dafür (*tartarus*) greift das Neue Testament auf (2. Petrus 2,4).

Also wurde vielleicht so wenig über die Hölle gesagt, weil wenig gesagt werden musste. Das kommt dem „Argument des Schweigens" gleich, was zudem doppelt gedeutet werden kann (Wird eine Sache nicht erwähnt, kann das heißen, dass jeder oder niemand daran glaubte!). Klar ist, das Thema Gericht, was natürlich Bestrafung mit sich bringt, wurde immer wieder angesprochen.

Lassen Sie uns etwas tiefer gehen. Wie wichtig ist die Hölle für das Evangelium, selbst wenn sie nicht an erster Stelle steht? Ein Theologe aus dem neunzehnten Jahrhundert ging so weit zu sagen: „Wer ablehnt, was die Bibel uns über die Hölle sagt, kann das glorreiche Evangelium des gesegneten Gottes nicht verstehen" (W.C.T. Stead, in *Dogmatische Theologie*, 1871). Viele Theologen des 20. Jahrhunderts sind anderer Meinung. Wer von den beiden hat nun Recht?

Die Hölle betont die Gefahr der Sünde. Einem sündhaften Menschen ist es praktisch unmöglich zu erfassen, wie sehr seine Sünde einen heiligen Gott beleidigt oder wie abscheulich seine Rebellion gegen die Herrschaft des Himmels ist. Wenn Sünde die Hölle zur Folge hat, dann sollte sie ernster genommen werden, als wir es tun. Alle Sünden „ziehen den Tod nach sich"; es geht hier also um Leben und Tod.

Dies wiederum beeinflusst automatisch unsere Sichtweise des Begriffs *Sühne*. Wie notwendig war der Tod Christi am Kreuz? Was hat er eigentlich erreicht? Der Glaube an die Hölle bringt den Verstand dazu, „objektive" Theorien anzuerkennen, die davon ausgehen, dass die Sühne eine Genugtuung (Er zahlte die Strafe für unsere Sünde, um der göttlichen Gerechtigkeit zu genügen.) und Stellvertretung (Er nahm den Platz von Schuld und Scham an unserer statt ein.) darstellt. Nicht an die Hölle zu glauben, führt tendenziell dazu, das Kreuz in einem eher „subjektiven" Licht zu betrachten – als eine Art Verkörperung (der Liebe Gottes) oder Beispiel (Jemand zahlt den höchsten Preis für etwas, das richtig ist.). Sühne wird als „Einswerdung" bezeichnet, um damit auf Versöhnung statt auf Entschädigung zu verweisen. Natürlich gibt es auch Ausnahmen von dieser Verallgemeinerung und etwas Wahrheit steckt in allen Theorien. Aber es bleibt unbestreitbar, dass das Kreuz im Licht (oder vielmehr in der Dunkelheit) der Hölle grundsätzlich anders gesehen wird.

Vor allem unser Verständnis von *Gott* selbst wird durch unsere Einstellung zur Hölle zutiefst geprägt. Wer nicht glauben kann, dass er jemals einen Menschen in die Hölle wirft (meinethalben sogar in eine Hölle, die vernichtet anstatt quält), wird letztendlich ein Bild von Gott haben, das eher sentimental als biblisch ist. Solch eine Vorstellung entspringt dem eigenen Denken und entspricht nicht dem Gott, der sich in Jesus offenbarte. Der „liebende Vater" (der er ist) wird dazu neigen, den „souveränen König" und den „unparteiischen Richter" (der er ebenfalls ist) zu verdrängen. Diese „reduktionistische" Theologie wird den Fakten des Neuen Testaments nicht gerecht, geschweige denn der ganzen Bibel.

Es ist bezeichnend, dass diejenigen, die nicht mehr über die Hölle predigen, gewöhnlich seltsam stumm werden, wenn es um das zukünftige Gericht geht. Sie scheinen sich sogar bezüglich des Himmels nicht mehr ganz sicher zu sein. Das ist vielleicht kein Zufall (Allgemein lässt sich ein Wandel erkennen: statt über die künftige Welt zu predigen, wird die jetzige kommentiert.). Dazu passt, dass Schuld zunehmend aus psychologischer, statt aus moralischer Sicht definiert wird. Sie bedarf also eher der Therapie, anstatt der Vergebung – und ganz gewiss keiner Strafe.

Viele mögen sich heute fragen, ob tatsächlich „jeder Mund zum Schweigen gebracht" wird und ob „die ganze Welt vor Gott schuldig ist" (Römer 3,19). Gesetzt den Fall, alle Religionen, die man aufrichtig und fromm praktiziert, sind nur verschiedene Wege zu Gott und alle Menschen sind unschuldig bis sie das Evangelium bewusst zurückweisen – was nur dann sein kann, wenn sie eine umfassende, ja sogar vollkommene Deutung davon erhalten haben – dann sollten wir jede missionarische Bestrebung, die darauf zielt, Ungerechte vor der Hölle zu retten, als unnötigen Anachronismus schnellstmöglich einstellen. Doch wenn gemäß Paulus „Juden und Heiden gleichermaßen unter der Sünde sind", was schlussendlich von einer früheren Offenbarung gestützt wird („Genau wie es in der Schrift heißt: ‚Keiner ist gerecht, auch nicht einer. Keiner ist klug, keiner fragt nach Gott.'" Römer 3,9f.), dann ist dieses Motiv weiterhin berechtigt.

Aber was ist mit dem *Predigtdienst* hinsichtlich der Hölle? Zugegeben, sie kann und soll eine Triebfeder für den Prediger sein, aber soll sie auch beim Hörer eine Reaktion bewirken? Viele würden der Aussage des heiligen Richard Baxter von Kidderminster zustimmen: „Menschen zu erschrecken wird weder ihre Natur erneuern, noch Liebe zu Gott und zur Heiligkeit in ihnen entfachen." Aber er war auch ehrlich genug um zuzugeben, dass er von seinen 600 Gemeindemitgliedern nur zwei kannte, die nicht von der Erkenntnis einer ewigen Drangsal überführt wurden und dadurch ihr Heil fanden. Dr. Isaac Watts ging (sprichwörtlich!) noch einen Schritt weiter, als er eingestand, dass er während seines gesamten Dienstes nur eine einzige Person kannte, die nicht durch eine derartige Angst „überführt" worden sei.

Doch an Gegenstimmen mangelt es nicht. Sie stehen wegen ihres eigenen selbstlosen Weltbilds jedem „Appell an das Eigeninteresse" sehr kritisch gegenüber. Sie zitieren Franz Xavers (1506 – 52) Kirchenlied:

> Mein Gott, ich liebe dich weder,
> weil ich auf den Himmel hoffe,
> noch, weil jeder, der dich verachtet,
> auf ewig verloren ist.

DIE BEDEUTUNG

Das jedoch ist die Liebeshymne eines reifen Christen, nicht die eines verzweifelten Sünders, der beim Herrn um Rettung fleht. Ist es Eigennutz, der einen Ertrinkenden dazu veranlasst, nach dem Rettungsring zu fassen, der ihm zugeworfen wird? Natürlich ist es das. Sollte er erst kurz innehalten, um seine Motive zu prüfen, bevor er zupackt (Tue ich das für meine Familie, für die Menschheit oder nur für mich selbst? Sollte ich zugreifen, um demjenigen zu gefallen, der mir den Ring zugeworfen hat?)? Ist es möglich, das Bedürfnis nach Erlösung ohne Ichbezogenheit überhaupt zu realisieren? Hat Jesus mit seiner Einladung: „Kommt zu mir, ihr alle, die ihr euch plagt und von eurer Last fast erdrückt werdet; ich werde sie euch abnehmen." (Matthäus 11,28) nicht an die Eigennützigkeit appelliert? Könnte jemand die Hölle oder den Himmel überhaupt erwähnen, ohne dass Eigeninteresse eine Rolle spielt?

Sicherlich kann die Hölle auf eine falsche Weise gepredigt werden. Das war und ist bis heute so. Auf zwei Arten wurde Missbrauch getrieben, der zu unnötigen Verwerfungen führte:

Einige haben ihre eigene Fantasie dazu genutzt, weit über die Grenzen der Schrift hinauszugehen und reißerische sowie sensationelle Vorstellungen der bevorstehenden Qualen heraufzubeschwören. Derartige ungerechtfertigte Wichtigtuerei hat mitunter eine gesunde Furcht (die zu angemessenem Handeln führt) in eine ungesunde Phobie (die lähmt) verwandelt. Jesus stellte die Hölle als absolut furchteinflößend dar. Sie sollte um jeden Preis vermieden werden. Aber er versuchte nie, die Gefühle seiner Zuhörer zu manipulieren, indem er ihre Ängste mithilfe von detaillierten Beschreibungen noch verstärkte. Wir können nur dankbar sein, dass immer mehr Menschen seinem Beispiel folgen und auf solche vormaligen Exzesse verzichten.

Eine subtilere Verführung ist es, wenn die Hölle von denen gepredigt wird, die offensichtlich selbst keine Angst davor haben. Da darf man sich nicht wundern, wenn die Zuhörer sagen: „Geht mich nichts an, Hauptsache mir geht's gut." Wenn jemand, der davon ausgeht, dass er selbst in den Himmel kommt, Sündern sagt, dass sie auf dem Weg in die Hölle sind, dann braucht man nicht lang auf eine negative Reaktion zu warten. Denn automatisch schwingt in der Botschaft Arroganz mit. Hoffentlich trägt dieses Buch dazu bei, diese Einstellung zu korrigieren. Denn die meisten Warnungen Jesu bezüglich der Hölle richteten sich an seine eigenen Jünger (Diese Tatsache wurde scheinbar von jedem anderen Verfasser, dessen Bücher der Autor studiert hat, übersehen oder ignoriert.). Vielleicht kann der Schrecken der Hölle nur von jemandem glaubwürdig vermittelt werden, der sich seines eigenen Risikos bewusst ist und über eine gewisse Demut verfügt. So etwas spürt das Publikum (Jesus, der sündlos war, ist davon natürlich ausgenommen.). Mit der Lehre von der Hölle können einzig diejenigen betraut werden, die großen Respekt davor haben und nicht nur anderen, sondern auch sich selbst predigen. Das sind Leute, die aus „Ehrfurcht vor dem Herrn versuchen, andere Menschen zu überzeugen" (2. Korinther 5,11).

Ein Aspekt der Hölle hat auch etwas Gutes – die Gewissheit, dass Gott dem Bösen nicht gleichgültig gegenübersteht. Die Mischung aus Gut und Böse in unserer Welt darf nicht unbegrenzt fortbestehen. Zukünftig werden die Bösen gerichtet, verworfen und isoliert sein. Wir leben in einem moralischen Universum. Aber das ist schlecht, sogar sehr schlecht für alle, die ihre Bosheit förmlich genießen und sich ans Böse klammern, sodass es Teil ihrer Persönlichkeit wird. Demzufolge kann Gott die Sünde nur ausräumen, indem er sich vom Sünder trennt. Wenn ein Sünder nicht bereit ist, sich von seinen Sünden loszusagen, wird er mit ihnen untergehen.

DIE BEDEUTUNG

Deshalb muss die Hölle als Teil des „ganzen Ratschlusses Gottes" gepredigt werden (Apostelgeschichte 20,27, LUT 2017), allerdings in einem angemessenen Gleichgewicht mit allen anderen Aspekten. Und nicht nur die Botschaft, sondern auch die Art und Weise muss stimmen – in Ehrfurcht und mit echten Tränen. Da Gott kein Vergnügen am Tod der Ungerechten hat, sollte kein Prediger es wagen, sich mit sadistischem Vergnügen am Schicksal der Feinde des Evangeliums zu freuen.

Für einen Evangelisten ist es sicherer, die Hölle öfter im Herzen zu haben als auf den Lippen. Das wird seinen Eifer befeuern und ihn an die Dringlichkeit seiner Botschaft erinnern. War es nicht General Booth, der sagte, dass er gern einen fünfzehn Minuten langen Aufenthalt in der Hölle in die Ausbildung aller Offiziere der Heilsarmee aufnehmen würde, wenn er könnte? Er wusste, dass dies das Setzen der richtigen Prioritäten und die Hingabe an das eigentliche Ziel gewährleisten würde.

Damit bewegen wir uns weiter vom Predigen über die Hölle zu Nichtchristen hin zur Umsetzung in der Lehre für Gläubige. Lassen Sie uns jetzt diesen nächsten Schritt gehen.

Die Erbauung Gläubiger

Gemäß dem Beispiel unseres Herrn ist es wichtiger, den Heiligen die Hölle ins Gedächtnis zu rufen als den Sündern! Wir besinnen uns noch einmal auf den Schlüsseltext, den Jesus seinen Aposteln mitgab, als er sie auf ihre Mission sandte: „Fürchtet vielmehr den, der Leib und Seele dem Verderben in der Hölle preisgeben kann" (Matthäus 10,28; siehe Bibelstudium A für die Auslegung des Wortes „den", das sich auf Gott, nicht auf den Teufel bezieht.).

DER WEG ZUR HÖLLE

Hier ist der Schlüssel: Gottesfurcht. Im Alten Testament ist dies „der Anfang der Weisheit" (Sprüche 1,7). Im Neuen stellt es einen Stimulus für ein gerechtes Leben dar. Wir sollen unser Heil mit „Furcht und Zittern" schaffen (Philipper 2,12, LUT 2017). Es wird im Grunde ständig gemahnt, Gott zu fürchten (z.B. 1. Petrus 2,17; Offenbarung 14,7).

Furcht nur als „Ehrfurcht" zu übersetzen, heißt, die wahre Bedeutung nicht zu erfassen und ihre Auswirkung herabzumindern. Es geht um viel mehr als nur um Respekt vor dem, was Gott ist. Es ist die Angst, nicht in das einzutreten, was er uns versprochen hat (Hebräer 4,1). Es ist die Angst, endgültig von ihm abgelehnt und getrennt zu sein. Es ist die Angst vor dem, was Gott uns antun kann und wird.

Die Angst vor Gott und die Angst vor der Hölle sind eng miteinander verbunden, wenn auch nicht identisch. Wer das eine verliert, wird höchstwahrscheinlich auch das andere verlieren.

Vielleicht werden wir eines Tages schon in diesem Leben diese „vollkommene" Liebe erreichen, die die Angst austreibt; aber bis dahin ist eine Mischung aus Angst und Liebe angebracht, sogar notwendig. Für einen Gläubigen ergeben sich fünf Vorteile einer gesunden Angst vor der Hölle.

1. *Fleiß bei der Evangelisation*. Dies wurde bereits im vorherigen Abschnitt angesprochen. Die Aufgabe der Evangelisation ist es, „Verlorene zu retten, für Sterbende zu sorgen und sie aus Mitleid der Sünde und dem Grab zu entreißen" (So drückt es eine alte Hymne aus.). Wenn der Tod endgültig und die Hölle ewig ist, dann ist diese Aufgabe existentiell.

Jesus hinterließ uns viele Gebote, aber das letzte, was er uns gab (das in allen vier Evangelien zwischen der Auferstehung und der Himmelfahrt erwähnt wird), war, alle Nationen zu Jüngern zu machen, jedem Geschöpf das Evangelium zu predigen und Buße und Vergebung anzubieten. Wir sind in diese Welt gesandt, wie der Vater den Sohn sandte, um mit Mitgefühl die Verlorenen zu suchen und zu retten. Der Eifer für dieses Mandat neigt dazu verlorenzugehen, wenn die volle Bedeutung des Wortes „verloren" selbst verlorengeht.

Eine der größten Konfettiparaden, die jemals in New York stattfand, war der Feuerwehr der Stadt gewidmet. Vor den uniformierten Feuerwehrleuten mit ihren Wagen marschierten Hunderte von Bürgern in Zivil. Alle waren von den Feuerwehrmännern vor einem schrecklichen Tod gerettet worden. So Gott will, wird es genauso sein, wenn „the saints go marching in".

2. *Ehrfurcht in der Anbetung.* Ein Schriftsteller aus dem Neuen Testament appelliert: „Lasst uns dankbar sein und Gott mit Ehrfurcht und Ehrerbietung verehren, denn unser Gott ist ein verzehrendes Feuer" (Hebräer 12,28f. zitiert 5. Mose 4,24 und 9,3.). Zwei Dimensionen der wahren Anbetung werden hier erwähnt, die in den heutigen Gottesdiensten und Versammlungen oft fehlen.

Die erste ist Ehrfurcht. Es gibt in vielen Lobeshymnen heute viel Vertrautheit, aber wenig Furcht. Es gibt wenig Empfinden dafür, dass wir am Kraterrand eines aktiven Vulkans stehen, wenn wir in die Gegenwart des Allmächtigen kommen. Haben wir vergessen, wie leicht er unsere Körper und Seelen im Feuer zerstören könnte? Selbst die „Quäker", die einst diesen Spitznamen erhielten, weil sie in seiner Gegenwart zitterten, ziehen es jetzt vor, als „Brüdergemeinde" bezeichnet zu werden.

Die zweite ist Dankbarkeit. Es ist üblich, dem Herrn für unsere Segnungen zu danken, sowohl für das, was wir mit Nichtchristen teilen, als auch für das, was wir speziell als Gläubige genießen dürfen. Aber die tiefste Dankbarkeit entsteht, wenn wir uns vor Augen führen, was sein hätte können, wenn Jesus nicht bereit gewesen wäre, die Hölle am Kreuz für uns zu erleben. Als Ausdruck unserer herzlichen

Dankbarkeit (*Eucharisto* ist das griechische Wort für „Dankeschön".) für seinen „Abstieg in die Hölle" wird das Abendmahl zum zentralen Akt der Anbetung.

3. *Ausdauer im Dienst.* Ein lebhafter Appell an unsere Verantwortung sollte das Schicksal derer sein, die es versäumt haben, ihre Lampen am Brennen zu halten, ihre Talente einzusetzen oder den „Brüdern" des Herrn zu dienen.

Glaube wird durch Treue praktiziert und bestätigt (Wir stellten bereits fest, dass für beide deutschen Wörter die hebräische und die griechische Sprache jeweils nur eines gebraucht.). Die Gerechten werden leben, indem sie den Glauben bewahren (Hebräer 2,4; beachten Sie, wie dieser Vers von neutestamentlichen Schriftstellern dazu verwendet wird, um das Beharren im Vertrauen und im Gehorsam aus Römer 1,17 und Hebräer 11,38f. herauszustellen.).

Das ist keine Errettung durch eigene Werke, sondern Erlösung durch beständigen Glauben, ein Glaube, der durch Liebe wirkt (Galater 5,6), sowohl Liebe zum Herrn als auch Liebe zu anderen. Jesus hat die Einhaltung seiner Gebote zum Kennzeichen der Liebe gemacht (Johannes 14,21; 15,10).

4. *Gehorsam in Heiligkeit.* Der Glaube an die Hölle vertieft das Verständnis der göttlichen Heiligkeit und verstärkt in seinem Volk das Bedürfnis nach Heiligkeit (3. Mose 11,44f.; 1. Petrus 1,16; auch Epheser 1,4; 1. Thessalonicher 4,7). Vor Jahrhunderten flehte ein britischer Laie das Volk Gottes an: „Lasst uns also mit allen Kräften, die uns zur Verfügung stehen, danach streben, unsere Sünde, an die wir so gewohnt sind, zu überwinden und uns in Heiligkeit und Gerechtigkeit zu befleißigen, damit wir nicht die Leiden der Verdammten erleiden, sondern gemeinsam mit den Rechtschaffenen den Zustand des höchsten Glücks genießen." Seine Worte sind eine kraftvolle Paraphrase eines Verses im Neuen Testament, der bereits mehr als einmal auf diesen Seiten zitiert wurde:

DIE BEDEUTUNG

„Jagt dem Frieden nach mit jedermann und der Heiligung, ohne die niemand den Herrn sehen wird" (Hebräer 12,14, LUT 2017). Dennoch muss man erwähnen, dass Augustinus die Leiterschaft der römischen Kirche dazu überredete, den Autor dieser Worte (Pelagius) als Ketzer zu brandmarken (weil er andere Dinge tatsächlich falsch verstand!).

Der Kern der Frage ist: Sind Heiligung und Rechtfertigung notwendig, um der Hölle zu entgehen und in den Himmel zu kommen? Oder ist Heiligkeit eine Art optionales Extra, das einem in dieser Welt zusätzlichen Segen und einen Sonderbonus sichert? Hatte der Hymnenschreiber Recht, wenn er Folgendes behauptete:

Er starb damit uns ist vergeben
Er starb damit wir seien gut
Damit wir in den Himmel schweben
Gerettet durch sein kostbar Blut

So, wie manche über das christliche Leben predigen und wie sie es praktizieren, lässt sich die zweite Zeile ändern und umdeuten:

Nun ist's nicht nötig, zu sein gut

Doch wir brauchen beides, Vergebung und Wiederherstellung, wenn wir am Ende in den Himmel kommen wollen. Selbst wenn keine andere Schriftstelle das wiederholen würde, ginge es allein aus der Lehre unseres Herrn in der Bergpredigt hervor. Wir sind *von der Sünde befreit, damit* wir gerecht sind. Das volle Evangelium bietet beides. Jesus ist das Lamm Gottes, das die Sünden der Welt wegnimmt und im *Heiligen* Geist tauft (Johannes 1,29, 33).

Zu viele wollen das eine ohne das andere – Vergebung ohne Heiligung. Sie erwarten, von der Rechtfertigung direkt zur Herrlichkeit überzugehen, ohne die zweite Stufe der Heiligung durchlaufen zu müssen. Das würde bedeuten, die göttliche Gnade auszunutzen. Zu jedem von uns sagt der Herr: „Ich verurteile dich auch nicht; du darfst gehen. Sündige von jetzt an nicht mehr!" (Johannes 8,11)

5. *Vertrauen trotz Verfolgung.* Als der Herr seine Jünger paarweise aussandte, verhieß er ihnen Feindseligkeit, Verfolgung und sogar Martyrium. Aus Angst um ihr Leben liefen sie also Gefahr, Kompromisse einzugehen.

Psychologen bestätigen, dass kleinere Ängste durch eine größere Angst überwunden werden können. Deshalb riet, ja befahl Jesus ihnen, Gott mehr zu fürchten als Menschen und die Hölle mehr als den Tod. Denjenigen zu fürchten, der Körper und Seele in der Hölle vernichten kann, ließ sie die Furcht vor jemandem oder etwas überwinden. Wesentlich schlimmer wäre es, das ewige Leben zu verlieren als das irdische.

Auf diese Weise kann die Angst vor der Hölle Gläubige buchstäblich „ermutigen", wenn sie unter Druck geraten. Es rückt gegenwärtiges Leiden ins richtige Licht. Es wird „nicht ins Gewicht fallen, wenn wir an die Herrlichkeit denken, die Gott bald sichtbar machen" wird (Römer 8,18). Leid durch Kompromisse zu vermeiden, lohnt sich einfach nicht. Diejenigen, die Christus jetzt verleugnen, laufen Gefahr, später von ihm verleugnet zu werden (Matthäus 10,33; 2. Timotheus 2,12). Ein zukünftiges Erbe um der gegenwärtigen Erleichterung willen wegzuwerfen, kann einen nicht wiedergutzumachenden Verlust bedeuten. Esau bekam das einst zu seinem ewigen Bedauern zu spüren (Hebräer 12,16f.; dies folgt aus V. 14).

Polykarp, einer der frühen christlichen Märtyrer, weigerte sich, Christus zu verleugnen, als er in der Arena von wilden Tieren bedroht wurde. Der frustrierte römische Prokonsul erhöhte den Druck: „Ich werde dich im Feuer verbrennen lassen, da du wilde Tiere verachtest, es sei denn, du änderst deine Meinung." Polykarp antwortete: „Du drohst mir mit Feuer, das nur für eine Stunde brennt. Es erlischt doch schnell. Du aber weißt nichts von dem Feuer des kommenden Gerichts und der ewigen Strafe, die allen Gottlosen droht."

* * *

Die Verkündigung der Hölle hat demzufolge ihren Platz bei der Evangelisierung von Ungläubigen genauso wie die Lehre von der Hölle bei der Erbauung von Gläubigen. Umgekehrt, wenn die Hölle ausgeklammert wird, verlieren beide Dienste, die so dringend notwendig sind, an Kraft. Die Lehre spielt bei der zweifachen Berufung der Gemeinde als Menschenfischer und „Jüngermacher" eine doppelte Rolle.

Das Gleichnis Jesu vom großen Hochzeitsmahl (Matthäus 22,1–14; siehe Schriftstudium B für eine detaillierte Exegese und einen Vergleich mit der Version des Lukasevangeliums.) verbindet diese beiden Schwerpunkte. Ein König bereitet seinem Sohn eine Hochzeitsfeier. Schließlich werden die Gäste informiert. Sie aber schieben Dinge vor, die sie abhalten würden. Diese Zurückweisung erzürnt den König. Er setzt seine Armee in Marsch, um sie zu vernichten – und ihre Stadt gleich mit. Entschlossen, am Tisch jeden Platz zu besetzen, schickt er seine Diener los, um andere Leute einzuladen. Bis hierher ist die Geschichte eine Warnung, dass es nicht ausreicht, die Einladung zu erhalten oder anzunehmen – das Wichtigste ist, dass derjenige, der gerufen wird, erscheint.

Dann folgt der Schock. Die meisten Gäste sind in ihren besten Kleidern gekommen. Doch einer hat sich nicht die Mühe gemacht, sich umzuziehen. Diese zusätzliche Beleidigung des Königs und seines Sohnes ist unverzeihlich (Das Schweigen des Mannes zeigt, dass er keine Entschuldigung hat. Er hätte sich sehr wohl angemessen kleiden können.). Die Anwesenden fesseln ihn an Händen und Füßen und werfen ihn in die Dunkelheit hinaus, „wo es Weinen und Zähneknirschen gibt" (Jesu Standardbeschreibung der Hölle). Die Parabel entwickelt sich nun zu einer Lektion für jeden, der die Einladung annimmt und erscheint, wenn er gerufen wird, aber nichts tut, um sich gebührend vorzubereiten und vorzeigbar zu machen. Es ist sehr bedeutsam, dass dieser letzte Vorfall nicht in Lukas' Version (dem Evangelium für Ungläubige) erwähnt wird, sondern nur in Matthäus (dem Evangelium für Gläubige).

Die Geschichte schließt mit einer Zusammenfassung der gesamten Situation: „Viele sind (ursprünglich) berufen, aber nur wenige (letztlich) erwählt." Theologisch gesehen wollen viele gerechtfertigt werden, aber nur wenige wollen sich heiligen. Viele wollen Vergebung, wenige wollen Heiligkeit. Viele wollen am himmlischen Bankett teilnehmen, wenige wollen sich jedoch feinmachen. Denn im wirklichen Leben ist es nicht nur einer, der sich nicht angemessen kleidet, sondern es sind viele. Wer die Einladung und ihren Zweck wahrhaft versteht, wird alles daransetzen, diesen Anlass zu würdigen. Derjenige freut sich nicht nur aufs Essen, sondern auch auf die Gemeinschaft mit dem König und seinem Sohn.

Mit anderen Worten, einige, die auf die Einladung des Evangeliums antworten, tun dies einfach, um den Höllenqualen zu entkommen und um die Freuden des Himmels genießen zu können. Sie treffen allerdings keine Vorbereitungen und erwarten, dass sie Zugang zur Herrlichkeit erhalten, so wie sie sind. Sie werden schockiert sein.

Andere, vielleicht eine Minderheit („wenige"), wissen, dass sie zu einem königlichen Anlass geladen sind und ersehnen die innige Beziehung mit der königlichen Familie im Palast. Die Zeit, die sie haben, nutzen sie, um sich für solch ein Privileg zurechtzumachen. Diesen wird „der Zugang zum ewigen Reich unseres Herrn und Retters Jesus Christus weit offen stehen" (2. Petrus 1,11; beachten Sie den Kontext in den Versen 5–10.).

Unser aufgefahrener Herr hat seiner Gemeinde Evangelisten gegeben. Sie sollen verlorene Sünder davon überzeugen, dem Ruf zu folgen. Pastoren sollen ihnen helfen, sich auf das Bankett einzustimmen. Mögen beide mit unermüdlichem Eifer ihrer heiligen Berufung nachkommen, in dem Wissen, dass sie im Voraus nicht nur für die Hochzeitsgäste sorgen, sondern die Braut selbst vorbereiten (Johannes 3,29; Epheser 5,25ff.).

Und möge jeder, der aufgrund der besagten Dienste das Anliegen erfasst, die Botschaft ergreift und der Einladung folgt, sich bereitmachen, um am Königstisch Platz zu nehmen. Für all jene, die das nicht tun, wäre es besser, sie wären nie geboren worden.

„O Gott, unser Vater, ich bete, dass in deiner großen Barmherzigkeit jedem Leser dieses Buches und auch seinem unwürdigen Autor am Ende ein wunderbarer Empfang in deinem himmlischen Haus vergönnt sei – gerecht gemacht durch dein Erbarmen, geheiligt durch deinen Geist und verherrlicht in deiner Gegenwart, durch das Blut und im Namen deines einzigen Sohnes Jesus Christus, unseres Erlösers und Herrn, Amen."

SCHRIFTSTUDIEN

SCHRIFTSTUDIEN: EINLEITUNG

Eine große Zahl von Verweisen auf Kapitel und Verse kann den Eindruck erwecken, dass diese Publikation durch und durch biblisch sei. Das mag stimmen oder eben nicht. Wird ein Text aber aus dem Zusammenhang gerissen, wird er zum Vorwand!

Die folgenden zehn Studien befassen sich mit einer Reihe von relevanten Passagen, auf die sehr viel detaillierter eingegangen wird, als es im Hauptteil dieses Buches möglich bzw. ratsam war. Wo nötig, wird dem erweiterten Kontext, manchmal sogar dem Charakter und Zweck des gesamten Buches, das die entsprechende Schriftstelle enthält, besondere Aufmerksamkeit geschenkt.

Die Auswahl der Texte ist vielfältig. Manche haben größere Relevanz als andere. Einige wenige, die normalerweise ignoriert werden, wurden gezielt ausgesucht, weil ihre Bedeutung unklar oder unbeliebt ist. Wer glaubt, dass alle Schriften von Gott inspiriert und gewinnbringend sind, muss das unter Beweis stellen, indem er sich auch mit den Teilen auseinandersetzt, die andere schlicht meiden.

Diese ausführliche Exegese macht die Einbeziehung einiger Randthemen möglich, zum Beispiel das „Millennium". Die Leser würden wahrscheinlich gern wissen, welche eschatologische Position der Autor vertritt. Doch muss darauf hingewiesen werden, dass das keinen Einfluss auf die Schlussfolgerungen zum Thema Hölle hat.

Werden die Anteile der biblischen Schriftsteller gewichtet (Vier Stellen stammen von Matthäus und zwei von Lukas, zwei sind von Petrus und je eine von Paulus, Johannes und Judas.), spiegelt das wider, wie viele Aussagen zu unserem Thema ihre Schriften enthalten. Die Tatsache, dass das erste

Evangelium die meisten beinhaltet, ist bisher in seiner vollen Bedeutung kaum gewürdigt worden. Die meisten Lehren und Warnungen bezüglich der Hölle ergingen nämlich an die Jünger, nicht an die Sünder.

Diese Entdeckung, die für die These dieses Buches grundlegend ist, führt direkt in eine große theologische Kontroverse. Es ist schon fast ironisch, dass Calvinisten, die im Glauben und in der Verkündigung der Höllenlehre vermutlich am treusten waren, diese Studie wahrscheinlich als arminianische Ketzerei abtun, vielleicht sogar noch schlimmer (Hier wird nämlich Pelagius zitiert, was durch ein anderes Zitat von Augustinus vermutlich nicht wettgemacht wird.).

Die sogenannten „fünf Punkte" des Calvinismus – totale Verderbtheit, die unbedingte Erwählung, die begrenzte Versöhnung, die unwiderstehliche Gnade und das Ausharren oder genauer gesagt, die Bewahrung der Gläubigen – bilden ein integrales „System". Wird ein Punkt davon in Zweifel gezogen, gerät das Ganze ins Wanken. Anzudeuten, dass der Gläubige riskieren könnte, seinen Platz im Himmel zu verlieren und sich in der Hölle wiederzufinden, bedeutet, den fünften Grundsatz infrage zu stellen. Das würde ja auch heißen, dass der Gnade widerstanden werden kann, dass der Umfang der Sühne unbegrenzt war, dass die Erwählung vom Glauben abhängt und dass ein völlig Verderbter die unverdiente Gnade annehmen kann.

Obwohl dieses Buch nicht dazu gedacht ist, die jeweiligen Verdienste der „calvinistischen" bzw. „arminianischen" Theologie abzuhandeln oder abzuwägen, fühle ich mich verpflichtet, auf jene Schriftstellen hinzuweisen, die in ihrem schlichten und einfachen Bedeutungsgehalt im Widerspruch zu der erstgenannten Anschauung stehen. Das ist besonders dann der Fall, wenn der Kontext betrachtet wird, in dem die Warnungen Jesu stehen. Vielleicht werden meine

EINLEITUNG

Bemühungen jemanden, der daran glaubt, dazu anstacheln, eine „calvinistische" Erklärung anzubieten, warum sich die meisten Warnungen an die ersten Jünger richteten und in dem Evangelium niedergeschrieben wurden, das den Folgegenerationen der Jünger Jesu als Handbuch dienen sollte.

Bei dem Versuch, die Bibel zu erklären, ist es unmöglich, theologische Fragestellungen auszuklammern. Doch können Kontroversen heilsam sein, wenn sie uns dazu bringen, das zu überprüfen, was das Wort Gottes tatsächlich sagt, und die Positionen unserer traditionellen Auslegungen zu hinterfragen. Ich persönlich glaube nicht, dass irgendein theologisches „System" – egal, ob calvinistisch oder arminianisch, augustinisch oder pelagisch, reformiert oder radikal – groß oder flexibel genug ist, um den ganzen Ratschluss Gottes zu enthalten oder die vielen Paradoxien der Schrift aufzuklären.

Ich hoffe, dass diese Studien den Leser dazu anregen, eine Bibel offen neben diesem Buch liegen zu haben, um nachlesen zu können. Es ist überaus töricht, Bücher über die Bibel zu lesen, ohne direkten Bezug zur Bibel zu nehmen. Es ist hingegen klug, in den Schriften zu forschen, um zu sehen, ob das, was gelehrt wird, wirklich drinsteht (So haben es Paulus' Zuhörer in Beröa gemacht, und zwar mit großem Eifer; Apostelgeschichte 17,11.). Ich gehe sogar noch weiter und sage Folgendes: Wenn meine Leser in den Passagen nicht finden, was ich gefunden habe, fordere ich sie auf zu vergessen, was ich sage, bevor sie von ihren Gedanken abgebracht oder verführt werden.

Prediger und Lehrer liegen mir besonders am Herzen. Ich möchte sie ermutigen, ganze Passagen auszulegen, statt nur über Textabschnitte (ein Vers, mitunter aus dem Zusammenhang gerissen) oder Themen (viele Verse, meist aus dem Zusammenhang gerissen) zu sprechen. Die Herausforderung, den Gedankenfluss eines ganzen biblischen Buches zu erfassen, ist immens befriedigend und unendlich gewinnbringend. Nur wenige Dinge lassen eine vergleichbare Erwartung in einer Gemeinde entstehen wie diese größere Einsicht, vorausgesetzt, die Auslegung ist wahrhaft (und macht die Erfahrung nachvollziehbar, die Leute vormals mit Gott gemacht haben) sowie relevant (d.h., sie wird für die gegenwärtigen Lebensumstände von Menschen bedeutsam).

Die Bibel wird dann sowohl zu einem sich selbst interpretierenden Buch als auch zu einem, das sich selbst bestätigt. Derselbe Geist der Wahrheit, der die Schriftsteller von damals inspiriert hat, steht uns heute zur Verfügung, um die Leser zu unterweisen (1. Johannes 2,27). Wir brauchen nur einen objektiven Geist, ein offenes Herz und Belehrbarkeit.

SCHRIFTSTUDIE A:
DIE ANGST VOR DEM TOD

Lesen Sie Matthäus 10,28 und Lukas 12,4–5.

Die Botschaft ist klar: Es gibt ein „Schicksal, das schlimmer ist als der Tod". Deshalb existiert auch eine Angst, die größer ist als die Angst vor dem Tod. Diese tiefere Angst ist das Heilmittel gegen Feigheit angesichts des Feindes.

Dazu müssen allerdings noch einige Fragen beantwortet werden. *Was* genau ist diese schreckliche Gefahr? *Wer* ist ‚derjenige', der damit drohen kann? *Warum* ist die Warnung so notwendig? *Wann* wurde sie ausgesprochen?

Wie üblich liefert uns der Kontext diese Information. Jesus sagte dasselbe zweimal: einmal, als er die „Zwölf" auf eine Mission sandte und im Anschluss daran, nachdem die „Siebzig" von einer späteren Mission zurückkehrten. Bei beiden Gelegenheiten war er ihnen gegenüber völlig offen und ehrlich bezüglich der zunehmenden Feindseligkeit und der drohenden Gefahr, der sie ausgesetzt sein würden.

Aufflammender Hass in der Zuhörerschaft würde Ablehnung durch das Volk nach sich ziehen. Dazu kämen Züchtigung durch die Religionsbehörden, Verfolgung durch die zivilen Behörden und sogar Verrat durch ihre eigenen Familien. Sie würden verschiedenen Misshandlungen und Mordversuchen ausgeliefert sein.

All dies mag zu Anfang nicht der Fall gewesen sein; aber Jesus gab eindeutig einen eher langfristigen Ausblick, keinen kurzfristigen. Obwohl er ihnen befahl, nicht gleich zu den Heiden zu gehen (Matthäus 10,5), erwartete er, dass sie es später taten (Matthäus 10,18). Seine Anweisung hatte daher für alle weiteren Missionen in seinem Namen Bestand, auch für die in der heutigen Zeit.

Menschenfurcht ist ein großes Handikap für Apostel. Sie müssen immun gegen Einschüchterung sein. Dreimal sagte er ihnen, dass sie keine Angst haben dürften (Matthäus 10,26.28.31). Aber wie konnten sie diese Angst überwinden?

Sie mussten daran denken, dass alle Anfeindungen, die nicht ans Licht kamen, eines Tages aufgedeckt und bestraft würden (Matthäus 10,26). Sie mussten wissen, dass ihr himmlischer Vater für sie sorgen und über sie wachen würde (Matthäus 10,29 –30) und dass Jesus vor den Menschen zu verleugnen bedeutete, von ihm vor Gott verleugnet zu werden (Matthäus 10,32–33).

Aber das beste Gegenmittel gegen jede Art von Angst ist eine noch größere Angst! Seine eigene Aquaphobie überwindet man, wenn das eigene Kind am Ertrinken ist, seine Klaustrophobie, wenn es irgendwo feststeckt. Ein Prophet hatte diesen bekannten psychologischen Mechanismus schon damals verstanden: Es ist so, wie „wenn jemand vor dem Löwen flieht und der Bär begegnet ihm, und er kommt ins Haus und lehnt sich mit der Hand an die Wand, da beißt ihn die Schlange!" (Amos 5,19, LUT 2017) Erstaunlich, wie effektiv eine Angst eine andere überwinden kann. Terror kuriert Schüchternheit!

Der Selbsterhaltungstrieb gilt als unser stärkster Instinkt, das Leben als das Kostbarste, das wir besitzen, und der Tod als die ultimative Gefahr. Unsere Sterblichkeit macht uns also verwundbar für jeden, der die Macht hat, uns zu töten. Jesus kam, um uns von diesem Hemmnis, das uns lähmt, zu befreien (Hebräer 2,15).

Er tat dies sowohl durch seine Lehre als auch durch sein Vorbild. Daraus ergibt sich eine neue Perspektive, bezogen sowohl auf die Quantität unseres Lebens als auch auf die Qualität. Der Tod ist weder das Ende einer persönlichen Existenz noch das Schlimmste, was einem passieren kann. Nur diejenigen, deren Perspektive auf dieses irdische Leben begrenzt ist, denken anders.

Mord kann „nur" den Körper töten; nicht die „Seele" (die „Psyche", die reale Person). Das Selbst setzt sich als bewusstes Wesen fort. Hier bekräftigt Jesus das Überleben eines körperlosen ‚Geistes'. Ein Mensch hat nicht die Macht, seine Mitmenschen auszulöschen. Er kann nur den physischen Teil auslöschen.

Deshalb gibt es etwas Schlimmeres als den Tod, der *nur einen Teil* des Menschen vernichtet und keinesfalls den wichtigsten. Doch jemand, der die Macht dazu hat, kann ein *ganzes Individuum* mit Körper und Seele „zunichtemachen".

Wer ist derjenige mit solcher Macht? Einige Kommentatoren nehmen an, der Teufel selbst stecke dahinter. Einer seiner Namen ist „Zerstörer" und die Hölle wird als seine Wirkungsstätte" angesehen. Hier kann er seinen Vandalismus an jedem ausüben, der ihm in die Hände fällt. Aber es gibt genügend gute Gründe, diese Interpretation infrage zu stellen:

1. Dies wäre der einzige Text des Neuen Testaments, der die Menschen dazu aufruft, den Teufel zu fürchten und nicht den Herrn.

2. Das Königreich bzw. die Herrschaft des Teufels beschränkt sich auf diese Welt und reicht nicht in die nächste.

3. Bei der Aussendung wird Satan nicht erwähnt; der unmittelbare Kontext nimmt allein auf den Vater Bezug.

4. Dem Teufel wird nirgends die Macht zugeschrieben, „jemanden in die Hölle werfen zu können" (auch nicht bei Lukas). Richtig ist hingegen, dass er selbst „in die Hölle geworfen" wird (Offenbarung 20,10; siehe Schriftstudie J.).

DER WEG ZUR HÖLLE

Die Bedrohung ist göttlichen Ursprungs, nicht dämonischen. Es handelt sich sicherlich um Gott selbst, um den Gott, der das Geschöpf, das er geschaffen hat, zerstören kann (1. Mose 6,7). Er ist ein „verzehrendes Feuer" (Hebräer 12,29). Warum bezeichnet Jesus ihn dann als „den einen" und nicht als „den Vater"? Verständlicherweise besteht eine gewisse Zurückhaltung, dieses liebevolle Wort mit dem zu verbinden, was manche Theologen als „das befremdende Werk" Gottes bezeichnen.

Es mag jedoch einen subtileren Grund für diesen relativ unpersönlichen Begriff geben. Anderswo behauptete Jesus, selbst derjenige zu sein, der die Nationen richten und die „Verfluchten" in die Hölle führen würde (Matthäus 25,41; vgl. 1. Korinther 5,10.). An anderer Stelle handeln er und sein Vater, die „Eins" sind, gemeinsam im Gericht (z.B. Apostelgeschichte 17,31; Offenbarung 6,16f). Diese mehrdeutige Anonymität kann also durchaus gewollt sein.

Was bedeutet es, Körper und Seele dem Verderben preiszugeben? Dies scheint auf den ersten Blick eine überflüssige Frage zu sein. Im Deutschen ist die Aussage praktisch gleichbedeutend mit „töten" und meint Vernichtung oder Zerstörung. Viele Leser gehen daher davon aus, dass es einen Unterschied gibt zwischen dem Tod, der nur einen Teil einer Person auslöscht, und der Hölle, die den ganzen Menschen vernichtet.

Aber das griechische Wort deckt ein viel breiteres Spektrum ab. Es reicht von „aufhören zu existieren" bis zu „etwas zerstören, jenseits jeder Möglichkeit zur Wiederherstellung" oder einfach nur „verschrotten". Es ist keineswegs selbstverständlich, dass die Hölle ein Ort ist, an dem Individuen aufhören zu existieren. Die Begriffsänderung von (den Körper) „töten" zu (Körper und Seele) „dem Verderben preisgeben" ist mehr als eine literarische Variante und weist vermutlich auf eine qualitative sowie auf eine quantitative Bedrohung hin. Die Änderung in Lukas' Version ist noch deutlicher: von „töten" zu „in die Hölle werfen", was die Frage nach dem Fortbestehen weit offenlässt.

Ob die Hölle einer Verbrennung oder einer Inhaftierung gleichkommt, kann aus dem Vers, den wir gerade diskutieren, nicht abgeleitet werden (Das wurde ja in Kapitel 3 ausführlich besprochen.). Es genügt anzumerken, dass die fortwährende Existenz in einem verheerenden Zustand sicherlich viel grausamer wäre als der Tod des Körpers. Umgekehrt ist es fraglich, ob es die völlige Vernichtung wäre.

Bevor wir fortfahren, gilt es zu erwähnen, dass Jesus von der Zerstörung eines „Körpers" in der Hölle *nach* dem Tod eines Menschen sprach. Er bezog sich damals nicht auf die Verwesung eines Leichnams, die im Grab, nicht in der Hölle stattfindet und von der die Seele überhaupt nicht betroffen ist. Er sah eindeutig einen auferstandenen Körper voraus, der in die Hölle „geworfen" werden kann. Dies führt wiederum zu der spekulativen Frage, warum Gott sich die Mühe machen sollte, den Ungerechten neue Körper zu geben, nur um diese kurz darauf wieder zu vernichten! Solch ein Akt der „Neuschöpfung" würde tatsächlich mehr Sinn machen, wenn der auferstandene Körper für eine ewige Existenz und nicht für vollständige Vernichtung vorgesehen wäre.

Ein weiterer Punkt ist, dass Jesus bei dieser Gelegenheit die Hölle weder beschrieb noch definierte. Dies kann nur bedeuten, dass seine Zuhörer mit diesem Konzept bereits vertraut waren und keine weitere Erklärung benötigten; er konnte es als selbstverständlich voraussetzen.

Wer wird eigentlich von diesem unvorstellbaren Horror bedroht? Der besagte Vers wird in christlichen Kreisen häufig zitiert. Dennoch wurde kaum oder überhaupt nicht besprochen bzw. reflektiert, wer damals die *Empfänger* dieser Warnung waren. Geschieht das, sind einige sicher betroffen, andere schockiert.

DER WEG ZUR HÖLLE

Jesus sprach nicht zu notorischen Sündern oder gar zur allgemeinen Öffentlichkeit, sondern er redete mit seinen Jüngern (In Lukas nannte er sie „meine Freunde".). Er vermittelte ihnen diese ernste Botschaft auch nicht, damit sie sie an andere weitergaben. Vielmehr wollte er, dass sie sie auf sich selbst bezogen! Trotz des unmittelbar vorhergehenden Verses (In Matthäus 10,27 befahl er ihnen, öffentlich weiterzugeben, worin er sie schon im Privaten unterrichtet hatte.) zielt die Formulierung klar auf die Bedürfnisse der Apostel ab und nicht auf die, zu denen sie gesandt wurden.

Sein Ziel war, sie emotional stabil zu machen, anstatt emotional Einfluss auf andere zu nehmen. Ihre Angst vor Gott würde ihre Angst vor dem Menschen effektiv neutralisieren. Beachten Sie, dass die Angst in beiden Fällen etwas Persönliches ist. Hier wird nicht die Angst vor dem Tod mit der Angst vor der Hölle verglichen. Vielmehr wird die Angst vor „denen", die den Körper töten können, der Angst vor dem „einen", der Körper und Seele zerstören kann, gegenübergestellt. Jeder wählt zwischen der Angst vor potenziellen Mördern und der Angst vor dem potenziellen Verheerer. Ersteres ist offenkundig mit Feigheit verbunden und kann einen in den „Feuersee" bringen (Offenbarung 21,8).

Wir müssen uns jetzt der ernst zu nehmenden Schlussfolgerung all dessen stellen – dass nämlich Jesus seine Jünger davor warnte, in die Hölle geworfen zu werden. Nicht, dass das ein Einzelfall wäre. Wie wir (in Kapitel 4) gesehen haben, waren die meisten Warnungen des Herrn an seine Nachfolger gerichtet.

Diese Herausforderung lässt sich nicht ignorieren. Doch selbst diejenigen, die sich ihr stellen, neigen dazu, sie auf eine von zwei Arten zu beschönigen (Vielleicht, weil es „nicht in ihre Theologie passt".).

Einerseits wird behauptet, vor „der Hölle im diesseitigen

DIE ANGST VOR DEM TOD

Leben" gewarnt zu werden (Aus Sicht der Ewigkeit ist das praktisch unerheblich.). Mit anderen Worten, Jesus wollte den Jüngern nur ein wenig Angst einjagen, damit sie nicht vom Weg abkommen, obwohl natürlich nie real die Gefahr bestand, jemals in die Hölle geworfen zu werden (eine Art "Esel-Karotte-Prinzip", nur umgekehrt). Aber würde jemand, der von sich behauptet, die Wahrheit zu sagen, ja sogar die Wahrheit selbst zu sein, zu einem solchen Trick greifen, sei er auch noch so winzig? Würde eine reale Angst tatsächlich durch eine rein hypothetische überwunden werden? Diese Annahme ist falsch, sogar absurd.

Andererseits werden die Warnungen „einer Übergangsphase" zugerechnet, da sie vor dem Tod Jesu, seiner Auferstehung, Himmelfahrt und Ausschüttung des Geistes ausgesprochen wurden. Somit waren die Jünger noch nicht wirklich „christlich". Doch Fakt ist: Sie hatten Jesus bereits empfangen, an seinen Namen geglaubt und waren „von Gott neu geboren" (Wenn Johannes 1,12–13 auf jemanden zutrifft, dann sicherlich auf sie.).

Außerdem haben wir bereits festgestellt, dass Matthäus 10 für die nachfolgende, weltumspannende Mission der Gemeinde in der heidnischen Welt bestimmt war. Zudem bezogen sich die meisten Warnungen Jesu bezüglich der Hölle eher auf sein zweites Kommen als auf sein erstes.

Die Warnrufe sollten als das genommen werden, was sie sind. Die Hölle ist eine echte Gefahr, auch für die Jünger und Freunde Jesu. Ein Bewusstsein für dieses Risiko ist ein wesentlicher Bestandteil der Gottesfurcht, die der Anfang aller Weisheit ist. Es ist obendrein eine unschätzbare Hilfe, wenn wir angefeindet oder persönlich bedroht werden.

Jesus dient uns darin als Vorbild, weil er diese Wahrheit eigens erlebte. Als er seinen Henkern gegenüberstand, zeigte er keine Spur von Angst. Doch er erlitt extreme Angstzustände (Er schwitzte Blut aus den Poren seiner

Stirn.), als er sich die Trennung von Gott vor Augen führte (Siehe Kapitel 5). Insofern ging für ihn dieses „Hinabfahren in die Hölle" der Tötung seines Leibes eher voraus, als dass es ihr folgte und es geschah stellvertretend für die Sünden anderer statt für seine eigenen.

SCHRIFTSTUDIE B:
DAS HOCHZEITSBANKETT

Lesen Sie Matthäus 22,1–14 und Lukas 14,15–24.

Wie bei allen aufgezeichneten Gleichnissen Jesu müssen auch hier die beiden Sinnzusammenhänge betrachtet werden, nämlich insofern, dass Jesus ursprünglich (zu seinen Zuhörern) sprach und dass Matthäus das Gesagte später (für die Leser) aufschrieb. Ersteres war für damals von Bedeutung und Letzteres ist für heute wichtig.

Wir beginnen mit der Frage, wann, wo und warum Jesus die ursprüngliche „Geschichte" erzählte. Das Wann und Wo herauszufinden wird dadurch erschwert, dass Matthäus und Lukas beide die Parabel aufnahmen, aber zu unterschiedlichen Zeiten und an unterschiedlichen Orten (wenn auch nicht allzu weit voneinander entfernt). Einige Gelehrte glauben, dass die beiden Evangelienschreiber ihre „poetische Freiheit" nutzten, um ein und dasselbe Ereignis für zwei Zwecke zu adaptieren. Doch wahrscheinlicher ist, dass Jesus selbst die Geschichte in zwei unterschiedlichen Situationen vortrug.

Die erste Begebenheit (in Lukas) fand auf dem letztmaligen Weg nach Jerusalem und bei einem Sabbatessen im Haus eines prominenten Pharisäers statt. Jesus kritisierte damals seine Gastgeber für drei Dinge: ihre heimliche Feindseligkeit gegenüber der Heilung eines Wassersüchtigen am Sabbat, ihr ungebührliches Gerangel um die besten Plätze am Tisch und ihr strategisches Vorgehen bei der Auswahl der Gäste (Leute, die ihre Gastfreundschaft artig erwidern konnten). Hätten sie diejenigen eingeladen, die nicht in der Lage waren, sich zu revanchieren (die Armen und Hilflosen), wären sie wirklich gesegnet gewesen. Denn sie würden von Gott höher als von

Menschen und im Jenseits reicher als im Diesseits belohnt werden. Eine solche Gastfreundschaft wäre eine viel bessere und nachhaltigere Investition.

In der verlegenen Stille, die entstand, wollte ein Gast die Situation mit einer frommen Plattitüde retten. Es war der Versuch, mit der Beobachtung Jesu übereinzustimmen und gleichzeitig die Verlegenheit des Gastgebers zu überdecken. „Glücklich, wer am Festmahl im Reich Gottes teilnehmen darf!" (Das bedeutet eindeutig, dass er erwartete, dorthin zu kommen!) In der Tat wurde allgemein, wenn auch widerwillig, davon ausgegangen, dass es die Pharisäer am ehesten verdient hätten, dort zu sein, da sie am meisten dafür taten.

Als Reaktion auf diese Selbstgefälligkeit erzählte Jesus das Gleichnis vom großen Bankett und den geladenen Gästen, die, als alles fertig war, alle eine Ausrede fanden, um nicht erscheinen zu müssen. Deshalb wurden sie durch Leute ersetzt, die diese Einladung weder verdient noch erwartet hatten.

Die Geschichte stimmt mit einem alten Brauch überein: Die Gäste wurden vorab über eine geplante Feier informiert, allerdings nicht über das genaue Datum oder die Uhrzeit. Wurden diese Angaben dann übermittelt, wurde erwartet, dass die Eingeladenen dem Anlass Vorrang vor allen anderen Verpflichtungen einräumten. Die erste Einladung anzunehmen und die zweite auszuschlagen, wäre eine tiefe Kränkung für den Gastgeber und würde ihn quasi hintanstellen.

In diesem Fall war der Gastgeber verständlicherweise wütend und fest entschlossen, die zubereiteten Speisen nicht kaputtgehen zu lassen. Sein Diener suchte zunächst in der Stadt nach Ersatz – nach Leuten, die in keiner Weise auf ein solches Mahl gehofft hatten. Da die verfügbaren Plätze nicht alle besetzt werden konnten, wurde er in die umliegenden Gemeinden geschickt, um mehr Gäste zu finden

DAS HOCHZEITSBANKETT

(„*Dränge* alle, die du dort findest, zu kommen" bedeutet, zu überzeugen, nicht Zwang auszuüben. Augustinus hat sich in dieser Hinsicht geirrt und das Wort „zwingen" verwendet. Damit wurde die Anwendung von Gewalt im Umgang mit Ungläubigen und Ketzern gerechtfertigt.). Jeder Platz musste besetzt werden, um zu verhindern, dass die ursprünglichen Gäste ihre Entscheidung bereuten und darauf spekulierten, erneut bedacht zu werden. Es gab keine zweite Chance.

Für diejenigen, die die Geschichte das erste Mal hörten, enthielt sie zwei Botschaften, eine offensichtliche und eine subtile.

Offenkundig war die Warnung, dass nicht jeder annehmen sollte, automatisch einen Platz im zukünftigen Königreich zu erhalten, wovon der besagte Gast vermutlich ausging. Es bekommen nur diejenigen einen Platz, die es sich zur obersten Priorität machen zu kommen, wenn sie gerufen werden, nicht diejenigen, die darauf vertrauen, eine Einladung erhalten zu haben und denen das reicht. Solche Leute werden durch die unwahrscheinlichsten Ersatzkandidaten ausgetauscht werden.

Gleichzeitig wird die tiefgründige Botschaft vermittelt, dass das Königreich sowohl gegenwärtig als auch zukünftig ist. Die erste Einladung kam durch die hebräischen Propheten, die zweite durch die Person und das Werk Jesu selbst. Alles ist bereit. Die Zeit für die Festlegung der Prioritäten ist gekommen. Aber die Pharisäer „drängte es" nicht in das Königreich, obwohl Prostituierte und Kriminelle sich voller Eifer danach ausstreckten. Nebenbei bemerkt, keine der Ausreden war unmoralisch oder illegal; es waren legitime, aber zweitrangige Tätigkeiten, die jedoch an erste Stelle gerückt wurden.

Die zweite Situation (in Matthäus) fand in den Tempelhöfen von Jerusalem während der letzten Woche, in der Jesus lebte, statt. Die Auseinandersetzung mit den jüdischen Führern war nun öffentlich, die Krise erreichte ihren Höhepunkt. Es überrascht nicht, dass die Geschichte jetzt viel härter klang und Basisthemen aufgriff, als Jesus sie zum zweiten Mal erzählte. Der ‚gewisse Mann' ist jetzt der König; das Fest ist ein Hochzeitsempfang für seinen Sohn; die Gäste erhalten nicht nur eine, sondern zwei Benachrichtigungen über die Zeit (Bezieht sich das bereits darauf, dass die Geschichte nun das zweite Mal erzählt wird?). Statt sich einfach nur abzuwenden, verweigern und ignorieren die bedachten Gäste die Einladung und missbrauchen und ermorden sogar die Boten. Im Zorn tötet sie daraufhin der Gastgeber und brennt ihre Stadt nieder (Schrieb Matthäus dies nach der Zerstörung Jerusalems im Jahre 70 n.Chr. auf?). Die freien Plätze werden aufgrund eines einmaligen Aufrufs besetzt, es gibt keinen zweiten. Der Standard war hier deutlich erhöht und die Herausforderung viel größer.

Aber es gibt noch eine weitere Wendung in der Geschichte: Ein Mann kommt in Alltagskleidung zum Fest. Er wird hinausgeworfen. Dass es ein alter Brauch war, in der Einladung um angemessene Kleidung zu bitten, ist falsch (Das ist ein moderner Mythos, der von Vertretern der sogenannten „zugerechneten" Gerechtigkeit erfunden wurde.). Die Gäste sollten dennoch ihre besten Kleider anziehen. Dass dem Gast, der vom König durchaus freundlich angesprochen wurde (Mit der Anrede „Freund ..." wird ihm eine Chance gegeben, sich zu erklären.), die Worte fehlen, zeigt, dass er die Möglichkeit gehabt hätte, sich angemessen zu kleiden. Sich nicht zurechtzumachen, beleidigt den König und seinen Sohn sehr, genauso wie die Weigerung, überhaupt zu kommen.

Die Pharisäer, die diese erweiterte Version zu hören bekamen, nahmen dieses zusätzliche Detail vermutlich relativ selbstgefällig wahr. Den Hinweis auf die „Roben der Gerechtigkeit" verstanden sie unter Umständen, aber generell strebten sie nach Anerkennung. Dass Jesus davon ausging,

DAS HOCHZEITSBANKETT

dass ihre Selbstgerechtigkeit sie davon abhielt ins Königreich zu „kommen" (Matthäus 5,20), konnten sie nicht erfassen (Es sei denn, sie hätten von seiner Bergpredigt gehört.). Das Gleichnis enthielt also eine doppelte Warnung vor Anmaßung: Das Königreich ist nur für diejenigen bestimmt, die kommen, wenn sie gerufen werden und zudem richtig vorbereitet sind.

Soviel zu dem, was ursprünglich (mündlich) ausgedrückt wurde. Jetzt wenden wir uns dem zu, was später (schriftlich) vermittelt wurde. Von den vier Evangelien wurden zwei für die Evangelisation von Ungläubigen verfasst (Markus und Lukas) und zwei zur Ermutigung von Gläubigen (Matthäus und Johannes; in Johannes 20,31 wird dieser Zweck sogar benannt, nämlich damit die Leser fortwährend glauben und weiterhin ewiges Leben haben.).

Lukas schrieb für Heiden (Er selbst war einer und sprach jemanden ganz speziell an - Theophilus). Matthäus schrieb für Juden. Ersterer benutzte, ohne zu zögern den Begriff ‚Reich Gottes', Letzterer respektierte die jüdische Abneigung, sich direkt auf die Gottheit zu beziehen und gebrauchte gewöhnlich den Begriff ‚Königreich des Himmels'. Lukas setzt das ‚verlorene Schaf' den Sündern gleich (Lukas 15,4–7); Matthäus beschreibt damit Menschen, die vom Glauben abfallen (Matthäus 18,6, 12–14).

Lukas' Leser konnten in dem Gleichnis viel *Trost* finden. Es war ihnen möglich zu verstehen, dass die geladenen Gäste, die nicht erschienen, die Juden waren, die Jesus ablehnten. Die Gäste, die diese unerwartet ersetzten, waren sie selbst, die Heiden. Der Schwerpunkt liegt also auf der sich erweiternden Einladung an alle. Der Geschichte wohnt ein Appell inne: „Kommt, denn alles ist bereit ... mein Haus soll voll sein!"

Für Matthäus' Leser war die Parabel vermutlich eine reine Provokation. Für sie war klar, dass sie als Jünger, die zu Jesus „gekommen" waren, auch diejenigen waren, die bei der Feier dabei sein würden. Während an die Einladung, die jeder erhielt, keinerlei moralische Voraussetzungen geknüpft waren (Matthäus. 22,10 erwähnt „Böse ebenso wie Gute".), lagen dem eigentlichen Festakt moralische Vorbedingungen und Anforderungen zugrunde. Geladene Gäste brauchten ‚Gewänder der Gerechtigkeit'.

Matthäus ist das Evangelium der „Gerechtigkeit", das einzige, das darauf hinweist, dass Jesus getauft wurde, um alles zu erfüllen, „was Gottes Gerechtigkeit fordert" (Matthäus 3,15 ein Fingerzeig für jeden, der in der Taufe keine Notwendigkeit sieht.). Jünger sollten sich „sein Reich und seine Gerechtigkeit" zum Lebensziel machen (Matthäus 6,33). Dann können sie darauf vertrauen, dass er sich um all ihre anderen Bedürfnisse kümmert. Ihre Gerechtigkeit muss die der Pharisäer weit übertreffen (Matthäus 5,20).

Diese Betonung der Gerechtigkeit (die in der Bergpredigt besonders hervorgehoben wird) machte das Matthäusevangelium zu einem „Handbuch der Jüngerschaft" für die frühe Gemeinde. Es lehrte die Neubekehrten, allem zu gehorchen, was Jesus befohlen hatte (Matthäus 28,20). Matthäus war sich sehr wohl bewusst, dass wir nicht *durch*, sondern *für* Gerechtigkeit gerettet werden (vgl. Epheser 2,8–10). In besagtem Gleichnis muss die Rechtschaffenheit nicht der Einladung (die ja an „Böse ebenso wie Gute" erging), sondern dem Fest vorausgehen.

Theologen streiten sich über die „zugerechnete" bzw. „verliehene" Gerechtigkeit. Die einen behaupten, es sei nur Ersteres nötig. Sie sind bestrebt, jedes noch so kleine Teilchen der Erlösung allein der Gnade Gottes in Christus zuzuschreiben. Insofern ist für sie die Rechtfertigung (bei der wir für gerecht erklärt werden, indem unsere Sünden von „seinem Blut und seiner Gerechtigkeit" bedeckt werden) die einzige und ausreichende Voraussetzung für den Eintritt zum Fest im Königreich. Ihr Eifer um die Gnade mag lobenswert sein. Doch wenn wir den König wirklich sehen wollen, greift diese Sicht zu kurz. Denn im Neuen Testament wird die Notwendigkeit der Heiligung besonders hervorgehoben (Hebräer 12,14).

Das Gleichnis selbst legt uns die Unerlässlichkeit der persönlichen ‚Anstrengung' der Geladenen nahe. Obwohl die Einladung völlig kostenlos erging, waren diejenigen, die sie annahmen, dafür verantwortlich, ihre Kleider zu wechseln. Das ganze Matthäusevangelium ist ein Aufruf, der sich an Jünger richtet. Sie sollten eine praktische Gerechtigkeit in Verhalten und Charakter erlangen. Danach sollten sie sogar hungern und dürsten (Matthäus 5,6). Nur so wird ihnen das, was ihnen „zugerechnet" wird, letztlich auch „verliehen", d.h., was ihnen im Himmel zugeschrieben wird, wird von ihnen auf Erden eingelöst.

Diese Interpretation der Hochzeitskleidung steht im Einklang mit dem Rest des Neuen Testaments. Als Lukas die Worte wiedergibt, die den Jüngern und nicht den Sündern gelten, betont er die Unerlässlichkeit, „sich bereitzuhalten" (Lukas 12,35). Paulus ruft seine Bekehrten auf, ihre Rettung mit Furcht und Zittern auszuarbeiten, denn es ist Gott, der in ihnen wirkt und der sie nicht nur bereit, sondern auch fähig macht, das zu tun, was ihm gefällt (Philipper 2,13). Er nutzt ständig die Metapher des Kleiderwechsels (vgl. Kolosser 3,9–14). Das Buch der Offenbarung tut dasselbe (Offenbarung. 3,4f., 17f.); die Braut hat sich „bereit gemacht", indem sie das „feine Leinen, hell und sauber" anlegte, das „ihr zum Tragen gegeben wurde". Das feine Leinen ist ein Symbol für „die gerechten Taten der Heiligen" (Offenbarung 19,7f.). Die Heiligung „erhalten" wir genauso wie die Gerechtigkeit allein aus Gnade. Aber gleichwie die Gerechtigkeit muss sie empfangen, angezogen und getragen werden.

Jetzt kommen wir zum Kern unserer Studie und dem eigentlichen Grund, warum wir uns in einem Buch über die Hölle damit beschäftigen. Was passiert mit einer Person, die

die Einladung zwar annimmt und kommt, wenn sie gerufen wird, sich aber nicht entsprechend kleidet? Theologisch betrachtet sind das diejenigen, die gerecht sein wollen, sich aber nicht heiligen wollen. Einfacher ausgedrückt, es sind diejenigen, die der Hölle entfliehen, aber keine Anstrengungen unternehmen wollen, sich auf den Himmel vorzubereiten.

Die Antwort ist ganz einfach: Sie enden in der Hölle. Obwohl das Wort an sich hier nicht verwendet wird, ist die Sprache deutlich: „hinauswerfen ... Finsternis ... lautes Jammern und angstvolles Zittern und Beben" (Matthäus 22,13). Es ist bezeichnend, dass diese starken Aussagen nicht auf all jene gemünzt waren, die sich weigerten zu kommen (da man diese bereits „tötete" und ihre Stadt „niedergebrannt" wurde), sondern auf einen Menschen, der kam, aber nicht „vorbereitet" war. Die Unumkehrbarkeit seines Schicksals ist bereits in dem Befehl angedeutet, „ihn an Händen und Füßen zu binden" (Matthäus 22,13), bevor er „hinausgeworfen" wurde. Er konnte sich weder noch einmal einschleichen, noch bekam er vom Festmahl etwas ab.

Diese Worte lassen sich natürlich nicht in Lukas' Version finden. Sie gehören zum erweiterten Teil der Geschichte in der zweiten Erzählung. Selbst wenn Lukas davon gewusst hätte, hätte er sie wahrscheinlich nicht wiedergegeben. Beim Verfassen seines Textes für Sünder muss ihm aufgegangen sein, dass Jesus diese „Höllensprache" in Anwesenheit von Sündern selten nutzte (allerdings schon, wenn Selbstgerechte da waren, sonst aber nur im Gespräch mit seinen eigenen Jüngern). Lukas machte es genauso. Insofern war es Matthäus, der die Jesusworte – gerichtet an seine Jünger – zusammenfasste. Ihm verdanken wir fast alle Lehren unseres Herrn zu diesem bedeutenden Thema.

Die Aussage, mit der die Episode endet, haben wir bisher ignoriert: „Denn viele sind gerufen, aber nur wenige sind auserwählt." (Matthäus 22,14) Ob Jesus dies daraus schlussfolgerte oder ob es eine isolierte Aussage Jesu war, die Matthäus beifügte (oder sogar sein eigener Kommentar), ist fraglich. Wie auch immer, es ist jetzt Teil des inspirierten Wortes Gottes und ein integraler Bestandteil dieser Passage (Beachten Sie das ‚Denn ...') und wird auf zweierlei Weise interpretiert.

Ein Ansatz stellt den Hauptkontrast zwischen „gerufen" und „auserwählt" heraus. Die Aussage wird in der Regel als isoliert betrachtet, bevor sie auf das Gleichnis bezogen wird. Aus „calvinistischer" Sicht findet die Wahl zeitlich vor der Berufung statt (in Anlehnung an Texte wie Römer 8,30: die, „die er für dieses Ziel bestimmt hat, hat er auch berufen"). Gott mag uns befohlen haben, das Evangelium der ganzen Menschheit zu predigen (Matthäus 28,19; Markus 16,15; Lukas 24,47), aber nur die „Auserwählten" werden auf die Einladung reagieren und zum Fest kommen. Da man der Gnade nicht widerstehen kann, weder in Bezug auf Rechtfertigung noch auf Heiligung, werden die Erwählten nicht nur kommen, sondern auch angemessen gekleidet sein. Wer es nicht ist, beweist damit nur, dass er ohnehin nie „erwählt" war (Gewöhnlich wird so ein Mensch als „Namenschrist" oder als „bekennender" Gläubiger, nicht aber als „wirklich" Wiedergeborener bezeichnet.).

Diese Anschauung enthält einige Ungereimtheiten: Wenn „erwählt" hier „gewählt bzw. prädestiniert" bedeutet, was bedeutet dann „gerufen"? Calvinisten glauben an die „wirksame" Berufung, die es grundsätzlich schafft, die Berufenen herbeizuführen, d. h., die Zahl der „Berufenen" entspricht exakt der Zahl der „Auserwählten"! Aber im Gleichnis „rief" der König diejenigen, die sich weigerten zu kommen (War er es nicht, der die ursprüngliche Gästeliste zusammenstellte?). Die Berufenen sind also eindeutig mehr als die Auserwählten. Das Subjekt beider Verben ist in diesem Satz der König. Ruft Gott also viele, wählt aber nur einige aus, um die menschliche Rasse zu ärgern? Eine solche willkürliche Gottheit würde ein jämmerliches Bild abgeben, das nicht mit dem Gott in Einklang gebracht werden kann, der „so die Welt geliebt hat" (Johannes 3,16) und sich „wünscht, dass alle Menschen gerettet werden" (1. Timotheus 2,4). Eine Alternative wäre, von einem menschlichen Subjekt auszugehen – menschliche Diener können viele (durch öffentliche Predigten) rufen, aber ihr göttlicher Herr wird nur einige von den Zuhörern auswählen. Wird aber das Wort „gerufen" von seinen theologischen Konnotationen losgelöst, warum sollte der Textzusammenhang bei dem Wort „ausgewählt" dann beibehalten werden? Offensichtlich wird eine künstliche Trennung zwischen den beiden Verben hergestellt. Ganz abgesehen davon müsste der Satz dann zwei verschiedene Subjekte enthalten.

Der andere Ansatz leuchtet den generellen Gegensatz zwischen „vielen" und „wenigen" aus. Dabei wird die Aussage mithilfe des Gleichnisses ausgelegt, nicht isoliert. Arminianisch interpretiert findet die Berufung vor der Auswahl statt (Das trifft zwar an dieser Stelle zu, aber nicht unbedingt anderswo im Neuen Testament.). Dabei müssen die beiden Verben andernorts von ihrem theologischen Inhalt abgetrennt werden. Grundsätzlich wird in der Parabel lediglich ausgesagt, dass die Zahl derer, die (letztlich) gewählt werden, deutlich geringer ist als die Zahl derer, die (ursprünglich) geladen waren.

Zu den vielen, die „gerufen" wurden (die Neue Genfer Übersetzung verwendet „eingeladen"), gehörten sowohl diejenigen, die nicht kamen, als auch diejenigen, die zum Fest erschienen. In beiden Fällen lag die volle Verantwortung und die freie Entscheidung bei den Eingeladenen; es gab kein Dekret des Königs. Dasselbe war der Fall bei dem Versäumnis, sich angemessen vorzubereiten. Die volle

DAS HOCHZEITSBANKETT

Verantwortung und freie Entscheidung lagen bei der betreffenden Person. Ein Vorabdekret des Königs gab es nicht. Dies schmälert jedoch keineswegs die Souveränität des Königs. Er hatte zunächst die Wahl, wie viele Gäste es sein sollten und wer geladen wurde. Als Leute sich absagten, wählte er andere. Und letztlich traf er die Entscheidung, denjenigen rauszuwerfen, der nicht richtig gekleidet war, und all jene zu bewirten, die es waren. Aber sicher wird nun jemand anführen, dass seine Gemütslage aufgrund derer, die sich der Einladung widersetzten, getrübt war, was seine souveräne Willensentscheidung einschränkte. Aber das Gegenteil ist der Fall. Es war der König selbst, der niemanden nötigen wollte zu kommen. Nachdem er Diener geschickt hatte, um sie einzuladen, hätte er auch Soldaten schicken können, um sie zu zwingen. Aber das tat er nicht und zog es vor, Gäste zu haben, die freiwillig kamen, um seinen Sohn zu ehren. Er entschied sich indes dafür, diejenigen zu bestrafen, die seine Boten misshandelten. Damit stellte er seine Souveränität unter Beweis, ohne seinen Sohn zu entehren (indem er eine Feier mit mürrischen Gästen abhielt!). Der König hatte von Anfang bis Ende alles unter Kontrolle.

Eine Schwierigkeit besteht bei dieser zweiten Sichtweise weiterhin – das Wort „wenige" passt nicht ganz in die Erzählung. Am Ende waren es ja fast so viele Gäste wie ursprünglich eingeladen, nur ein Stuhl blieb frei. Verdient die ursprüngliche Anzahl minus eins den Titel „wenige"?

Die Diskrepanz löst sich auf, wenn die betreffende Aussage als Ergänzung des Gleichnisses durch Matthäus erachtet wird, entweder in Form einer Äußerung, die Jesus in einem anderen Kontext von sich gab, oder als inspirierter eigener Kommentar (Diese Praxis kommt im Johannesevangelium relativ häufig vor.). Damit würde die Stoßrichtung des Gleichnisses auf die ihm bekannte Situation in der frühen Kirche abzielen. Während in der Geschichte nur ein einzelner ankommender Gast nicht entsprechend gekleidet war, war sich Matthäus nur allzu bewusst, dass eine wachsende Zahl von Jüngern zu seiner Zeit derselben Trägheit verfielen und daher der gleichen Gefahr ausgesetzt waren, letztendlich abgelehnt zu werden. In der Tat war das Hauptmotiv für das Verfassen seines Evangeliums, dem Trend entgegenzuwirken, dass „viele" zwar die gute Nachricht hörten und annahmen, aber nur „wenige" danach strebten, sich in Kleider der Gerechtigkeit des Königreichs zu hüllen.

Sein eingefügter Kommentar entspricht größtenteils dem Endpunkt der Bergpredigt (die sich ja an die „Jünger" richtete; Matthäus 5,1) und erinnert sie an die beiden „Wege", zwischen denen sie wählen müssen: der breite Weg, der zur Verdammnis führt und den viele gehen, sowie der schmale Weg, der zum Leben führt, den nur wenige gehen (Matthäus 7,13f.). Dieser rote Faden zieht sich ebenfalls durch den letzten der fünf „Diskurse" (oder Sammlungen von Jesusworten) in Matthäus, der an die Zwölf adressiert war. Darin warnte er vor den ewigen Folgen der Trägheit der Diener des Herrn. Er beschreibt diese mit den denselben Fachbegriffen, der Hölle, auf die wir auch im Gleichnis stoßen (Matthäus 24,45 – 25,46).

Wer könnte da behaupten, dass diese Botschaft für das heutige Gemeindeumfeld irrelevant sei? Billige Evangelisation will auf der gehaltlosen Basis eines (einminütigen) „Bußgebets", das nachgesprochen wird, ein garantiertes Entkommen vor der Hölle bieten. (Für eine fundierte Einschätzung dieses zweifelhaften Vorgehens siehe Kapitel 31 meines Buches Wiedergeburt, ProjektionJ, 1991). Taten, die beweisen, dass die Umkehr ernst gemeint ist, spielen dabei keine oder kaum eine Rolle (vgl. Lukas 3,8; Apostelgeschichte 26,20). Heiligkeit wird zu einer Art

DAS HOCHZEITSBANKETT

Sonderausstattung, die man wählen kann und die einen bestimmten Bonussegen im Diesseits und im Jenseits gewährt. Das entspricht aber nicht dem Evangelium, das Matthäus oder einer der Apostel predigte.

Schließlich ist unsere Aufgabe als Diener des Königs viel umfangreicher, als nur die *Gäste* zu motivieren, dem Empfang beizuwohnen. Wir helfen der *Braut*, sich auf die Hochzeit vorzubereiten (Johannes 3,29f.; Offenbarung 19,7f.). Denn bei der Hochzeit des Lammes wird es keinen Unterschied geben zwischen beiden: Für eine heilige und tadellose Braut, die sich aus den Gästen zusammensetzt, die Vorbereitungen getroffen haben, gab sich Jesus am Kreuz einst hin (Epheser 5,25f.).

SCHRIFTSTUDIE C:
DIE GETEILTE HERDE

Lesen Sie Matthäus 25,31–46.

Jesu Gleichnisse, die beim ersten Lesen scheinbar einfach sind, werden immer komplizierter, je mehr man sie analysiert! Wer mit seinen Interpretationen in seichten Fahrwassern paddeln will, kommt schnell ins Tiefe und muss schwimmen lernen oder voreilig den Rückzug antreten. Das Gleichnis von den Schafen und Ziegen macht hier keine Ausnahme.

Die Frage lautet, ob das überhaupt ein „Gleichnis" ist oder eher eine simple Prophezeiung der Zukunft? Und wer sind die „Brüder" Jesu – Juden, Christen oder die ganze Menschheit? Ist der Urteilsspruch auf Individuen oder auf Nationen gemünzt?

Die Passage dient als beliebter „Beweistext" für die Notwendigkeit sozialen Handelns. Dass eine „Gutmenschen"-Definition von Christen entstanden ist, beruht zum großen Teil auf der Tatsache, dass Prediger sie häufig zitieren. Es scheint, als würden Mitgefühl und Fürsorge für Menschen, die weniger Glück haben als wir, über unser ewiges Schicksal entscheiden.

Aber ist das nicht Errettung durch eigene Werke? Die Betonung liegt auf dem, was wir für andere tun, nicht auf dem, was der Vater oder sein Sohn für uns tun. Mit keinem Wort wird die Unverzichtbarkeit der Sündenvergebung oder eines geheiligten Charakters erwähnt. Tatsächlich wäre es schwierig, einen Bezug zum Tod und zur Auferstehung Jesu zu erkennen, wenn dies das Sinnbild des Jüngsten Gerichts wäre. Was passiert da mit dem Evangelium der Gnade?

Hier geht es eindeutig um große Themen. Es gilt, die richtigen Fragen zu stellen, um die richtigen Antworten zu erhalten. Wer das Wort Gottes richtig behandeln will, muss es in der Tiefe studieren.

Parabel oder Prophezeiung?

Vielleicht wurden die Leser auf die falsche Spur gelockt, weil die vorhergehenden Abschnitte in dieser Ölbergrede Gleichnisse beinhalten, die sich auf die Wiederkunft des Herrn beziehen (Jungfrauen und Talente).

Sie sind eindeutig fiktiv, obwohl sie Wahrheit (bzw. viele Wahrheiten) enthalten. Wer die eigentliche Hauptfigur ist (die nach „langer Zeit" wiederkommt), bleibt offen. Die Verben stehen in der Vergangenheitsform, als ob die Ereignisse bereits stattgefunden hätten.

All dies ändert sich mit Vers 31. Die Zeitform ist fortan Futur. Die zentrale Figur wird benannt. Der gesamte Tenor ist sachlich. Die Ereignisse sind noch nicht eingetreten, aber sie werden es.

Dennoch gibt es ein gleichnishaftes Element - besser gesagt, die Vorhersage enthält eine Analogie („so wie der Hirte ..."). Hier wird also eine Beobachtung aus dem ländlichen Bereich genutzt, um ein geistliches Prinzip darzustellen (Das ist für Jesu Lehre typisch.).

Es ist bekannt, dass Beduinenhirten bis heute Schafe und Ziegen gemeinsam weiden, wenngleich sie sich durch Form und Farbe deutlich voneinander unterscheiden. Natürlich müssen sie von Zeit zu Zeit getrennt werden – zum Melken, Scheren oder zum Verkauf. Zudem gehört es zum Alltag, dass weniger kälteresistente Tiere zum Schutz vor kalten Nächten im Nahen Osten in Stallungen gebracht werden. Entscheidend für die Analogie ist einzig die Tatsache, dass die Arten voneinander getrennt werden, nicht der damit verbundene Zweck.

DIE GETEILTE HERDE

Ob ein Schäfer die Schafe stets rechts von sich aufstellt, darüber hat der Autor keine Kenntnis. Vers 33 mag mit der Metapher nichts mehr zu tun haben und gehört vielleicht zur Prophezeiung (bzw. mischt Metaphern, wie bei dem Hirten in Psalm 23,5, der einen Tisch für die Schafe deckt!). Wer diesen Vers wörtlich nimmt, meint, es gäbe im Himmel oder in der Hölle nur Tiere! Wenden wir uns wieder dem menschlichen Umfeld zu: eine Position zur Rechten ist eine Position der Ehre. Die linke Seite symbolisiert das Gegenteil.

Zu argumentieren, dass Schafe und Ziegen getrennt werden, weil sie zwei verschiedene Gattungen mit unterschiedlichem Erbgut sind, wäre falsch. Das wird oft im Interesse der Theologie gemacht. Das Gericht wird dabei als schlichte Abspaltung der neuen Kreaturen (Schafe sind wiedergeboren.) von den alten Menschen (Ziegen verharren in Sünde.) interpretiert. Ihr unterschiedliches Naturell zeigt sich in ihren verschiedenen Einstellungen und Handlungen. Aber das überspannt die Analogie und verwandelt sie in eine Allegorie.

Das einfache Gleichnis vermittelt lediglich das, was am Ende eines Tages passiert („... so wie ein Hirte trennt ..."). Tatsächlich erfolgt die Trennung aufgrund des Verhaltens, nicht aufgrund der Art; das macht Jesus ganz deutlich. Wir dürfen nicht vergessen, dass er sich an die zwölf Apostel wandte, nicht an die breite Öffentlichkeit. Warum hatten sie diese besondere Warnung nötig?

Mehr als von Jesus ursprünglich beabsichtigt dürfen wir in die Analogie nicht hineinlesen. Er behauptete nicht, in der Linie der Hirtenkönige zu stehen (Obwohl er tatsächlich der Gute Hirte und der König der Könige war und ist.). Er handelt hier ausschließlich als König auf dem Richterstuhl, wobei er die richtet, die er bis dahin gehütet hat.

Er legt keinen speziellen Wert auf den Unterschied zwischen den Arten. Manche evangelikalen Bibelausleger beschränkten sich trotzdem auf diesen Aspekt, um den offenkundigen Bezug zur Erlösung durch den Glauben und zur Sicherheit des Gläubigen zu leugnen. Obwohl Jesus erklärt, dass sie aufgrund ihres Verhaltens getrennt wurden, unterstellt man stattdessen, dass der wahre Grund ihre Gattung war, also „ihr Wesen". Aus dieser Sicht repräsentieren die Ziegen die nicht Wiedergeborenen (alte Menschen in Adam) und die Schafe die Wiedergeborenen (neue Menschen in Christus), zwei völlig unterschiedliche Arten, die sich letztendlich durch das, *was sie sind*, unterscheiden und nicht durch das, *was sie tun*, – eine Sichtweise, die die Urteilsbegründung des Richters irrelevant erscheinen lässt! Tatsächlich wird der Menschensohn eine (menschliche) Spezies aufgrund ihrer Handlungen (bzw. ihrer Unterlassungen) voneinander trennen.

Wann wird dieses Urteil gesprochen werden?

Welches Urteil?

Einige Leser wird diese Frage überraschen. Sie steht in Zusammenhang mit dem großen Tag des Jüngsten Gerichts, an dem nach der Wiederkunft Christi vor dem „großen weißen Thron" die ganze Menschheit zur Rechenschaft gezogen und das ewige Schicksal jedes Einzelnen entschieden wird.

Man wünschte, es wäre so einfach! Eine weit verbreitete Vorstellung, der sogenannte „Dispensationalismus" (der mit Namen wie Darby, Scofield und Lindsay in Verbindung zu bringen ist), unterscheidet jedoch zwischen einem Gericht Gottes über die Sünder (zur Bestrafung) und einem Gericht Christi über die Gläubigen (zur Belohnung) und tut so, als seien das zwei völlig verschiedene Ereignisse. Matthäus, Kapitel 25, das zu keinem der beiden Szenarien passt, soll sogar noch ein drittes Gericht der Nationen darstellen. Die

Nationen müssen sich dann für ihre Haltung gegenüber Israel während der „Großen Trübsal" am Ende der Zeiten verantworten (nachdem die Gemeinde aus der Welt „entrückt" wurde).

Platzgründe machen eine ausführliche Kritik an dieser Position (die das „Königreich" in einer ausschließlich zukünftigen, jüdischen und irdischen Weise interpretiert) unmöglich. Belassen wir es bei folgenden Feststellungen: Gott hat Jesus auserkoren, um die Welt zu richten (Apostelgeschichte 17,31); Kranken- und Gefangenenbesuche sind keine nationale Angelegenheit; der Begriff „Nationen" meint keine politischen Staaten, sondern ethnische Gruppen; „die einen von den anderen trennen" deutet auf individuelle Verantwortung hin; für Jesus wäre es außergewöhnlich, Juden „Brüder" zu nennen (wenngleich sowohl Petrus als auch Paulus das taten; Apostelgeschichte 3,17; Römer 9,3). Dass es sich hier um den letzten Tag des Jüngsten Gerichts handelt, zeigt die Tatsache, dass entweder ewiges Leben oder ewige Strafe die Folgen sind. Beides sind Schicksale, die sich für Einzelpersonen erfüllen werden, nicht für Nationen.

Einen Haken hat die Sache aber auch für diejenigen, die eine prämillenaristische Sicht auf die Zukunft haben (Zwar sind alle Dispensationalisten Prämillenaristen, doch nicht alle Prämillenaristen sind Dispensationalisten.). Wenn man Offenbarung 20 für bare Münze nimmt, scheint es, dass die Auferstehung der Gerechten bei der Wiederkunft des Herrn stattfinden wird, die tausend Jahre vor der allgemeinen Auferstehung und dem endgültigen Gericht liegen wird (Siehe Bibelstudium J für weitere Einzelheiten.). Also, wo passt da Matthäus 25 rein? Vor oder nach diesem „Jahrtausend"? Es scheint ja das endgültige Gericht zu sein, das indes stattfindet, „wenn der Menschensohn kommt". Die „Schafe" gehören zur „ersten" Auferstehung und die „Ziegen" zur „zweiten", allerdings werden beide hier gemeinsam gerichtet!

Das ist wirklich ein Rätsel. Doch wer in der Prophetie die biblische Eigenheit der perspektivischen Verkürzung erkennt, kann es lösen. Gemeint ist damit die Verdichtung der Zukunft, bei der weit auseinanderliegende zukünftige Ereignisse zu einem Bild zusammengeführt werden, um eine gegenwärtige moralische Entscheidung zu thematisieren (Ein Beispiel dafür ist die alttestamentliche Vorhersage des Kommens des Messias in „den letzten Tagen". Heute begreifen wir das als zwei Ereignisse, die zeitlich weit auseinander liegen.).

Natürlich stellt das für die postmillenaristische Sichtweise (die das Millennium als die letzten tausend Jahre der Kirchengeschichte versteht) kein Problem dar, auch nicht für die amillenaristische Sicht (die im Millennium die ganze Kirchengeschichte sieht, die nun schon rund zweitausend Jahre dauert). Beide erwarten den Tag des Jüngsten Gerichts unmittelbar nach der Wiederkunft Christi.

Wann immer eine derartige Diskussion stattfindet, lenkt sie leider meist von der grundlegenden Botschaft und der Mahnung des Gerichts ab. Dabei beziehen sich die wichtigen Überlegungen doch auf die juristische *Beurteilungsgrundlage* und auf seine *Folgen*.

Die Beurteilungsgrundlage

Die Unterteilung der Menschen wird aufgrund dessen erfolgen, was jeder *getan hat*, nicht aufgrund dessen, was er *ist*. Entscheidend wird die innere Haltung sein, die im Handeln ihren Ausdruck findet. Die Schrift lehrt stets, dass alles göttliche Gericht auf „Werken" bzw. Taten beruht (vgl. Römer 2,6, wo Psalm 62,12 und Sprüche 24,12 zitiert werden; 2. Korinther 5,10; Offenbarung 20,12).

Wichtig ist zudem, dass als Kriterium hier nicht nur gilt, *was* getan (oder unterlassen) wurde, sondern auch, für *wen* es getan wurde. Der entscheidende Punkt ist also zu wissen, *wer* „meine Brüder" sind. Auf wen bezieht sich Jesus?

Gemäß „dispensationalistischer" Überzeugung ist damit die jüdische Nation in den letzten Tagen der Weltgeschichte gemeint. Das erscheint sowohl zeitlich als auch räumlich zu *eng* gefasst. Es gibt im Text keinen Hinweis auf eine solch restriktive Deutung. Die Interpretation resultiert scheinbar aus dem Versuch, die Passage in ein bestimmtes eschatologisches Muster zu pressen.

Auf der anderen Seite ist die übliche „liberale" Sichtweise, die davon ausgeht, dass damit jeder Bedürftige gemeint sei, offensichtlich zu *weit* gefasst (und fördert den Glauben an eine Erlösung durch Werke). Die universelle Bruderschaft aller Menschen und die universelle Vaterschaft Gottes sind charakteristischer für das sogenannte „soziale Evangelium", nicht aber für das, was Jesus lehrte. Den Ausspruch „unser Vater" machte er sich nie zu eigen, er sprach stets von „meinem Vater" (wie in Vers 34) und brachte ausschließlich seinen Jüngern bei, Gott „Vater" zu nennen. In der Tat ist zweifelhaft, ob er das Wort jemals nutzte, wenn er öffentlich sprach (Perlen sollten nicht vor die Säue geworfen werden; Matthäus 7,6). Mit anderen Worten, Jesus betrachtete nur diejenigen als seine „Brüder", die durch den Glauben an ihn eine Beziehung zu seinem Vater eingegangen waren. Deshalb gebrauchte er den Begriff „Brüder" meist dann, wenn er die Jünger meinte (Matthäus 10,40, 42; 12,48; 23,8; 28,10), verwendete ihn aber nie für jemand anderen. Es ist der Titel, der seinen Nachfolgern im Rest des Neuen Testament am häufigsten verliehen wird.

Bevor wir weitergehen sind zwei Unterpunkte zu beachten. In Bezug auf „*diese* meine Brüder" scheint der „König" auf eine Gruppe zu deuten, die gerade anwesend war (Es ist leicht vorstellbar, dass er auf sie zeigte.). Lenkte er die Aufmerksamkeit auf die Schafe, die bereits zu seiner

Rechten waren (und sagte er den Schafen damit, dass sie sich innerhalb der eigenen Gruppe umsehen sollten und den Ziegen, dass sie sich die anderen ansehen sollten)? Oder gibt es neben den Schafen und den Ziegen noch eine dritte, bisher nicht genannte Gruppe, entweder vor oder hinter ihm? Ersteres erscheint wahrscheinlicher. Der andere wichtige Satz ist „und wäre er noch so gering". Der Bedeutungsloseste kann der Wichtigste sein! Weltliche Einschätzungen sind hier völlig unangebracht. Der Demütigste unter den Jüngern ist für Jesus wichtig und von unschätzbarem Wert.

Und er nimmt das *persönlich*. Wer etwas für seine Jünger tut (oder nicht), tut das für ihn (oder nicht). Das liegt nicht nur daran, dass sie seine „Verwandten" sind. Diese Solidarität ist größer als in einer Familie. Israel war der „Augapfel Gottes" (Die Iris ist der empfindlichste äußere Teil des Körpers.), die Jünger sind ein Teil vom Leib Jesu. Ihnen zu helfen oder sie zu verletzen bedeutet, ihm zu helfen oder ihn zu verletzen (Das musste Saulus von Tarsus auf der Straße nach Damaskus erfahren. Ein Augenöffner, der ihn sogar blind werden ließ! Apostelgeschichte 9,5).

Das ist die maßgebliche Beurteilungsgrundlage im Gericht. Die Unterteilung erfolgt aufgrund der Haltung eines jeden Menschen gegenüber dem „König" selbst, was sich in der Einstellung gegenüber seinen Jüngern offenbart (entweder positiv oder negativ). Sie sind derart eng mit ihm verbunden, dass es reine Heuchelei wäre zu behaupten, ihn zu lieben ohne sie zu lieben (1. Johannes 4,20 weist darauf hin, dass die Brüder der sichtbare Teil des Herrn sind; wenn die Liebe nicht gegenüber dem Sichtbaren gezeigt werden kann, wie kann sie gegenüber dem Unsichtbaren existieren?). Bruderliebe ist ein wesentliches Element wahrer Jüngerschaft (Johannes 13,34) und ein aufschlussreicher Test für Gotteskindschaft (1. Johannes 3,10). Es ist von hoher Aussagekraft, dass diese Erläuterung zum Jüngsten

Gericht den zwölf Aposteln gegeben wurde (Beachten Sie, in Matthäus 24,3 steht: „mit seinen Jüngern allein".), nicht der Allgemeinheit.

Konsequenz aus dem Urteil

Wer sich nur auf den *Ort* konzentriert, an dem die beiden Gruppen landen, könnte die Konsequenz dessen, was folgt, leicht übersehen. Denn es geht nicht nur darum, wo sie hinkommen, sondern auch darum, auf wen sie dort treffen, also um die *Personen*. Das ist sogar noch wichtiger.

Entscheidend für die jeweiligen Schicksale ist die Einstellung gegenüber dem König. Dementsprechend ist seine An– bzw. seine Abwesenheit das Hauptmerkmal. Belohnt wird, wer in sein Reich *kommt* und es mit anderen teilen darf (Wie seine Brüder sind auch sie Söhne und Erben des Vaters.). Wer mit Vater und Sohn Gemeinschaft hat, wird gesegnet sein und kann durch dieses Erbe, das von Urzeiten her vorbereitet war, die beste „Lebensqualität" überhaupt genießen.

Die Strafe für den, der sich verweigert, besteht darin, für immer von seiner Gegenwart *getrennt zu werden*, was bedeutet, „verflucht" zu sein. Denjenigen ereilt das gleiche Schicksal wie den Teufel selbst – ein Verderben, das ebenfalls schon vor langer Zeit „vorbereitet" wurde.

Übrigens, Engel können beide Schicksale treffen. Genau wie hier unten gibt es dort oben „Schafe" und „Ziegen". Engel, die dem König treu ergeben sind, kümmern sich bereits jetzt um seine Brüder. Wenn er zur Erde zurückkehrt, werden sie ihn begleiten. Alle anderen haben sich dem rebellischen Erzengel Satan angeschlossen (jeder Dritte, gemäß den „Sternen" aus Offenbarung 12,4) und unterdrücken als „Dämonen" die Brüder des Königs.

Beide Schicksale sind „ewig". Das heißt auf jeden Fall, dass die Urteile endgültig sind. Es gibt weder Berufung noch Bewährung für Verurteilte bzw. Neuaufnahme oder Widerruf für Freigesprochene. Dass dieses Adjektiv sowohl das „Leben" als auch die „Strafe" kennzeichnet, heißt schlicht, dass eines so lange währt wie das andere (Siehe Kapitel 3 für eine Diskussion darüber, ob mit „ewig" hinsichtlich der Zeit die Quantität oder die Qualität gemeint ist. Die meisten Gelehrten stimmen darin überein, dass es beides abdeckt.). Eine wachsende Minderheit bringt jedoch den Einwand vor, dass die *Folgen* der Strafe ewig währen, die *Erfahrung* aber nicht. Die schuldigen Geschöpfe löscht das Feuer aus (Da fragt man sich, warum das Feuer „ewig" ist.). Diese Sichtweise unterscheidet zwischen *Strafe* (die endgültig ist) und *Bestrafung* (die zeitlich begrenzt ist). Letzteres ist der bewusst erlebte Schmerz (den die Bibel „Qual" nennt). Doch das Neue Testament sagt deutlich, dass der Teufel „Tag und Nacht Qualen erleidet – für immer und ewig" (Offenbarung 20,10). Vermutlich erwartet das gleiche Schicksal diejenigen, die mit ihm ins Feuer geworfen werden. Wer etwas anderes behauptet, muss es beweisen. Es gibt in dieser Passage keinen einzigen Hinweis darauf, dass das Feuer auf böse Menschen anders wirken wird als auf böse Engel.

Die wesentliche Botschaft

Wir übersehen manchmal das Offensichtliche, indem wir eher die Teile als das Ganze betrachten oder indem wir uns auf Gedanken statt auf Gefühle konzentrieren. Die Frage lautet: Was ist das auffälligste Merkmal dieses prophetischen Gleichnisses von Schafen und Ziegen? Der Überraschungseffekt; er muss die ursprünglichen Zuhörer zum Staunen gebracht haben.

Der Tag des Jüngsten Gerichts wird voll von Unerwartetem sein; das kündigt Jesus immer wieder an. Die Letzten werden die Ersten sein und die Ersten werden die Letzten sein. Nicht jeder, der ihn „Herr" nennt oder seinen Namen im „Befreiungsdienst" ruft, wird sich unter den Schafen wiederfinden (Matthäus 7,21–23).

Sowohl die „Schafe" als auch die „Ziegen" sind über das Urteil des Königs verwundert, ja schockiert. Beide waren sich der Bedeutung ihres Handelns (oder Unterlassens) nicht bewusst. Vielleicht sind die Dinge, die wir tun und derer wir uns am wenigsten bewusst sind, die besten. Selbstgerechtigkeit hat ein anstößiges Merkmal: Selbstbewusstsein (Lukas 18,11–12 ist ein klassisches Beispiel dafür.). Die Reaktion der Ziegen („Hätten wir gewusst, dass *DU* es warst, hätten wir etwas unternommen.") zeigt, dass diese fatale Arroganz immer noch in ihnen steckt – sie würden immer noch den „Geringsten" verachten und sich nur für den Einflussreichen einsetzen.

Aber das größte Befremden löst beim heutigen Leser der Kontext aus und die Tatsache, dass hier nicht die breite Öffentlichkeit angesprochen wurde (Die hätte es damals wahrscheinlich genauso missverstanden wie die gegenwärtige.), sondern die *zwölf Jünger*. Ungeachtet dessen ist der ganze Diskurs (Matthäus 24–25) mit Warnungen vor der Hölle gespickt! Sie selbst liefen Gefahr weinend und Zähne knirschend in der äußeren Finsternis zu enden, gemeinsam mit dem Teufel und seinen Engeln im ewigen Feuer. Für einen von ihnen (Judas Iskariot) kam es tatsächlich so (Johannes 6,70f.; 17,12; Apostelgeschichte 1,25).

Und als ob das noch nicht genug wäre, lag der Schwerpunkt nicht auf Tatsünden, er lag durchweg auf Unterlassungssünden also auf Dingen, die vermieden wurden: Das Versäumnis, einen Haushalt verlässlich zu führen, zu wenig Lampenöl mitzunehmen, Talente nicht angemessen einzusetzen sowie Brüder nicht zu lieben – kurz: Nachlässigkeit! Die Folge: „ein Platz mit den Heuchlern" (Matthäus 24,51).

DER WEG ZUR HÖLLE

Die Zwölf fingen an, sich nach den Zeiten und Zeichen der Rückkehr Jesu auf den Planeten Erde zu erkundigen. Er befriedigte ihre Neugier (bis auf das konkrete Datum, das selbst er nicht kannte). Nachdem er das getan hatte, gab er die Fragen an sie zurück (Das tat er oft.). Er sagte ihnen voraus, dass sein Kommen eine Krise für seine eigenen Diener auslösen würde. Wären sie darauf vorbereitet?

Der wirkliche Test ihrer Tüchtigkeit zeige sich nicht in ihrer Reaktion auf die Zeichen seiner bevorstehenden Wiederkunft, sondern in ihrem Verhalten während der „langen Phase" seiner Abwesenheit (Beachten Sie die Hervorhebung der Verzögerung in Matthäus 24,48; 25,5, 19). Entscheidend ist demnach, was sie tun (vor allem aber unterlassen), während er weg ist, nicht, was sie tun, wenn er kommt.

Dieser Abschnitt sollte jeden Jünger dazu motivieren, bis zu seiner Rückkehr wachsam und fleißig im Dienst zu sein sowie wohlwollend gegenüber den eigenen Brüdern. Trägheit ist schließlich eine Todsünde, vielleicht sogar die, die einen am meisten abstumpfen lässt, und wahrscheinlich die todbringendste.

SCHRIFTSTUDIE D:
DIE OFFENEN GRÄBER

Lesen Sie Matthäus 27,52–53.

Als Jesus starb, geschahen viele seltsame Dinge. Der Vorhang, der das Allerheiligste des Tempels abteilte, zerriss (von oben bis unten; das weist auf göttliches Zutun hin, nicht auf menschliches, denn er war 12 Meter hoch). Die Sonne verdunkelte sich für drei Stunden (wieder ein übernatürliches Ereignis, kein natürliches). Die Erde bebte (Das überzeugte den für die Hinrichtung verantwortlichen römischen Offizier davon, dass Jesus der „Sohn Gottes" war.).

Das Erdbeben wirkte sich sowohl auf die Toten als auch auf die Lebenden aus. Viele Gräber im Kidron–Tal auf der Ostseite Jerusalems öffneten sich. Die Landschaft dort ist felsig, mit wenig Boden. Nur die Reichen, wie Joseph aus Arimathäa, konnten sich ein Grab aus behauenem Stein leisten. Die meisten wurden in sehr flachen Gräbern beigesetzt und mit Steinplatten bedeckt. Diese wurden durch das Beben den Hang hinabgerissen. So waren die Leichname den Witterungseinflüssen ausgesetzt. Niemand hätte daran gedacht, den Schaden während des Passahfests zu beheben, denn der Kontakt mit Toten hätte eine rituelle Verunreinigung bedeutet. Hätten sie es jedoch getan, wären sie erstaunt gewesen, dass die Knochen verschwunden waren.

Drei Tage später, während eines Nachbebens, rollte ein Engel den Stein vor dem Grab Jesu beiseite. Auch sein Körper war verschwunden, nur das Leichentuch lag da. Noch am selben Tag erschien Jesus seinen Verwandten, Freunden und Jüngern. Danach zeigten sich auch alle anderen, die ihre Gräber bereits vor ihm verlassen hatten, den Leuten, die sie bereits zu Lebzeiten gekannt hatten. Was für Gespräche müssen das an diesem Abend in der Stadt gewesen sein, als entsetzte Familien sich in Schockstarre gegenseitig kniffen, um zu sehen, ob sie träumten!

Dieser Teil des Evangeliums ist so unglaublich, dass selbst Christen bis heute vermeiden, darüber nachzudenken oder ihn gar zu erwähnen. Es ist, als ob die Grenze ihres Glaubensvermögens erreicht sei. Dennoch ist es möglich und notwendig, diesem außergewöhnlichen Ereignis Sinn und Bedeutung abzuringen.

Aber war es überhaupt ein reales Geschehen oder gehört es ins Reich der Legenden, das die Erinnerung an einzigartige historische Persönlichkeiten stets umgibt? Für diejenigen, die glauben, die Bibel sei das von Gott inspirierte (geschriebene) Wort, stellt sich diese Frage nicht. Aber selbst solche Leute blenden diesen Teil am liebsten aus. Andere versuchen, darauf hinzuweisen, dass Matthäus ein Steuereintreiber war, wenig empfänglich für Halluzinationen oder Gerüchte! Man kann sich fragen, warum er diese Informationen weitergab, unabhängig davon, dass der Vorfall wahr ist. Er muss sich bewusst gewesen sein, dass dies seine Glaubwürdigkeit als vertrauenswürdiger Zeuge herabmindern würde.

Außerdem könnte man folgendes sagen: Wenn man die Auferstehung Jesu erst einmal akzeptiert hat, wird man mit der Auferstehung anderer Menschen viel weniger Schwierigkeiten haben. Jesus selbst hatte bereits andere von den Toten auferweckt, meist nur Stunden nach ihrem Hinscheiden (Jairus' Tochter und den Sohn der Witwe von Nain). Einmal aber waren bereits vier Tage vergangen und die Verwesung hatte schon eingesetzt (Lazarus von Bethanien).

Andere Schriften enthalten ähnliche Ereignisse. Auf dem Berg der Verklärung (wahrscheinlich Hermon, nicht Tabor) unterhielt sich Jesus mit Mose und Elia, die beide seit Jahrhunderten tot waren. Die Wahrsagerin von Endor ermöglichte es König Saul, dem toten Propheten Samuel zu begegnen. Es muss hinzugefügt

DIE OFFENEN GRÄBER

werden, dass in keinem der beiden Fälle von leeren Gräbern die Rede ist; sie sollten daher als Geistererscheinungen und nicht als körperlich Auferstandene eingestuft werden.

Es gibt einen bemerkenswerten Vorfall im Zusammenhang mit dem Propheten Elisa, der in vielerlei Hinsicht ein Typus auf Jesus ist (vergleichbar mit Elia und Johannes dem Täufer). Er hatte einen Toten auferweckt (den Sohn einer Witwe in Schunem, einem Dorf nahe Nain) und eine große Menschenmenge mit ein paar kleinen Broten versorgt. Nachdem Elisa verstorben und begraben war, fand auf dem gleichen Friedhof eine weitere Beerdigung statt; eine Gruppe von Kriminellen störte die Zeremonie und der Leichnam des Mannes wurde hastig in Elisas Grab geworfen. Daraufhin kam sofort wieder Leben in den toten Körper und der Mann sprang auf seine Füße!

Das Ereignis in Matthäus ist also nur eines aus einer Reihe solcher Vorfälle, bei denen die Grenze zwischen Lebenden und Toten verwischt wird. Allen gemeinsam ist die klare Schlussfolgerung, dass der Tod nicht das Ende der Existenz eines Individuums ist, nicht einmal der körperlichen.

Die Berichte über leere Gräber stimmen eher mit dem hebräischen Glauben an die körperliche Auferstehung überein als mit dem griechischen an die Unsterblichkeit der Seele. Hebräer glaubten zudem an einen ewigen Schöpfer (der aus nichts etwas machen kann), während Griechen dazu neigten, an eine ewige Schöpfung zu glauben (Aristoteles war offensichtlich der Erste, der eine Evolutionstheorie lehrte.). Die Auferstehung erfordert das übernatürliche Eingreifen einer schöpferischen Gottheit. Für Matthäus war die Auferstehung dieser „heiligen" Menschen also ein weiterer Beweis für göttliches Handeln an diesem ersten Ostern.

Dennoch bleiben Fragen offen. Wer waren diejenigen, die auferweckt wurden? Waren Simeon und Hanna unter ihnen? Sprachen sie mit jemandem oder wurden sie nur gesehen?

Wo gingen sie hin? Zurück in ihre Gräber? Lebten sie weiter auf der Erde, bis sie erneut starben? Sind sie „in den Himmel aufgefahren" – vor, mit oder nach Jesus? Vielleicht wird unsere Neugierde erst dann gestillt, wenn wir bei ihm sind!

Ein Aspekt ist wirklich bemerkenswert, weil er Auswirkungen auf die Lehre hat. Welche Körper hatten sie, als sie auftauchten? Waren es ihre alten Körper (In diesem Fall müssten sie wieder sterben wie Lazarus.)? Oder war es eine Erscheinung ihrer Geister (wie bei Samuel; folgerichtig lagen ihre Überreste noch immer in den geöffneten Gräbern)? Oder hatten sie bereits herrliche Auferstehungsleiber (wie Jesus; insofern würden sie nie wieder sterben.)?

Diese dritte Möglichkeit wirft ziemliche Probleme auf. Jesus wäre dann nicht mehr der Erstgeborene von den Toten, da sie drei Tage vor ihm auferweckt wurden (obwohl sie erst danach gesehen wurden); dies wäre auch eine einzigartige Ausnahme von dem Grundsatz, dass alle Heiligen auf die Auferstehung des Leibes warten müssen, bis Jesus zum zweiten Mal auf die Erde zurückkehrt (1. Thessalonicher 4,16). Selbst die Heiligen des Alten Testaments müssen warten (Hebräer 11,40) und sogar die ganze Schöpfung muss Geduld aufbringen (Römer 8,22). Die Reihenfolge der Auferstehung ist klar: „als Erstling Christus; „als nächstes werden, wenn er wiederkommt, die auferstehen, die zu ihm gehören" (1. Korinther 15,23).

Eines kann man uneingeschränkt bekräftigen: Die Kreuzigung Jesu hatte kosmische Auswirkungen. Sie verursachte nicht nur ein Erdbeben, sie berührte auch die Welt der Toten und befreite die Dortigen von ihrer Sterblichkeit. Die Tore des Hades konnten dem, der die Schlüssel besaß, nicht standhalten (Offenbarung 1,18). Der Tod Christi war in der Tat „der Tod des Todes" (ein Satz des Puritaners John Owen). Denn bei seinem Tod, nicht bei seiner Auferstehung, wurden die Gräber geöffnet und die

DIE OFFENEN GRÄBER

Toten befreit. Dadurch wurde der Fürst dieser Welt, der die Menschheit durch Todesfurcht das ganze Leben hindurch versklavte (Hebräer 2,14f.), jetzt selbst hinausgeworfen (Johannes 12,31).

Weiterhin ist bedeutsam, dass nur „heilige" Menschen auferweckt wurden. Dies war kein erlösender Akt, sondern ein belohnender (Das hat nichts mit der späteren christlichen Tradition der „Höllenfahrt" zu tun.). In diesem Sinne war es ein Vorgeschmack auf die „erste" Auferstehung der Gerechten und nicht auf die zweite „allgemeine" Auferstehung kurz vor dem Tag des Jüngsten Gerichts (Offenbarung 20,5; siehe Schriftstudie J.).

Es bleibt jedoch ein sensationelles Ereignis, das von der Einzigartigkeit des anderen Geschehens zeugt, das es begleitete. Ansonsten dient es aber nicht dazu, daraus eine christliche Zukunftslehre zu begründen; es steht für sich allein in der Vergangenheit. Dass diese Information, auch wenn sie unangenehm war, so treu aufgezeichnet wurde, sagt viel über die Wahrhaftigkeit des Evangeliums aus. Das ermutigt uns, den Bericht so anzunehmen, wie er ist, und uns vor dem zu demütigen, was wir nicht bis ins Letzte verstehen.

SCHRIFTSTUDIE E:
DER REICHE MANN

Lesen Sie Lukas 16,19–31.

Das Lukasevangelium Kap. 16 enthält zwei ungewöhnliche Gleichnisse: eines davon beinhaltet ein ethisches Dilemma und das andere theologische Komplikationen! Sie könnten folgende Überschriften tragen: „Der gute arme Mann" und „Der arme reiche Mann".

Die zweite Geschichte betrifft uns unmittelbar, denn sie beschreibt als einzige ein Leben nach dem Tod. Außerdem kommen hier Eigennamen vor: Lazarus und Abraham.

Hinsichtlich der Interpretation erfordern vier wichtige Fragestellungen unsere volle Aufmerksamkeit. Erstens, stammen die Bilder ursprünglich von Jesus oder entspringen sie der jüdischen Tradition? Zweitens, ist die Beschreibung faktisch (echte Menschen und Orte) oder fiktiv? Drittens, war die umgekehrte Situation im Jenseits das Ergebnis von materiellen Lebensumständen oder moralischem Charakter? Viertens, wo wurde die „Qual" durchlitten – im Hades oder in der Hölle (d. h. vor oder nach dem Tag des Jüngsten Gerichts)?

Bevor wir uns damit befassen, müssen wir den Kontext und den Inhalt der Erzählung analysieren. Da das Erste in der Regel das Zweite bedingt, sollten wir damit anfangen.

Es gibt eine Reihe von Verbindungen zwischen Kapitel 15 und 16 (Bedenken Sie, dass Lukas seine Erzählung ursprünglich nicht in Abschnitte gegliedert hat. Leider wird so oft zerrissen, was Gott einst zusammenfügte.); einiges davon hat speziell mit der Wortwahl zu tun. Das erste Kapitel beginnt mit *zwei* verlorenen Gegenständen (einem

Schaf, das in der Ferne verloren ging und einer Münze, die zu Hause abhandenkam; das erste wusste, dass es verloren war, das zweite nicht) und geht weiter mit *zwei* verlorenen Söhnen (einer davon weit weg, der andere zu Hause), beide mit einer berechnenden Einstellung ihrem „generösen" Vater gegenüber. Dabei teile er nicht nur sein Vermögen unter ihnen auf, sondern „kam ihnen auch noch entgegen", um sie wieder zu empfangen.

Es ist bezeichnend, dass beide Geschichten in Kapitel 16 dieselbe Einleitung haben: „Es war einst ein reicher Mann, ...". Der erste von beiden verkörpert den jüngeren Sohn aus dem vorigen Kapitel – beide „verschwendeten" das Geld eines anderen (Die Verben in 15,13 und 16,1 sind identisch.). Alle beide fanden schließlich eine Lösung für ihre Situation (der eine durch seine Heimkehr zum Vater und der andere durch einen Schuldenerlass, mit dem er sich Freunde machte).

Der zweite reiche Mann versinnbildlicht den älteren Bruder. Das Handeln wird in beiden Fällen bestimmt von Egoismus und mangelndem Mitgefühl. Es ist wichtig zu beachten, dass in beiden Kapiteln das Hauptaugenmerk auf diesem Akteur des Dramas liegt (auch wenn die meisten evangelistischen Predigten verständlicherweise den jüngeren Sohn hervorheben). Doch für wen steht diese zweite Person?

Es ist bemerkenswert, dass außer einem alle Gleichnisse dieser zwei Kapitel vor Publikum erzählt wurden, das sich aus Pharisäern (und ihren akademischen Mitarbeitern, den „Schriftgelehrten") zusammensetzte. Tatsächlich waren die Episoden ihnen gewidmet. Anfangs kritisierten sie nur das Verhalten Jesu scharf („mit Sündern essen!"); später jedoch reagierten sie zynisch auf Jesu Behauptung, es sei unvereinbar, Mammon und Gott gleichzeitig zu dienen. Da sie es fertigbrachten, sowohl reich als auch religiös zu sein, hatten sie für diesen mittellosen Lehrer in ihrer arroganten Selbstgerechtigkeit nur Verachtung übrig.

Jesus beschuldigte sie, nicht nur das Gesetz zu missachten (indem sie durch Scheidung und Wiederheirat Ehebruch begingen), sondern auch das Evangelium (indem sie es nicht voller Eifer annahmen, wie andere es taten). Ihr Anspruch, Reichtum und Frömmigkeit miteinander zu vereinen, mag ihre Zeitgenossen beeindruckt haben, Gott aber konnten sie dadurch nicht blenden. Er kannte ihre Herzen.

Hatte das erste Gleichnis vom cleveren Trickser zunächst die Moralvorstellungen der Zuhörer ins Visier genommen, so rüttelte das zweite dann auch noch an ihrer materialistischen Einstellung. Welcher Gegensatz bestehen würde zwischen dem Leben derer, die in der Welt nach irdischem Wohlstand strebten, und ihrem ewigen Schicksal, das zeigte Jesus hier mit überführender Klarheit auf. Es ist die eindrücklichste seiner vielen Warnungen in Bezug auf die Risiken des Reichtums.

Das Gleichnis fußt auf einem doppelten Vergleich – zwischen den beiden Hauptcharakteren und zwischen den beiden Phasen ihrer Existenz (vor und nach dem Tod). Alles verweist auf die völlige Umkehrung der Verhältnisse. Aber der Schwerpunkt liegt auf dem reichen Mann (Der Bettler sagt während der gesamten Saga kein Wort.). Dass er keinen Namen hat, ist Absicht. Im Publikum konnte jeder seinen eigenen Namen einfügen (Gleichwie Jesus sie bereits aufgefordert hatte, sich mit dem älteren Bruder zu identifizieren; vgl. 15,2 mit 15,28–32.).

Niemand muss diese Erzählung kommentieren. Mit wenigen Worten malte Jesus ein lebendiges, dramatisches und denkwürdiges Bild des unwiderruflichen Schicksals, das diejenigen erwartet, die auf Erden nur das gute Leben genießen wollen. Doch wirft es in der Auslegung und Anwendung viele Fragen auf. Wir müssen uns also mit den vier oben genannten Punkten befassen.

Ein neues Konzept oder Tradition?

Offenbarte Jesus neue Einsichten in das Leben nach dem Tod oder waren es bereits bekannte Vorstellungen? War sein Verständnis von der Zukunft seinen jüdischen Zuhörern fremd oder vertraut?

Man kann schon anhand der Erzählung davon ausgehen, dass „Mose und die Propheten" (kurz, das Alte Testament) bereits genügend Warnungen vor zukünftiger Bestrafung enthielten. Dennoch ist Fakt, dass es in den hebräischen Schriften an solchen Informationen mangelte.

Was sich auf jeden Fall sagen lässt, ist, dass es durchweg eine konsequente Lehre über die Gerechtigkeit Gottes und das unvermeidliche Strafgericht gab. Der Tag der Abrechnung wird also kommen. Außerdem gibt es spezifische Prophezeiungen, die sich mit der Ansammlung von Reichtum befassen, insbesondere wenn dies die Ausbeutung der Hilflosen bzw. eine gewisse Gleichgültigkeit gegenüber ihrer Not mit sich bringt.

Aber allgemeiner Konsens ist, dass es selbst in diesem Leben sowohl Belohnungen für Gutes als auch Bestrafung für Böses gibt. Der *Scheol* (das hebräische Äquivalent des griechischen *Hades*), der Bereich der verstorbenen und körperlosen Geister, wird als Schattenwelt voller ohnmächtiger Untätigkeit angesehen – ohne die Möglichkeit, miteinander oder mit dem Herrn zu kommunizieren.

Es gibt jedoch deutliche Hinweise darauf, dass sich bei einem Teil der Juden in den vierhundert Jahren zwischen dem Alten und dem Neuen Testament ganz klare Konzepte entwickelt hatten. Während die liberalen Sadduzäer ihre Skepsis gegenüber dem Leben nach dem Tod beibehielten, glaubten die konservativeren Pharisäer sowohl an die Auferstehung als auch an Gericht, Himmel und Hölle. Die Literatur der Zeit (Wir nennen sie „Apokryphen", was

„verborgen" bedeutet, weil sie nicht offen im „Kanon" bzw. der Zusammenstellung der Schrift enthalten sind.) enthielt eine Reihe von Wörtern und Begriffen, die auch in Jesu Gleichnis zu finden sind (z.B. in Henoch und in der Esra–Apokalypse). Es sieht so aus, als seien die Zuhörer Jesu mit seiner Beschreibung des Jenseits vertraut gewesen, zumal sie Pharisäer waren (Vers 14). Jesus verwendet ein Gleichnis, eine durchaus übliche Methode. Eine gute Lehre beginnt mit einer Situation oder einer Geschichte, die dem Publikum bekannt oder verständlich ist (Der einzige Unterschied besteht darin, dass sich hier das Vertraute auf das kommende Leben bezieht, nicht auf das jetzige.). Auch war der Hauptzweck der Geschichte nicht, Informationen zu vermitteln, sondern Meinungen infrage zu stellen.

Jedes Gleichnis enthält eine Überraschung, eine unerwartete Wende, die bisher keiner kannte. Im vorliegenden Fall war keiner erstaunt darüber, *was* den beiden verstorbenen Männern passierte, sondern *wem*! Dass derjenige, der litt, zu Gottes auserwähltem Volk gehörte (vgl. Johannes 8,39–41) und obendrein ein reicher Mann war, erschütterte ihre Selbstgefälligkeit (Damals wie heute galt Reichtum als ein Zeichen des Segens und der Anerkennung Gottes und Armut als das Gegenteil.).

Daraus lässt sich schlussfolgern, dass Jesus in Bezug auf das Leben nach dem Tod an ihren Grundüberzeugungen rüttelte. Gleichzeit nahm er eine unvorhergesehene Richtigstellung vor, was sie nötigte, ihre Komfortzone zu verlassen. Aber war das sein eigenes Denkmuster oder auch das ihre?

Fakt oder Fiktion?

Ist dieses Gleichnis wirklich mehr als „nur eine Geschichte"? Falls wir seine Lektion als wahrhaft akzeptieren, ist dann alles Übrige eine genaue Beschreibung der Zukunft? Indem Jesus die Denkweise seiner Zuhörer nutzte, zwang er sie damit, seinem eigenen Wissen zuzustimmen?

Auf der einen Seite gibt es diejenigen, die das Ganze als Mythos abtun, der ein Fünkchen Wahrheit enthält als moralisierende Fabel, die ein Produkt der Fantasie ist, aber kein Schatz der Erkenntnis. Die Kernaussage der Erzählung sei der einzige Teil, der in ihren Augen wörtlich oder sogar ernst zu nehmen ist; der Rest sei Fiktion.

Auf der anderen Seite gibt es diejenigen, für die es keineswegs nur ein „Gleichnis" ist. Aufgrund der Besonderheit, dass ein Charakter namentlich genannt wird (das einzige Mal in all den Geschichten, die Jesus erzählte), halten sie es für einen Tatsachenbericht über Ereignisse, die wirklich stattgefunden haben und über die Jesus und möglicherweise auch sein Publikum Bescheid wussten. Aus ihrer Sicht ist die genau Anzahl der Brüder, die noch lebten (fünf), ein weiterer Beweis dafür obwohl die Zahl für die Erzählung keine Rolle spielt. Sie hätten sogar unter den Zuhörern sein können! Der Name des reichen Mannes sei aus Gründen der Vertraulichkeit nicht öffentlich gemacht worden. Die erstaunliche Verkehrung des Schicksals sei bereits Vergangenheit, nicht Zukunft (Alle Verben stehen in der Vergangenheit allerdings ist das ein Merkmal aller Gleichnisse.).

Die Geschichte beinhaltet jedoch alle Merkmale eines Gleichnisses. Der Anfangssatz ist identisch mit dem, den wir schon kennen („Es war einmal ein reicher Mann..."). Es gibt einen guten Grund, warum eine Person einen Namen hatte, auch wenn dies die Person nicht identifizierbar macht (siehe unten). Stil und Struktur sind ganz typisch für die Geschichten, die dieser größte aller Lehrer erzählte.

Aber das bedeutet nicht unbedingt, dass dieses vermeintliche Ereignis in Realität nie eintreten könnte. Tatsächlich hängt der „Wahrheitsgehalt" der Gleichnisse von der Möglichkeit ab, dass solche Dinge geschehen können und auch geschehen sind (wie es sicherlich bei den vorherigen vier in diesen beiden Kapiteln der Fall war).

Hätte Jesus allgemeine Fehldeutungen genutzt, um seinen Standpunkt darzulegen? Würde er die Menschen erschrecken, indem er eine Gefahr beschreibt, die nie eintreten würde (Unter Gelehrten wird so etwas als „existentielle Warnung" bezeichnet)? Hört sich das nach jemandem an, der gesagt hat: „Wenn es nicht so wäre, hätte ich dann etwa zu euch gesagt ..." (Johannes 14,2)? Hätte derjenige, der stets die Wahrheit sagte, versucht, andere zu überzeugen, indem er eine rein imaginäre Gefahr heraufbeschwor?

Entspräche das Bild nicht der Realität, wäre es sehr irreführend und würde nur zu unbegründeten Ängsten führen. Da dies eine der wenigen Gelegenheiten war, bei denen Jesus direkt über die Zukunft des Einzelnen sprach, musste er wissen, dass seine Worte sehr ernst genommen werden würden und dass man sie für seine eigenen Überzeugungen hielt.

Es gibt etwas im Gleichnis selbst, das der Wahrhaftigkeit seiner Beschreibung Gewicht verleiht. Der Höhepunkt und die Herausforderung finden sich im letzten Teil der Parabel, nämlich in dem Punkt, dass alle sechs Brüder die warnenden Worte, die bereits in ihren eigenen Schriften enthalten waren, nicht ernst nahmen. Würde „der Ort der Qual" der bloßen Fantasie entspringen, sei es der menschlichen oder der göttlichen, dann schrumpfte das Wort Gottes zu reinem Unsinn zusammen. Dass Jesus aber ihre Ignoranz mit rein fiktiven Drohungen anprangerte, ist kaum vorstellbar. Wenn Mose und die Propheten todernst genommen werden sollten, wie viel mehr die Warnungen des Menschensohnes, der vom Himmel herabkam (Johannes 3,12f.).

Nebenbei können wir konstatieren, dass Jesus göttlichen Worten und Werken nur eingeschränkte Überzeugungskraft beimaß; wer die Botschaft grundsätzlich ablehnt, den interessieren auch Wunder nicht. Da ist die Forderung nach Beweisen unlauter. Selbst eine Rückkehr aus dem Totenreich würde in dem Fall die Skepsis nicht beiseiteschaffen. Stellen Sie sich die Reaktionen der fünf Brüder auf folgende Aussage vor: „Ich komme gerade von den Toten zurück und habe euren Bruder in der Hölle gesehen!" Tatsächlich kehrte ein anderer „Lazarus" zurück, genauso wie die Person, die das Gleichnis erzählte. Und trotzdem, keine Auferstehung reichte bisher aus, um die Meinung derer zu ändern, die nicht glauben wollten (Der Glaube ist immer noch eine Frage der eigenen Entscheidung, nicht der Zeichen.).

Wer akzeptiert, dass Jesus eine ehrliche Auskunft über das gab, was seinen Zuhörern passieren könnte und würde, für den gibt es noch zwei weitere Fragen zu klären.

Geld oder Moral?

Hat der Reiche gelitten, weil er reich war, und wurde der Arme getröstet, weil er arm war? Ist das nächste Leben einfach eine Umkehrung dieses Lebens (wie V. 25 scheinbar andeutet)? Könnten wir also wählen, ob wir hier oder danach gut leben wollen, beides funktioniert nicht? Steht der „Schatz im Himmel" in direkter Beziehung zur Armut auf Erden? Ist das der Grund, warum Jesus sagte, „glücklich zu preisen seid ihr, die ihr arm seid..., doch weh euch, die ihr reich seid; denn ihr habt euren Trost ‚damit schon' erhalten" (Lukas 6,20, 24)?

Wäre es so einfach, müssten wir ein anderes Evangelium predigen, eines, das beispielsweise die Notwendigkeit, Buße zu tun, nicht enthält. Trotzdem wäre es noch immer „gute Nachricht für die Armen", da sie nichts weiter tun müssten, als arm zu bleiben, um sich des Himmels sicher zu sein!

DER REICHE MANN

Ist das nicht genau das, was Karl Marx als „das Opium des Volkes" bezeichnete?

Bei oberflächlicher Betrachtung könnte es fast den Eindruck machen. Aber war das finanzielle Gefälle der einzige Unterschied zwischen „dem Tycoon und dem Obdachlosen"?

Tatsächlich wird der Reiche keiner privaten Vergehen oder öffentlichen Verbrechen beschuldigt. Nichtsdestotrotz, anzulasten sind ihm Selbstgenuss (Man beachte seine Ankleide- und Essgewohnheiten sowie seine prächtigen Tore.), Gleichgültigkeit gegenüber anderen (Er ging jedes Mal am Bettler vorbei.) und Ignoranz gegenüber Gott (Seine Bibel verstaubte im Regal.) – und alles nur, weil er fortwährend mit den Dingen des Lebens beschäftigt war. Bemerkenswert ist, dass er weniger in dem sündigte, was er tat, als in dem, was er unterließ. Wir haben bereits festgestellt, dass Unterlassungssünden jemanden genauso in die Hölle bringen können wie Tatsünden (siehe Bibelstudium C).

Sicher ist, auch der Arme wurde nicht für seine Tugenden gelobt. Aber Jesus gab ihm einen Namen, und Namen sind in der Bibel bedeutsam und weisen oft auf den Charakter eines Menschen hin. „Lazarus" ist das Äquivalent zum hebräischen „Eleazar", frei übersetzt: „Gott-hilf-mir" (In welche Umstände wurde er wohl hineingeboren, dass seine Mutter ihn so nannte?) Einige haben die Behauptung aufgestellt, dieser Name sei nur ein literarisches Mittel, damit Abraham sich auf ihn berufen konnte. Doch es gibt bestimmt einen wichtigeren Grund. Deutet Jesus nicht an, dass er den Herrn um Unterstützung bat, als er von niemand anderem Hilfe erhielt? Mit anderen Worten, er war in dem Maß vom Herrn abhängig, wie sein Gegenüber unabhängig von ihm war. Das ist in der Regel die Wirkung von Reichtum, jedoch nicht immer die typische Folge von Armut.

Geld zu erhalten oder zu besitzen ist an sich keine Sünde – bis es denjenigen, der es hat, beeinflusst und die

Führung in seinem Leben übernimmt. Es ist schwer, aber nicht unmöglich für einen Wohlhabenden, ins Königreich zu kommen. Geld kann so leicht den Platz Gottes einnehmen. Nicht nur schwer, sondern unmöglich ist es hingegen, Gott und dem Mammon gleichzeitig zu dienen (Vers 13).

Gott ist der große Umstürzler. Er stürzt Mächtige vom Thron und hebt Geringe empor. Den Hungrigen füllt er ‚die Hände' mit Gutem, und die Reichen schickt er mit leeren Händen von dannen (Lukas 1,52f.). Das passiert nicht zwingend in dieser Welt, denn der Großteil dieser Revolution findet in der nächsten statt. Dann herrscht Gerechtigkeit und jeder kann sehen, wie sie praktisch umgesetzt wird.

Aber wann wird das sein? Wenn wir sterben oder nach dem Tag des Jüngsten Gerichts?

Unterwelt oder Hölle?

Beginnt das Leiden derer, die materiell reich, aber geistlich arm sind, sobald sie sterben?

Im Gleichnis gibt es einige erstaunliche Auslassungen; das Bild ist bei weitem nicht vollständig. Die Auferstehung des Leibes oder das Jüngste Gericht werden mit keinem Wort erwähnt – also nichts zum „Zwischenzustand" (Siehe Kapitel 3.). Vor allem aber fehlt Gott völlig. Den einen bringen die Engel in den „Himmel", dem anderen sagt Abraham, er solle in der „Hölle" bleiben. Es gibt kein göttliches Urteil oder eine Klärung der Schuld des einen bzw. der Unschuld des anderen.

Und es wird noch komplizierter. Sprach Jesus vom Ort der Qual, den wir „Hölle" nennen, verwendete er für gewöhnlich den Begriff „Gehenna" (eine Müllhalde im Umfeld von Jerusalem; siehe Kapitel 3). In diesem Gleichnis spricht er von „Hades". Das ist die Bezeichnung für den Aufenthaltsort der körperlosen Geister im Zeitraum zwischen Tod und Auferstehung.

Es entsteht der Eindruck, dass sich der reiche Mann unmittelbar nach seinem Ableben in den „Feuerflammen" wiederfand, auch wenn seine Brüder gerade noch an seiner aufwendigen Beerdigung teilnahmen. Wie passt das nun zu den anderen Informationen, die uns das Neue Testament über unseren individuellen Weg in die Ewigkeit gibt?

Eine mögliche Schussfolgerung wäre, dass die Leiden derer, die verlorenen gehen, schon vor dem Jüngsten Gericht beginnen und sich danach nur noch verschlimmern. Die Untersuchungshaft vor einem Prozess ist bereits eine schmerzhafte Erfahrung und keine neutrale Wartezeit. Einige Annihilationisten lehren, dass bis zum Zeitpunkt des Jüngsten Gerichts bewusstes Leiden durchlebt wird und danach die vollkommene Auslöschung folgt (Diese ungewöhnliche Verdrehung von Gericht und Strafe hat den perversen Effekt, dass der Tag des Jüngsten Gerichts zu etwas gemacht wird, worauf sich Sünder freuen können!)

Es gibt jedoch triftige Gründe davon auszugehen, dass Jesus sich auf die Ewigkeit bezog und nicht auf den unmittelbaren Zustand nach dem Tod. Die Aussage („Lass ihn seine Fingerspitze ins Wasser tauchen und damit meine Zunge kühlen.") verweist auf eine körperliche Existenz. Feuer ist immer mit der Hölle verbunden, ebenso unstillbarer Durst. „Qual" und „Drangsal" bedeutet kaum, dass es sich um eine milde Bedrängnis handelt.

Der Grund dafür ist unserer Auffassung nach, dass das Bild für dieses Gleichnis bewusst vereinfacht wurde. Nebensächliche Informationen und unwichtige Ereignisse wurden weggelassen. Zeitlich wurde alles verdichtet: Die drei Phasen unserer Existenz wurden auf zwei verkürzt (Eine derartig „prophetische Verkürzung" kommt in der Schrift häufiger vor.). „Hades" ist kein spezifischer Begriff für die

Zwischenphase, sondern ein Wort, das die Existenz nach dem Tod anzeigt.

Es gilt zu bedenken, dass Jesus nicht auf eine Frage nach der Zukunft antwortete, sondern eine innere Einstellung anprangerte, die weit verbreitet war. Das Gleichnis richtete sich an Leute, die sich über seine Warnungen vor Reichtum lustig machten. Mit seiner Zunge kämpfte er (wie mit einem zweischneidigen Schwert eines römischen Soldaten) besonders scharf, indem er die Geschichte auf das Wesentliche reduzierte.

Alles, was er sagte, war richtig, enthielt aber nicht den kompletten Verlauf der Realität – und muss es auch nicht. Hätte das Gleichnis alle zukünftigen Einzelheiten dargestellt, hätte es die gleiche Länge wie das Buch der Offenbarung und der eigentliche Punkt wäre in einer Vielzahl von Details untergegangen. Es reicht völlig, die Wahrheiten, die das Gleichnis vermittelt, hervorzuheben.

Der Tod ist nicht das Ende unserer bewussten Existenz. Die eigentliche Persönlichkeit überlebt, das Gedächtnis bleibt intakt. Kommunikation mit anderen ist charakteristisch für das Leben sowohl vor als auch nach dem Tod.

Für die einen wird das Leben im Jenseits viel besser sein als das Leben im Diesseits; für die anderen wird es sich erheblich verschlechtern. Dieser Unterschied resultiert aus dem Charakter, den wir während unseres irdischen Lebens entwickeln. Viele werden eine große Überraschung erleben.

Mit dem Tod ist unser Schicksal besiegelt. Unsere Zukunft steht fest, weil unsere Vergangenheit unveränderlich ist. Es gibt zwei Schicksale, die von einer „tiefen Kluft" getrennt sind. Dass die Toten die Lebenden beeinflussen, ist nicht möglich (auch nicht umgekehrt, dass die Lebenden den Toten helfen).

Die Hölle ist schrecklich. Das Gleichnis beschreibt, dass die Flammen verheerendes Leid auslösen, aber keinen vollkommen auslöschen. Sie quälen körperlich sowie geistig. Jeder dort weiß genau, dass er vom „Himmel" ausgeschlossen und vom Volk Gottes abgeschnitten ist.

Alle diese Tatsachen werden an anderer Stelle in der Lehre Jesu wiederholt, vieles davon allerdings nicht im unmittelbaren Zusammenhang mit dieser Geschichte. Verneinend ausgedrückt: Hier steht nichts im Widerspruch zu seinen direkten Aussagen über die Zukunft.

Wer sich die Aussagen Jesu nicht mit Respekt zu Herzen nehmen will, der ließe sich von ihrem Wahrheitsgehalt selbst dann nicht überzeugen, wenn der reiche Mann zurückkäme und persönlich eine Warnung ausspräche. Als Skeptiker macht man einfach weiter und tut so, als wäre man weder reich (im Gegensatz zu einigen anderen), noch würde man je sterben (im Gegensatz zu allen anderen). Mit dieser Art von Selbsttäuschung räumt das Gleichnis auf.

SCHRIFTSTUDIE F:
DER STERBENDE VERBRECHER

Lesen Sie Lukas 23,39 - 43.

Während das Gleichnis vom reichen Mann in Lukas 16 hervorhebt, dass mit dem Tod die Möglichkeit endet, sich mit Gott zu versöhnen, unterstreicht der Vorfall des sterbenden Verbrechers in Lukas 23, dass die Tür bis zum Moment des Sterbens offen ist. Nur die Ewigkeit wird zeigen, wie viele „Sterbebett-Bekehrungen" von diesem Vorfall inspiriert waren.

Im Gegensatz zu vielen von ihnen erfolgte die Bitte um Vergebung doch recht spontan. Niemand, nicht einmal Jesus, drängte ihn, seinen Frieden mit Gott zu machen, bevor es zu spät war. Wenn irgendetwas den Sterbenden dazu veranlasst hat zu sagen, was er getan hat, dann war es der Sarkasmus, mit dem der andere Kriminelle Jesus beleidigte („Du bist doch der Messias, oder nicht? Dann hilf dir selbst, und hilf auch uns!"). Selbst diese Dreistigkeit enthielt ein missgünstiges Eingeständnis, dass er vielen anderen aus ihrer Not geholfen hatte (Eine Tatsache, die vermutlich jeder kannte und begrüßte).

Jesu Haltung während dieses erniedrigenden Geschehens und der qualvollen Kreuzigung hinterließ obendrein einen tiefen Eindruck, speziell als er um Vergebung für die Verantwortlichen bat. Normalerweise reagieren die Betroffenen nämlich mit Fluchen und mit Blasphemie.

Eins dürfen wir nicht vergessen: Er war Jude und verfügte über religiöses Grundwissen, auch wenn seine moralische Bilanz verheerend war. Er glaubte, dass Gott einen „gesalbten König" (auf Hebräisch: *meschiah*; auf Griechisch: *christos*) senden würde. Dieser sollte den Thron einnehmen und ein Reich gründen. Die Inschrift auf dem

Kreuz über Jesu Haupt untermauerte zweifellos diesen Gedanken (Während die „Anklage" ihn als „Verbrecher" bezichtigte, ließ Pilatus über Jesus Folgendes schreiben: König der Juden. Nichtsdestotrotz, das war eher ein Akt der Hilflosigkeit, kein moralischer.).

Seine Bitte gewährt tiefe Einblicke in das, was in dieser Situation wirklich ablief. Die schonungslose Einschätzung seiner selbst offenbarte wahre Reue. Indem er anerkannte und hinnahm, dass seine Bestrafung durch Menschenhand gerechtfertigt war, wendete er die Strafe Gottes von sich ab, vor der er sich mehr fürchtete. Er war konsterniert darüber, dass sein Kollege sich selbst dieser aussetzen wollte. Derartige Gottesfurcht ist ein wesentliches Element wahrer Buße und der Anfang aller Weisheit. Seine eigene Schuld wurde durch die Unschuld des „Mannes", der am Kreuz neben ihm hing, noch verstärkt. Den sprach er nun zum ersten Mal mit Namen an (Hörte er ihn beiläufig oder kannte er ihn schon seit einiger Zeit?).

Sein Ersuchen offenbart bemerkenswerten Glauben. Er war nicht nur überzeugt davon, dass Jesus der „König der Juden" ist (Wahrscheinlich war er in diesem Moment der Einzige, der das glaubte.), sondern er ging obendrein davon aus, dass dieser Sterbende eines Tages sein Königreich in Empfang nehmen würde. Weil er meinte, dass dies erst in ferner Zukunft stattfände, bat er darum, sich an ihn zu „erinnern" und ihn nicht zu vergessen, weil es noch lang dauern würde. Das beweist, dass er auf eine künftige Auferstehung (sowohl von Jesus als auch von sich selbst) vertraute, die zu gegebener Zeit geschehen würde. Diese Sichtweisen hatten bereits starken messianischen Charakter und kamen der Weltanschauung der Pharisäer näher als jener der Sadduzäer.

Jesu Antwort spiegelt ebenfalls das zeitgenössische jüdische Denken wider. „Paradies" war ursprünglich ein persisches Wort für „ummauerter Schmuckgarten" und wurde vor allem für Palastanlagen verwendet, wo der König mit seinen bevorzugten Freunden spazieren ging (da sich fast nur Könige solche Orte leisten konnten). Das Wort vermittelte das Gefühl, besonders geehrt zu werden (Es kommt einer Einladung zu einer Gartenparty im Buckingham Palace gleich.). Zu der Zeit, als Jesus es sagte, bezogen die Juden es wahrscheinlich bereits auf einen speziellen Teil des „Hades", der für diejenigen reserviert war, die vor Gott als außergewöhnlich rechtschaffen galten und seiner Gegenwart würdig waren (vergleichbar mit „Abrahams Schoß" in Lukas 16,22). Offensichtlich brauchte Jesus den Begriff nicht zu erklären; der sterbende Dieb verstand ihn.

Das wichtigste Wort jedoch ist „heute". Jesus musste sich den Verbrecher nicht ins Gedächtnis rufen, um sich an ihn zu erinnern. Ihre Beziehung, die unter solch ungewöhnlichen Umständen entstand, würde der bevorstehende Tod nicht beenden, sondern vertiefen. Sie würden noch am selben Tag wieder zusammen sein – völlig befreit von ihrer schmerzhaften und demütigenden Situation.

Das Versprechen Jesu impliziert mit Sicherheit, dass beide voll bei Bewusstsein sein würden und fähig, miteinander zu kommunizieren. Ein gemeinsames Koma - welchen wirklichen Trost könnte das jemandem spenden? Doch noch immer halten einige daran fest, dass es zwischen Tod und Auferstehung den „Seelenschlaf" gibt. Sie ordnen die Worte des Textes ganz anders an, indem sie das „heute" auf das „ich sage dir" beziehen: „Ich sage dir heute, du wirst mit mir im Paradies sein." Paulus hätte wohl kaum den Wunsch verspürt, „das irdische Leben hinter sich zu lassen und bei Christus zu sein; was bei weitem das Beste wäre" (Philipper 1,23), wenn es bedeutete, dass er die Beziehung nicht bewusst erleben würde. Der Ausdruck „entschlafen" ist nur ein Euphemismus für den Moment des Todes. Er beschreibt den Körper, den der Geist verlassen hat.

Das Wort „heute" hat eine tiefere Bedeutung. Seit dem Erscheinen Jesu ist das kommende Königreich sowohl gegenwärtig als auch zukünftig, es besteht bereits und doch noch nicht. Es kann bereits in Anspruch genommen und erlebt werden, aber es ist zurzeit noch nicht aufgerichtet und kann erst später ererbt werden. Die Zukunft hat die Gegenwart erreicht. Das Morgen ist bereits ein Teil von heute. „Wenn ich die Dämonen nun aber mit der Hilfe von Gottes Geist austreibe, dann ist doch das Reich Gottes zu euch gekommen." (Matthäus 12,28). Der Fachbegriff, mit dem Theologen die Dimension des Reiches beschreiben, das „angebrochen" (d.h. in greifbarer Nähe) ist, lautet „realisierte Eschatologie".

Das ist ein wesentliches Element des Evangeliums. Es gibt viele Beispiele für diese „Zeitverzerrung", aber eine Begebenheit zeigt sie ganz besonders: die Auferweckung des Lazarus (Johannes 11,1 - 44). Als Lazarus gestorben war, tröstete Jesus dessen Schwester Martha, indem er ihr sagte, dass ihr Bruder wieder auferstehen würde; sie aber fand wenig Trost in dem Gedanken, weil es für sie ein fernes Ereignis in weiter Zukunft war („am letzten Tag" der Geschichte). Jesus versicherte ihr daraufhin, dass die Zukunft für diejenigen, die an ihn glaubten, in die Gegenwart übertragen werden konnte, denn er selbst war die Auferstehung und das Leben. In der Folge brachte Martha als erste Frau den Glauben zum Ausdruck, dass Jesus „der Christus war, der Sohn Gottes, der in die Welt kommen sollte" (Vers 27; einige Wochen zuvor hatte Petrus als erster Mann das gleiche Bekenntnis abgelegt.). Trotz ihrer Skepsis, die nachvollziehbare Gründe hatte („Er ist doch schon vier Tage tot; der Leichnam riecht schon!") wurde ihr Glaube an Jesus belohnt. An diesem Grab bezeugte sie persönlich, was eines Tages an jeder Grabstätte geschehen wird (Johannes 5,28f.). Lazarus' Geist wurde mit seinem Körper wiedervereinigt (Obwohl Folgendes gesagt werden muss: Hier handelte es sich um einen neubelebten alten Körper, der später noch einmal sterben musste – anders als bei der einzigartigen Auferstehung Jesu, die bereits den „letzten Tag" vorwegnahm.).

Das kurze Aufeinandertreffen vom sterbenden Heiland und dem sterbenden Verbrecher gilt zu Recht als eine der inspirierendsten Begebenheiten im Evangelium. Trotzdem kann man zu viel daraus machen. Lukas beabsichtigte nie, es als Vorbild für eine christliche Bekehrung zu nutzen. Es sollte auch kein Präzedenzfall für die erforderlichen Mindeststandards sein, die ausreichen, um der Hölle zu entgehen und in den Himmel zu kommen. (Die gravierenden Folgen solch einer Fehleinschätzung habe ich in Kapitel 9 meines Buches Wiedergeburt, ProjektionJ, 1991, dargelegt).

Der arme Mann hatte nicht die Gelegenheit, sich in Wasser oder Geist taufen zu lassen (Dafür war es einerseits der falsche Ort und andererseits der falsche Zeitpunkt!). Er konnte weder seine Dankbarkeit ausdrücken noch einen Lohn für irgendeinen Treuedienst ernten. Er hörte auch nie das volle Evangelium (einschließlich der Ereignisse von Ostern und Pfingsten). Was er hatte, war eine persönliche Beziehung zum Herrn Jesus, die vom Tod unberührt blieb und das ist der Kern, wenn nicht sogar alles, was unsere Hoffnung für die Zukunft ausmacht.

SCHRIFTSTUDIE G:
DAS FEUER DES GERICHTS

Lesen Sie 1. Korinther 3,10 - 15 und 5,1 - 12.

Allgemein geht man davon aus, dass Christen nicht gerichtet werden. Kapitel 8 von Paulus' Brief an die Römer wird gern als „Beweistext" für diese Sicht herangezogen: Er beginnt mit „es gibt keine Verurteilung" und endet mit „es gibt keine Trennung".

Viele übersehen die Gegenwartsform in der Aussage „Nein, für die, die mit Jesus Christus verbunden sind, gibt es keine Verurteilung mehr." (Römer 8,1; Anmerkung: „verbunden sind" heißt nicht „einst verbunden waren".). Das kann also nur von denen gesagt werden, die weiterhin in Christus „bleiben"; Zweige, die nicht am Weinstock bleiben, werden ausgeschnitten und verbrannt (Johannes 15,6).

Auch in der Aufzählung der Personen und Dinge, die nicht vermögen, „uns von der Liebe Gottes zu trennen, die in Christus Jesus, unserem Herrn, ist" (Römer 8,39), fehlt etwas - nämlich wir selbst. Nur etwas weiter hinten im selben Brief erinnert Paulus die „Heiligen" in Rom daran, dass ihr Stand in Gottes Vorhaben an Bedingungen geknüpft ist – „vorausgesetzt, du hörst nicht auf, dich auf seine Güte zu verlassen; sonst wirst auch du (wie einige der „jüdischen" Zweige) abgeschnitten" (Römer 11,22).

In den Briefen des Neuen Testaments (die sich alle an Gläubige wenden, nicht an Ungläubige) lässt sich eine Reihe von klaren Hinweisen darauf finden, dass die Leser gerichtet werden. Sie als Leser mögen sich befleißigen und Römer 2,1 - 6 nachschlagen und sich selbst fragen, wen Paulus mit „du" (im Lichte von Römer 1,7) meint und wen mit „wir" in Römer 14,10. In seiner Korrespondenz mit den

Korinthern ist er eindeutig: „Denn wir alle müssen einmal vor dem Richterstuhl Christi erscheinen, wo alles offengelegt wird, und dann wird jeder den Lohn für das erhalten, was er während seines Lebens in diesem Körper getan hat, ob es nun gut war oder böse" (2. Korinther 5,10).

Einigen Versuchen, dies abzuschwächen, liegt die Behauptung zugrunde, dass dieses Urteil „nur ein Preisgericht zur Belohnung von Treue" sei. Doch sicher ist, dass es eine Bestrafung für die „schlechten" Dinge geben wird, die jemand während seines Lebens in seinem Körper getan hat. Es geht also nicht nur um den Verlust einer Belohnung.

Andere hoffen, dass einer der Texte, die wir gerade erörtern (1. Korinther 3,10 - 15), das Schlimmste offenbart, was einem Gläubigen bei dieser Verurteilung passieren kann. Sie meinen, die Gläubigen selbst würden zwar gerettet werden, aber einen erheblichen Teil an zugerechneter Gnade und angemessener Belohnung verwirken.

Einige bringen sogar vor, dass diese „Feuerprobe" alles war, worauf sich Jesus bezog, als er seine Jünger vor der Hölle warnte. Mit anderen Worten, der Begriff „Hölle" steht für den Verlust von allem, außer der Erlösung. Das „Weinen und Zähneknirschen" würde entstehen, weil sie so viel verspielt hätten, nicht weil sie selbst verloren wären.

Stützt der Text diese Interpretation? Ist das wirklich das Schlimmste, was einem Gläubigen widerfahren kann? Ist ein Christ absolut sicher, in den Himmel zu kommen, auch wenn ihm alles andere abhandengekommen ist, was er sich erhoffte? Diese Aussage müssen wir sorgfältig analysieren.

Erstens, lassen Sie uns festhalten, dass es keinen Zusammenhang zwischen dieser Passage und dem Thema Hölle gibt. Paulus bezieht sich hier nicht auf die ewige Strafe, sondern auf das letzte Strafgericht. Es gibt keinerlei Anhaltspunkt, dass jemand durch das „Höllenfeuer" gehen wird und dann angekokelt, aber gerettet, wieder auftaucht.

DAS FEUER DES GERICHTS

Die Hölle ist kein Fegefeuer. Diejenigen, die dorthin geschickt werden, bleiben für immer dort.

Das hier erwähnte Feuer ist das Feuer des Gerichts und nicht das Feuer der Hölle. Es ist das Feuer Gottes (vgl. Hebräer 12,29), nicht das Höllenfeuer. Es ist das Feuer, das Metall veredelt und Schlacke verbrennt; es macht Gutes besser und Schlechtes schlechter.

Zweitens, das Feuer nimmt keinen Bezug auf Menschen, sondern auf ihre Taten. „Verfeuert" werden ihre Werke und ihr Wirken, nicht sie selbst.

Dabei wird insbesondere der Dienst jedes Einzelnen für Christus und dessen Gemeinde geprüft. Aktivitäten, die in den eigenen Augen und in denen anderer gut, sogar rechtschaffen sind, müssen nun daraufhin getestet werden, ob sie in Gottes Augen bleibenden Wert haben.

Es ist leider möglich, im Dienst für die Gemeinde enorm beschäftigt zu sein und Dinge trotzdem zur falschen Zeit, aus falscher Motivation, in falscher Absicht und mit falschen Leuten zu machen. Langfristig zählt nicht die Quantität, sondern die Qualität unseres Dienstes.

Paulus sorgte sich besonders um die Arbeiter, die seiner Pioniertätigkeit nachfolgten. Er hatte Gemeinden des Königreichs auf Neuland gepflanzt (Römer 15,20). Aber als Apostel muss man sich stets neue Erntefelder suchen und die jungen Gemeinschaften anderen zur Nachsorge überlassen.

Es war wichtig, dass seine Nachfolger seinen Prinzipien beständig treu blieben. Sonst würden die Gemeinden zerfallen anstatt zu wachsen. Als „erfahrener Baumeister" (Paulus zeigt keine falsche Bescheidenheit; sie steht wahrer Demut entgegen.), hatte er dafür gesorgt, dass seine Bekehrten ausschließlich in Christus verwurzelt und geerdet waren. Dies war das feste „Fundament" bei all seinen Gemeindegründungen. Was von anderen Diensten darauf gebaut würde, konnte aber sehr unterschiedlich sein.

Aus dem Kontext ersehen wir, dass die Sorge des Paulus einem "verpfuschten Bauwerk" galt: ein Dienst, der die Aufmerksamkeit auf eine menschliche Person lenkt, der eine einzige Berufung überbetont, der die Gläubigen zu Nachfolgern eines Menschen macht, der den Namen von irgendjemandem verherrlicht, der einen Diener Christi erhöht statt Christus selbst - all das spricht dem Herrn die Vorrangstellung ab, die er haben sollte. Jesus ist nicht nur das solide Fundament, er muss das ganze Gebäude sein.

Vielleicht ist das der Grund, warum es im Neuen Testament keinen einzigen Ein-Mann-Dienst gibt. Apostel reisten immer paarweise, oft mit größeren Teams. Ortsansässige Älteste waren immer zu mehreren. Eine größere Anzahl gibt Sicherheit. Keinem seiner Diener verleiht der Herr alle nötigen Gaben allein, auch wenn er sie alle auf sich selbst vereint hatte. Diese Form eines menschenzentrierten Dienstes besteht die Feuerprobe nicht. Die meisten Dienste bestehen jedoch aus einer Mischung aus zeitlichen und ewigen Anteilen. Daher ergibt sich eine Vielzahl und Vielfalt von Testergebnissen (die nicht als „Gericht" bezeichnet werden). Das findet in der Liste der Materialien seinen Ausdruck. Sie reicht von Kostbarem (Gold) über Wertvolles (Silber), beides wird durch Feuer gereinigt bis hin zu etwas, das unberührt bleibt (teure Steine), sowie etwas, das Zeit zum Verbrennen braucht (Holz) und schließlich etwas, das rasend schnell in Flammen aufgeht (Heu oder Stroh). Im Gegensatz zu dieser Feuerprobe gibt es bei allen Vorgängen, die das Neue Testament als „Gericht" betitelt, nur zwei Kategorien.

Wie wichtig diese Zurechtweisung heutzutage doch ist, wo es immer zahlreicher werdende sogenannte „erfolgreiche" Gemeinden oder kirchenähnliche Organisationen gibt, die oft nur um die Vision oder Gabe eines einzigen Mannes gebaut sind. Göttliche Bewertungskriterien für einen Dienst können sich erheblich von unseren unterscheiden.

Drittens, und dieser Punkt ist entscheidend, dieser Abschnitt dreht sich vielmehr um Dienste als um Sünde. Es geht vorwiegend um die Prüfung von Aktivitäten statt um moralisches Fehlverhalten – um Dinge, die gut gemeint sind statt um Dinge, die man absichtlich schlecht macht. Paulus beschäftigt sich hier nicht mit dem Thema, dass Leute sich abwenden, geschweige denn abfallen.

Das ist also das Schlimmste, was einem christlichen Arbeiter passieren kann, dessen Dienst für den Herrn einfach nicht gut genug war, der aber zumindest versucht hat, etwas Sinnvolles zu bewirken, auch wenn er gescheitert ist.

Aber es ist nicht das Schlimmste, was einem Christen passieren kann, der absichtlich weitersündigt - wie in seinem früheren Leben - oder dem Fleisch auf ganz neue Weise nachgibt. Später in diesem Brief enthüllt Paulus fast versehentlich, was mit einem solchen Menschen seiner Meinung nach passiert. Einige Arten solcher ehemaligen Verstöße zählt er auf: Ehebrecher, männliche Prostituierte, homosexuelle Straftäter, Diebe, Gierige, Verleumder, Betrüger. Dass „diese niemals das Reich Gottes erben werden" (1. Korinther 6,9f.), macht er unmissverständlich klar. Dass er dieses „Niemals" sowohl auf Gläubige als auch auf Ungläubige bezieht, zeigt eine Parallelstelle, mit der er sich an die Brüder in Galatien wandte. Nach einer ähnlichen Aufzählung solcher „Werke des Fleisches" sagte er: „Ich kann euch diesbezüglich nur warnen, wie ich es schon früher getan habe: Wer so lebt und handelt' (Wörtlich: „weiterhin lebt und handelt" - die Zeitform ist die Verlaufsform der Gegenwart.), wird keinen Anteil am Reich Gottes bekommen, dem Erbe, das Gott für uns bereithält" (Galater 5,21).

Diese spezielle Gefahr wird im zweiten Abschnitt, den wir in diesem Brief betrachten (1. Korinther 5,1 - 12), erneut erwähnt. Eines der Mitglieder der korinthischen Gemeinde lebte offen in einer inzestuösen Beziehung zu seiner eigenen

Mutter (oder Stiefmutter; „die Frau seines Vaters" könnte beides bedeuten). Insofern hatte auch die frühe Kirche ihre Skandale. Daran sollten sich alle erinnern, die diese erste Epoche idealisieren.

Die Situation musste unverzüglich korrigiert werden. Der Grund dafür war offenkundig: Es ging um den Ruf der Gemeinde und um die Glaubwürdigkeit des Evangeliums. Doch Paulus war an dieser Stelle auch um den Mann besorgt und um das, war er riskierte. Da er offenbar auf eine Rüge nicht reagiert hatte, mussten jetzt die Mitglieder der Gemeinschaft (und nicht nur die Ältesten) Disziplin einfordern. Sie mussten ihre Gleichgültigkeit gegenüber der Situation und ihre Arroganz ablegen (Worauf waren sie eigentlich stolz - auf ihre Toleranz?). Dann hatten zwei weitere Schritte im Umgang mit dem Burschen zu folgen.

Der erste war Exkommunikation: Der Kerl musste aus der Gemeinde ausgeschlossen werden. Das bedeutete, sich zu weigern, mit ihm zu essen, sowohl beim Abendmahl als auch bei anderen Mahlzeiten. Es erreichte den Punkt, an dem es nicht mehr möglich war, sich von der Sünde zu distanzieren, ohne sich auch von dem Sünder zu distanzieren, der nicht von seiner Sünde lassen wollte. Beachten Sie, dass dies ausschließlich für einen Sünder aus der Familie Gottes galt, nicht von außerhalb.

Der zweite war noch drastischer und war die letzte Sanktion, die jede Gemeinde einem ihrer Mitglieder auferlegen kann. In einem feierlichen und gemeinsamen Akt musste die Gemeinschaft ihr Mitglied dem Satan übergeben (Ob er und die betreffende Person direkt angesprochen wurden, wird uns nicht mitgeteilt.). Das Ziel war klar, der Teufel, der Ursprung aller Krankheiten und des Todes, sollte seinen Körper so sehr rannehmen, dass er seinen fleischlichen Begierden nicht mehr frönen könnte (Paulus gebrauchet das Wort „Fleisch" an dieser Stelle ein wenig zweideutig; er benutzt es sowohl neutral für den Körper als auch abfällig für die gefallene Natur, wenn Letzteres das Erstere für seine Zwecke instrumentalisierte.).

Es kann nicht häufig genug betont werden, dass der Sinn dieses radikalen Vorgehens Erlösung war. Indem man Satan einlud, das Fleisch zu „zerstören", und so die Sünde zu beenden, wurde sein Geist am Tag des Herrn (d.h. am Tag des Gerichts) gerettet. Er mag seinen Körper eingebüßt haben, aber seine Seele wurde gerettet.

Die Schlussfolgerung ist offensichtlich, sie wird allerdings selten abgeleitet. Falls dieser Mensch weiterhin ungehindert sündigen konnte und die Gemeinde nichts dagegen unternahm, konnte es durchaus so weit kommen, dass es kein Zurück mehr gab und sein Geist an jenem Tag nicht gerettet würde. Die Gemeinde würde eines ihrer Mitglieder verlieren, und zwar für immer. Würde er weiter auf den Boden seiner selbstsüchtigen Natur säen, wie er es tat, würde er als Frucht seiner Selbstsucht das Verderben ernten (Galater 6,7f.; eine weitere Warnung an Gläubige). Als Paulus das schrieb, ging er davon aus, dass er noch nicht zu weit gegangen war und immer noch „gerettet" werden konnte, aber nur, wenn die Gemeinde in seinem Sinne schnell handelte. Andernfalls würde er „jenseits jeglicher Erlösung" abgleiten.

Eine ähnliche Warnung steht im Brief eines anderen Apostels (1. Johannes 5,16f.). Wer einen Bruder beim Sündigen beobachtet (Beachten Sie, dass dies ein einziger Akt ist, keine ständige Gewohnheit.) soll in dieser Situation einfühlsame Fürbitte halten, das ist das Heilmittel. Aber auch hier kann es einen Punkt geben, an dem die Sünde zu ernst ist, als dass das Gebet von Nutzen wäre. „Es gibt eine Sünde, die zum Tod führt" (Johannes erklärte uns nicht, was das ist.). Es besteht also die Möglichkeit, so weit abzudriften, dass man sich außerhalb des Einflusses der betenden Brüder (und des hörenden Vaters) befindet.

DER WEG ZUR HÖLLE

Ein weiterer Schreiber des Neuen Testaments, der anonyme Verfasser des Hebräerbriefes, machte die gleiche Aussage. Er warnte vor simpler Geringschätzung (Hebräer 2,1 - 3), vor öffentlicher Abkehr vom Glauben (Hebräer 6,1 - 8) und vor bewusstem Verharren in Sünde (Hebräer 10,26f.). Er hielt es scheinbar für selbstverständlich, dass man sein Heil verlieren kann. Doch er ging noch weiter und behauptete, dass es niemals zurückgewonnen werden kann, sollte es einmal verloren sein (Hebräer 6,6). Dennoch versicherte er seinen Lesern, dass er zuversichtlich sei, dass dies „in *ihrem* Fall" bestimmt nicht geschehen würde (Hebräer 6,9). Derartige Aussagen und der Gesamttenor des Briefes werden mitunter als „schwierig" wahrgenommen, allerdings nur von all jenen, die ihn unter dem Diktum „einmal gerettet - immer gerettet" – also voreingenommen – studieren.

Um unsere Gedanken über diese beiden Passagen in der Korrespondenz mit den Korinthern zusammenzufassen, sollte in Bezug auf den Richterstuhl grundsätzlich zwischen Dienen und Sündigen unterschieden werden. Bei einem Diener, der Kompromisse macht, wird differenziert; er wird nicht mit seinem Dienst verurteilt. Wenn jemand aber ständig sündigt, haftet seine Sünde an ihm; er wird damit verurteilt. Für den Herrn ist Heiligkeit viel wichtiger als Geschäftigkeit.

SCHRIFTSTUDIE H:
DIE ZWEITE CHANCE

Lesen Sie 1. Petrus 3,17 - 4,6.

Wir haben keinerlei Aufzeichnungen über die Begegnung von Petrus und dem auferstandenen Jesus am ersten Ostersonntag (1. Korinther 15,5); insofern wissen wir nicht, worüber sich die beiden bei dieser Gelegenheit unterhielten. Allerdings ist es gut möglich, dass Petrus in seiner üblichen ungestümen Art Jesus fragte, wo er gewesen sei und was er während der 72 Stunden seiner Abwesenheit gemacht habe (Die meisten Hinweise legen nahe, dass Jesus am Mittwoch, dem 14. Nisan 29 n.Chr., um 15.00 Uhr starb. Auferstanden ist er am darauffolgenden Samstag dem „ersten Tag" der hebräischen Woche, der bei Sonnenuntergang beginnt, zwischen 18.00 Uhr und Mitternacht. Das würde seine Voraussage bestätigen, dass er gemäß hebräischer Zeitrechnung „drei Tage und Nächte" im Grab wäre und dass er gemäß römischer Zeitrechnung am „dritten Tag" auferstehen würde; auch war der Sabbat nach seinem Tod kein Samstag, sondern der große Sabbat des Passahs (Johannes 19,31).

Jesu Antwort bezüglich seines Aufenthaltsortes und seines Wirkens innerhalb des Zeitraumes zwischen Tod und Auferstehung findet sich in einem Brief, den Petrus viele Jahre später schrieb und der eine außergewöhnliche Information enthält. Von der Kanzel hört man davon wenig, nicht zuletzt, weil sich die meisten Gottesdienste in der Karwoche mit Karfreitag befassen und danach den Ostersonntagmorgen in den Blickpunkt rücken. Demzufolge gehen die Gemeinden davon aus, dass Jesus in der Zwischenzeit nichts Wesentliches tat!

DER WEG ZUR HÖLLE

Wer sich auf den Text in seiner schlichten und klaren Aussage einlässt, erkennt, dass Jesus offensichtlich das Evangelium jenen verkündigte, die bereits gestorben (und deshalb im „Hades") waren! Aber nicht allen; seine Zuhörerschaft beschränkte sich auf die gesamte Generation, die zur Zeit Noahs in der Sintflut ertrank.

Das ist ein erstaunlicher Bericht über diese verborgenen Tage, den uns allein Petrus liefert. Doch er erwähnte den Sachverhalt fast nebenbei, ohne jede Andeutung, dass seine Leser ihn für sensationell oder unglaublich hielten. In der Tat beschreibt er ihn, als wäre er ein akzeptierter oder zumindest akzeptabler Fakt und geht sofort zur praktischen Anwendung über. Er diente ihm, um anzumahnen, man solle ein gottgefälliges Leben führen und Leiden klaglos hinnehmen.

Es hätte Petrus überrascht, zu erfahren, wie viel Spekulation und Kontroverse seine Offenbarung ausgelöst hat. Man konzentrierte sich leider eher auf das, was er sagte, als darauf, warum er es sagte. Diese Verse wurden als „eine der schwierigsten Stellen im Neuen Testament" bezeichnet. Solche Kommentare werfen stets folgende Frage auf: schwer zu verstehen oder schwer zu akzeptieren?

Es gab viele und vielfältige Versuche, zu „erklären", was Petrus meinte, die meisten davon scheinen diese Begebenheit wegdiskutieren zu wollen! Nachfolgend werden einige davon aufgeführt.

Manche beschreiben ein anderes *Publikum*. Jesus soll allen „gerechten" Seelen aus allen vergangenen Jahrhunderten gepredigt haben, damit er sie vom „Hades" ins „Paradies" überführen konnte. Jesus soll den gefallenen Engeln gepredigt haben, wobei das „Evangelium" die schlechte Nachricht von ihrer Niederlage und ihrem Untergang beinhaltet haben soll. Jesus soll all jenen gepredigt haben, die „nie davon gehört" hatten, was alle Heiden und möglicherweise auch einige Juden anbelangte.

DIE ZWEITE CHANCE

Manche ändern den *Zeitpunkt*. Sie verlegen alles auf früher. Der schon immer existierende Sohn Gottes habe persönlich kurz vor der Sintflut gepredigt, natürlich nicht im Körper, sondern im Geist. Oder sie transferieren es auf später: Jesus soll nach seiner Auferstehung gepredigt haben, natürlich in seinem „geistlichen" Körper.

Einige ändern gleich den *Text*. Mit dem Argument, dass sich der Fehler eines Kopisten in die Manuskripte eingeschlichen habe, „korrigieren" sie das Griechisch und kommen zu dem Schluss, dass es Henoch war, Noahs Urgroßvater, nicht Jesus, der der Generation predigte, die in der Sintflut unterging. Diese Änderung schafft ein weiteres Problem: In Petrus' Kontext macht der Verweis keinen Sinn.

Man kann sich des Eindrucks kaum verwehren, dass die meisten, wenn nicht alle, der vorgeschlagenen „Erklärungen" wirklich von extremem Widerwillen geprägt sind, Petrus' Bericht in seiner bloßen Form zu akzeptieren. Denn es handelt sich offenkundig um Versuche, das von ihm beschriebene Geschehen zu „umgehen". Wie können wir uns dieses Zaudern erklären? Es gibt ein sehr einleuchtendes Motiv dafür.

Die allgemeine Lehre der Bibel ist, dass die Möglichkeit der Versöhnung zwischen sündigen Menschen und dem heiligen Gott strikt auf dieses Leben beschränkt ist. Der Tod setzt dieser Gelegenheit ein Ende und besiegelt das ewige Schicksal. Dies verleiht sowohl der Verkündigung des Evangeliums als auch der Notwendigkeit, darauf zu reagieren, Dringlichkeit.

Doch Petrus scheint dieser Grundannahme entgegenzutreten. Allem Anschein nach lehrte er, dass das Evangelium Menschen noch nach dem Tod nähergebracht werden kann, was bedeutet, dass Rettung auch dann denkbar ist, wenn das Erlösungswerk von Toten angenommen wird. Wenn das wahr wäre, würde die Unaufschiebbarkeit der

Heilssuche hinfällig. In der Tat würden Sünder sogar dazu ermutigt abzuwarten („Es bleibt ja noch genügend Zeit, alles zu überdenken – egal ob im Diesseits oder im Jenseits."). Das Hinauszögern der Heilszusage öffnet die Tür zum „Universalismus" (siehe Kapitel 2), also der Hoffnung, dass früher oder später jeder gerettet wird.

Die Befürchtung, dass dieses Ereignis derart „ausgeschlachtet" werden würde, ist real, auch wenn das Petrus' Intention in keiner Weise entspricht. Dass diese Sorge aber nicht unbegründet ist, zeigt der Kommentar eines der einflussreichsten Bibelwissenschaftlers des 20. Jahrhunderts, William Barclay. Er sagte, „dies stelle die atemberaubende Chance auf nichts Geringeres als ein Evangelium einer zweiten Chance in Aussicht".

Dennoch, sich vor Irrlehre zu fürchten, ist für eine gute Exegese meist nicht hilfreich. Es weckt gegenläufige statt verbindlicher Kräfte. Die Furcht vor Relativierung kann zu unbiblischer Verabsolutierung führen. Jede Art der Ausnahme von der Regel zu erlauben, kann die Regel selbst untergraben und am Ende unnötig machen. Jede Ausnahme wird so zu einem „Schlupfloch", welches allmählich so groß wird, dass die Regel an sich zur Ausnahme wird! Wie das passieren kann, lässt sich leicht veranschaulichen.

Scheidung ist ein typisches Beispiel. Jesu Regel war schon immer präzise: Jede Wiederheirat ist aus Gottes Sicht Ehebruch (Markus 10,11f.; Lukas 16,18). Doch er machte *eine* Ausnahme, nur diese eine: die Scheidung aufgrund von Unzucht (Matthäus 5,32; 19,9). Nicht wenige Christen befürchten nun, dass, wenn Ausnahmen erlaubt sind, die *allgemeine* Akzeptanz *jeder* Scheidung und Wiederheirat auch in den kirchlichen Kreisen tendenziell zunimmt und nicht zu stoppen ist. Diese Prognose ist durchaus gerechtfertigt. Doch indem sie jede Ausnahme verbieten, sind diese Leute rigider als der Herr selbst.

DIE ZWEITE CHANCE

Der Fall, den wir analysieren, ist ähnlich gelagert. In der Schrift ist die Regel ganz klar: Mit dem Tod öffnet sich eine „tiefe Kluft", die niemand überwinden kann (Lukas 16,26; siehe Bibelstudium E). Der Sinn des Lebens ist es, Gott zu suchen und zu finden (Apostelgeschichte 17,27). Gelegenheit dazu haben wir, solange wir leben; die Tür ist bis zum Moment des Todes offen, das fand auch der sterbende Verbrecher heraus (Lukas 23,40 43; siehe Bibelstudium F). Aber von da an bleibt sie für immer verschlossen.

Allerdings gibt es diese eine Ausnahme. Sie gilt nicht für alle Verstorbenen, nicht einmal für die meisten. Sie betraf konkret nur eine Generation, die Menschen zur Zeit Noahs. Sie bildeten die einzige Ausnahme, die es je gab. Es findet sich kein Hinweis in der Schrift, dass es jemals eine weitere geben wird. Insofern ist es möglich, diese spezielle Ausnahme zu akzeptieren, ohne die allgemeine Regel über den Haufen zu werfen. Sicherlich lässt sich davon kein „Universalismus" ableiten oder gar so etwas, das Tennyson „die größere Hoffnung" *[The larger Hope, Gedicht von Alfred Lord Tennyson; Anm. der Übersetzerin]* auf eine zweite Chance nannte. Wer aus einer Ausnahme eine Regel macht, missbraucht die Schrift.

Rein aus menschlicher Neugier wollen wir natürlich wissen, warum es diese eine Ausnahme gab. Doch das wird uns nicht gesagt. Jede „Erklärung" ist rein spekulativ. Dennoch gibt es einen möglichen Grund, der ganz der Gerechtigkeit Gottes entspricht. Warum sollte eine Generation das Privileg auf eine zweite Chance haben, außer ihr war die erste Chance gar nicht gewährt worden? Gott hatte an ihnen ein Exempel für seine Fähigkeit statuiert, eine schlechte Welt zu vernichten; danach aber hatte er versprochen, keiner der darauffolgenden Generationen dies noch einmal anzutun, bis zum Ende der Welt. Dies könnte als Argument gebraucht werden, um ihn der Ungerechtigkeit zu bezichtigen und ihm vorzuwerfen, diese Generation falsch behandelt zu haben. Als rechtschaffener Gott würde er niemals zulassen, dass solch eine Anklage gegen ihn erhoben würde. So machte er jener Generation, die sein außerordentliches Gericht erfahren hatte, das einmalige Angebot seiner Gnade und Barmherzigkeit (1. Petrus 4,6 vermittelt eindeutig, dass ihnen das Heil angeboten wurde.).

Natürlich ist das alles reine Spekulation. Gott ist uns gegenüber nicht rechenschaftspflichtig und braucht sein Handeln nicht durch Offenlegen seiner Beweggründe zu verteidigen. Hier ist in aller Ehrfurcht ein gewisser Agnostizismus angebracht. Würden wir alle Antworten kennen, wären wir Gott. Was er uns sagen will und was wir wissen müssen, hat er uns gesagt. Das beweist der völlig unerwartete Überraschungseffekt dieser Enthüllung.

Im Übrigen lässt sich festhalten, dass, wenn der Vorfall wirklich so passierte, es keinen Zweifel daran gibt, dass die körperlosen Geister der Toten bei vollem Bewusstsein und in der Lage sind, miteinander zu kommunizieren. Ich frage mich, ob Noah und seine Familie bei dieser bemerkenswerten Begebenheit anwesend waren und wenn ja, welche Gefühle sie hatten. Ich darf nicht vergessen, sie das einmal zu fragen!

Aber es wäre viel zu einfach, sich von solchen Gedanken ablenken zu lassen oder sich von den Sensationsaspekten des Vorfalls einnehmen zu lassen. Am Ende geriete der äußerst pragmatische Grund, weshalb Petrus von ihm berichtete, aus dem Blickfeld. Er strebte eine Umsetzung auf ethischer Ebene an, keine intellektuelle Spekulation. Zudem ist sein Gedankengang gar nicht so leicht nachvollziehbar (Paulus hätte Petrus' Behauptung zurückgeben können, dass „einiges in seinen Briefen allerdings schwer zu verstehen ist"; 2. Petrus 3,16)!

Lassen Sie uns damit beginnen, gleich zwei rote Fäden hervorzuheben, die sich durch diesen Brief ziehen, der sich an junge Christen richtete, die über das Gebiet der heutigen Türkei verstreut waren.

Für sie war es *unumgänglich, dass sie Leiden ertrugen.* Denn nun war Nero römischer Kaiser und seine Feindseligkeit gegenüber den Nachfolgern Jesu breitete sich im ganzen Reich aus. Es war stets Teil der Jüngerausbildung, dass „wir nach Gottes Plan viel Schweres durchmachen müssen, ehe wir in sein Reich kommen" (Apostelgeschichte 14,22). Eine derartige Ermutigung wurde immer wichtiger. Denn, wie Christus vor ihnen, mussten sie dafür leiden, dass sie Richtiges, nicht Falsches taten.

Zudem war es geboten, Sünde zu meiden. Gerade die Tatsache, dass sie in moralischer Hinsicht einen Unterschied zu ihren Mitmenschen machten, verschärfte ihre Verfolgung. Auf diese Weise entstand der Druck, sich erneut auf die heidnische Unmoral einzulassen, die jeder aus seinem früheren Leben kannte.

Diese beiden Erfordernisse haben eine enge Verbindung. Petrus redete ihnen ins Gewissen und unterschied zwischen „Körper" und „Geist" (zwei Schlüsselwörter in diesem Abschnitt; forschen Sie nach!). Nicht, was im oder mit dem Körper passiert, ist wichtig, sondern das, was im oder mit dem Geist geschieht. Wer sich zu sehr mit dem Körper beschäftigt, ihn zu sehr pflegt oder verwöhnt, kann den Geist mitunter vernachlässigen. Der Körper kann zugrunde gehen, doch der Geist überlebt. Genau das traf auf Jesus zu, der im Leib starb, aber im Geist lebendig gemacht wurde, um sein Evangeliumswerk anderswo fortzusetzen.

Bei der Taufe, bei der Gläubige durchs Wasser gehen, werden sie vor ihrer sündigen Generation „gerettet", so wie Noah samt seiner Familie durch die Flut vor ihr gerettet wurde (Vgl. Apostelgeschichte 2,38 - 40, Teil der ersten Predigt des Petrus.). Aber die Taufe rettet nicht, indem sie den Körper säubert, sondern indem sie den Geist reinigt (und Gott um ein reines Gewissen bittet). Das neue Leben, zu dem sie auferstanden waren und in dem sie jetzt lebten (Vgl. Römer 6,4), brachte unweigerlich das Leiden der Gerechten mit sich, was beweist, dass sie „mit der Sünde gebrochen" (1.Petrus 4,1) und die falschen Begierden des Fleisches abgelegt hatten.

Wenn sich Gläubige mehr mit der Zukunft ihres Geistes befassen statt mit ihrem gegenwärtigen Körper, werden sie mehr vom Willen Gottes beeinflusst als von den menschlichen Einstellungen. Sie werden sich freuen, wenn sie der Gerechtigkeit wegen verfolgt werden; denn ihr Lohn im Himmel wird groß sein (Matthäus 5,11f.).

Petrus hatte seine Lektionen aus den Worten und dem Leben seines Herrn gelernt. Genau wie sein Herr starb er schließlich seinen körperlichen Tod am Kreuz (aber gemäß seiner eigenen Bitte kopfüber, denn er fühlte sich nicht würdig, in der gleichen Position zu sterben). Und er ertrug es, verachtete die Schande um der Freude willen, die vor ihm lag, wohl wissend, dass auch er im Geiste lebendig gemacht werden und für immer bei seinem Herrn sein würde.

SCHRIFTSTUDIE I:
DIE GEFALLENEN ENGEL

Lesen Sie 2. Petrus 2,4 - 10 und Judas 6.

Die Bibel stellt klar, dass die Menschen nicht die Krönung der Schöpfung Gottes sind. Obwohl sie über den Tieren stehen, sind sie „ein wenig niedriger als die Engel" (Psalm 8,6). Das ist ein Problem für Evolutionisten, nicht aber für Kreationisten!

Engel sind uns an Stärke, Intelligenz, Bewegungs- und Anpassungsfähigkeit überlegen. Sie entstammen ursprünglich himmlischen Orten, doch sie sind in der Lage, die Erde jederzeit zu besuchen und können, wie wir noch sehen werden, in die Hölle geworfen werden. Obwohl sie einen Anfang hatten, haben sie kein Ende, denn sie sind von Natur aus unsterblich, im Gegensatz zu Menschen. Sie sind „geboren", aber sie können nicht sterben. Auch wenn ihre Zahl riesig ist, ist sie dennoch festgesetzt. Sie pflanzen sich weder fort, noch vermehren sie sich. Das macht sie nicht im göttlichen Sinne unsterblich, Gott allein verfügt über Unsterblichkeit, die weder Anfang noch Ende hat.

Sie können sündigen, aber sie können nicht gerettet werden. Jesus wollte sein Blut nicht für sie vergießen – das hat er auch nicht. Der Grund war nicht, dass sie unfähig waren, Vergebung zu empfangen, vielmehr wurde ihnen die Gnade nicht gewährt; möglicherweise, weil sie das herrliche himmlische Leben bereits kannten und es dennoch abgelehnt hatten. Der Anführer ihrer Rebellion gegen die Herrschaft Gottes wird unterschiedlich bezeichnet (Luzifer, Satan und Beelzebub) und durch verschiedene Metaphern beschrieben (der Drache, die alte Schlange, der umherziehende Löwe). Aber man sagt auch einfach „Teufel". Ein Drittel der himmlischen Heerscharen ist mit ihm abgefallen (Offenbarung 12,4) und wird nun als „Dämonen" und als „böse" oder „unreine" Geister bezeichnet. Diejenigen, die ihrem Schöpfer treu geblieben sind, werden manchmal „Götter" genannt, meistens aber „Söhne Gottes".

Mit einem kleinen Teil dieser rebellischen Splittergruppe befassen wir uns derzeit. Ihre unrühmliche Geschichte beginnt in den Tagen vor der Sintflut (und ist in 1. Mose 6,1 6 zu finden). Hier erfahren wir, dass sich Engel zu Frauen sexuell hingezogen fühlen konnten und in der Lage waren, sie zu verführen und zu schwängern! Dieser Gedanke ist so anstößig, ja unerhört, dass einige christliche Gelehrte das gesamte Ereignis rein menschlich auslegten: In ihren Augen beschreiben die Bezeichnungen „Menschensöhne" gottgefällige Menschen und „Töchter der Menschen" gottlose Menschen (Augustinus und Chrysostom lehnten es beide grundsätzlich ab, diese Geschichte wörtlich zu nehmen. Sie taten sie als moralischen Mythos ab.). Jüdische Bibelausleger stimmen jedoch nahezu alle überein, dass die „Engelsinterpretation" stimmt. Es ist schon fast ironisch, dass Hollywood in der Vergangenheit eine Reihe von Horrorfilmen produzierte, die sich alle mit dem Thema Geschlechtsverkehr mit Dämonen befassen. Das Ganze mutet wie eine scheußliche Nachahmung der jungfräulichen Geburt Christi an, obwohl es einige klare Unterschiede gibt (Der Geist, der „über sie kam", war heilig und der Schöpfer kein unheiliges Geschöpf. Aber vor allem war er völlig frei von jeglichen sexuellen Absichten.).

Die nachfolgende jüdische Tradition hat den biblischen Bericht mit vielen zusätzlichen Details ausgeschmückt, besonders im pseudepigraphischen Buch „Henoch" *[eine Schrift mit falscher Verfasserangabe, Anm. der Übersetzerin]*. Die Verantwortlichen wurden „Wächter" genannt und von einem Mann namens „Azazel" (So wird auch der levitische

DIE GEFALLENEN ENGEL

Sündenbock bezeichnet.) angeführt. Der Vorgang ereignete sich zur Zeit des Jared, Henochs Vater, in der Region um den Berg Hermon. Ein Resultat dieser widernatürlichen Verbindung war, dass die „Ehefrauen" sich dem Okkultismus hingaben. Ein weiteres war die Zeugung von grotesken „hybriden" Nachkommen (Nephilim), die uns körperlich weit überlegen (Riesen), aber moralisch minderwertig (von Stolz, Lust, ja sogar Kannibalismus getrieben) waren. Henoch, der erste schriftlich dokumentierte Prophet, sagte voraus, dass Gott mit seinen treuen Engeln herabkommen würde, um mit dieser bizarren Situation aufzuräumen (Auf inspirierende Weise bestätigt Judas 14f. diesen Aspekt zumindest.). Der Erzengel Gabriel erschlug die Riesen (Sie starben tatsächlich aus.), während ein anderer, Raffael, Azazel in Ketten legte.

So viel zum Hintergrund bezüglich der Hinweise, die uns die Briefe von Petrus und Judas liefern, welche ganz offensichtlich sowohl den Bericht aus 1. Mose in seiner Gesamtheit als auch vieles, was im apokryphen Buch „Henoch" berichtet wird, akzeptieren. Die einzelnen Abhandlungen des Vorfalls haben erstaunliche Ähnlichkeit. Das deutet auf eine gegenseitige verbale bzw. literarische Verbindung hin, zumindest aber auf einen gemeinsamen Bezug zur selben Quelle (wie im Fall von Jesaja 2,2 - 4 und Micha 4,1 - 3). Was auch immer die Beziehung zwischen den zweien herstellte, in beiden Schriften ist es eher ein Randereignis, kein Fokus, also nur ein Beispiel von vielen (Das Übrige sind zweifellos historische Ereignisse.). Lassen Sie uns die folgenden vier Aspekte hervorheben.

Erstens, die Art ihrer Sünde. Ihre ungebührliche Tat war eine grobe Übertretung der vorgegebenen Schöpfungsordnung Gottes. Die Engel hatten ihre eigene Position und damit ihre Autorität (die an sie delegiert war, keineswegs vererbt) ausgenutzt. Ein solcher Missbrauch von

Privilegien ist für den Schöpfer ein „Gräuel", vergleichbar mit dem Sexualverkehr von Menschen mit Tieren (3. Mose 18,23; 20,15), der aber keine Befruchtung zur Folge hat. Die Schönheit der Schöpfung wird durch solch eine Perversion völlig zerstört. Es ist das Wesen der Sünde, unseren vorgegebenen Platz und unseren Rang zu ändern, sei es nach unten oder nach oben (vgl. 1. Mose 3,5: Du wirst sein wie Gott.).

Zweitens, das Motiv dahinter. Der Ursprung des Problems war das unkontrollierte sexuelle Verlangen, das mit dem undisziplinierten Gebrauch der Sehkraft begann. Diese „Lust der Augen" (1. Johannes 2,16) führt oft zur Sünde (1. Mose 3,6; Josua 7,21; Richter 14,1; 2. Samuel 11,2). Hiob kämpfte erfolgreich dagegen an (Hiob 31,1). Jesus sprach eine seiner tiefgründigsten Warnungen diesbezüglich aus (Matthäus 5,28f.). Sowohl Petrus als auch Judas waren besorgt, dass falsche Lehrer die Gläubigen korrumpierten, indem sie derartige Unmoral predigten und auch praktizierten. Sie rechtfertigten das damit, dass die Gnade Gottes alles zudecken würde, und so missbrauchten sie „die Gnade unseres Gottes als Freibrief für ein ausschweifendes Leben" (Judas 4). Im schlimmsten Fall ermutigte solch eine Lehre Menschen dazu, tatsächlich zu sündigen, damit sie noch mehr Gnade empfangen konnten (Paulus stand vor demselben Problem; Römer 6,1). In einer ziemlich gängigen Verdrehung des Evangeliums wird Rechtfertigung als unverzichtbar erachtet, Heiligung allerdings als Option. Bezeichnenderweise verachteten solche falschen Lehrer Autorität, genau wie die rebellischen Engel.

Drittens, die Gewissheit des Urteils. Gott ließ es nicht zu, dass sich die Situation auf diese Weise unendlich lang fortsetzte (Dennoch, seine erstaunliche Geduld gab ihnen Zeit genug, um ihre unehelichen Nachkommen zu zeugen.). Weil Gott nicht sofort Gericht hält, sollte das bei niemandem zu Selbstgefälligkeit oder Übermut führen. Weil er heilig ist, muss er letztlich alles Böse ausrotten. „Gottes Mühlen mahlen langsam, mahlen aber trefflich fein" (Friedrich von Logau). Die Engel bekamen, was sie verdienten, wie Sodom und Gomorra (In Petrus und Judas ist das ein weiteres Beispiel für Lasterhaftigkeit.).

Viertens, die Verzögerung des Gerichts. Obwohl auch andere „unreine Geister" in unserer Welt existieren, wurden speziell diese Engel aus ihr entfernt und daran gehindert, ihr Unwesen weiter zu treiben. Sie wurden in Gewahrsam genommen und werden in den untersten, dunkelsten Kerkern in Ketten gehalten. Um diesen Ort zu beschreiben borgt sich Petrus ein Wort aus der griechischen Mythologie („Tartaros" *[Tartaros ist in der griechischen Mythologie ein personifizierter Teil der Unterwelt, der noch unter dem Hades liegt; Anm. der* Übersetzerin]), vermutlich weil seine Bedeutung seinen Lesern traditionell bekannt war, Abscheu erregte und abschreckte. Beide Autoren betonen jedoch, dass diese Inhaftierung nicht ihre letzte Bestrafung ist. Sie warten lediglich auf ihren Prozess, derweil werden sie davon abgehalten, weiteren Schaden anzurichten. Der Teufel ist immer noch in Freiheit, obwohl auch er während des „Millenniums" und vor dem endgültigen Gericht auf die gleiche Weise und am gleichen Ort eingesperrt sein wird (Offenbarung. 20,1 3, hier ist „der Abgrund" wahrscheinlich identisch mit dem „Tartaros"; siehe Schriftstudium J.).

Zum Abschluss ist es wichtig zu betonen, dass keiner der beiden Autoren dieses anstößige Thema aufs Tapet brachte, um intellektuelle Neugierde zu befriedigen. Vielmehr sollte die moralische Beständigkeit dadurch gefördert werden. Das war der pragmatische und auch der einzige Grund, warum sie sich auf diese bizarre Reihe von Ereignissen bezogen – und das sollte auch uns anspornen, diese Dinge zu studieren. Beide waren bestrebt, jeglichen katastrophalen Einfluss von sexueller Verdorbenheit in den ihnen bekannten christlichen Gemeinden, denen sie dienten, zu bekämpfen.

Die Grundvoraussetzung ihrer Berufung ist der unveränderliche Charakter Gottes. Er hat sich weder in der Zeit noch in der Ewigkeit verändert. Unabhängig davon, ob seine Gebote von Engeln oder Menschen missachtet werden, ob vor Noah oder nach Christus, ob unter Ungläubigen oder Gläubigen, Gott wird Sünde immer ernst nehmen und letztlich bestrafen – außer, sie wurde bekannt, vergeben, unterlassen und ihr wurde abgeschworen. Davon ist niemand ausgenommen, denn Gott hat keine Lieblinge; sein Urteil ist völlig unparteiisch (Römer 2,1 - 11). Das Gericht beginnt bei seiner eigenen Familie (1. Petrus 4,17). Es gibt eine gesunde Gottesfurcht (1. Petrus 2,17), die die Gläubigen motiviert, ihre Berufung und Wahl zu bestätigen, damit ihnen der Zugang zum ewigen Reich unseres Herrn und Retters Jesus Christus weit offen steht (2. Petrus 1,10f.; die Verse 3 - 9 sagen uns genau, wie wir das tun sollen.). Sollten wir die Lektion der gefallenen Engel allerdings nicht lernen, werden wir uns ihrem Schicksal anschließen.

SCHRIFTSTUDIE J:
DAS LETZTE GERICHT

Lesen Sie Offenbarung 20,1 - 15.

Die Bibel ist ein Geschichtsbuch, aber anders als alle anderen. Sie beginnt früher und endet später, sie berichtet vom Anfang der Zeit und von ihrem Ende. Da Menschen die Ereignisse der weit zurückliegenden oder zukünftigen Epochen weder beobachten noch aufzeichnen konnten, stellen sowohl die ersten als auch die letzten Kapitel der Schrift für den kritischen Geist eine Herausforderung dar. Entweder entspringen diese Berichte der menschlichen Fantasie oder der göttlichen Offenbarung.

Es ist in Mode gekommen, den ersten Teil von 1. Mose und den letzten Teil der Offenbarung als „Mythos" abzutun, kurz, als Erzählungen mit geistlicher, nicht aber mit historischer Bedeutung. Sie werden als erbaulich für die Gegenwart eingestuft, nicht aber als erhellend für die Vergangenheit oder für die Zukunft. Um ins moderne Weltbild zu passen, müssen sie „entmythologisiert" werden, d.h., der zeitliche Rahmen wird ihnen abgesprochen, damit ihre ewigen Wahrheiten zutage treten. Als Fabeln enthalten sie Werte, aber keine Fakten.

Hinter dieser trügerischen Raffinesse verbirgt sich die humanistische Abneigung, an etwas zu glauben, was außerhalb unserer eigenen Fähigkeiten und Vernunft liegt. Dass Gott mehr weiß als der Mensch, ist verstörend. Dass Gott uns zeigt, was er weiß, übersteigt jede Glaubhaftigkeit. In unserem geschlossenen Raum-Zeit-Kontinuum sind Wunder und Prophetie „unmöglich", besonders dann, wenn mit detaillierter Genauigkeit „Ereignisse vorausgesagt werden", die noch nicht geschehen sind.

Vor dem Studium dieser prophetischen Schriften muss man sich also die Frage stellen, was man glaubt. Glauben wir, dass Gott die Zukunft kennt, so wie wir die Vergangenheit kennen? Mehr noch, glauben wir, dass er sie kennt, weil er die Zukunft vorherbestimmt und bereits entschieden hat, wie er zukünftig agieren wird?

So etwas ist kein intellektueller Selbstmord. Glaube und Vernunft können miteinander einhergehen. Allerdings gibt es einen Punkt auf dem Weg, an dem der Glaube vorangehen muss, um die Vernunft zu leiten. Sonst wird der Weg zur Sackgasse und man dringt nicht zur vollen und endgültigen Wahrheit vor.

Das zwanzigste Kapitel der Offenbarung ist dieser klassische Fall. Hier werden einige der letzten Ereignisse der Menschheitsgeschichte vorhergesagt, wenn auch in ungewohnter Weise. Der Leser wird herausgefordert zu entscheiden, ob diese historisch (in der Zukunft einmalig) sind oder existenziell (ständig stattfindend). Die zentrale Aussage ist, dass einst Gericht über die gesamte Menschheit gehalten wird, das sowohl die bereits Verstorbenen als auch die noch Lebenden einbezieht. Was bedeutet das? Ist es ein „Bild" dafür, dass wir in jedem Moment unseres Lebens gemäß unseren Reaktionen und Einstellungen „beurteilt" werden? Oder soll es uns daran erinnern, dass jeder von uns im Moment des Todes, wenn Veränderung und Entwicklung enden, einzeln „vor Gericht tritt"? Oder meint es ein singuläres Ereignis, das noch aussteht, an dem wir alle zusammen „gerichtet" werden?

Das endgültige Urteil

Die christliche Orthodoxie vertritt seit jeher die dritte Interpretation: Am Ende der Geschichte wird es einen „Tag des Gerichts" geben. Bei dieser herausragenden Gelegenheit wird über das ewige Schicksal der „Lebenden" und der „Toten" entschieden. Auch wenn das Wort „Tag" in diesem speziellen Abschnitt nicht verwendet wird, kommt es sowohl im Alten als auch im Neuen Testament häufig vor, wenn von diesem Schicksalsereignis die Rede ist (vgl. Joel 2,31; Apostelgeschichte 2,20; 2. Thessalonicher 2,2f.; 2. Timotheus 1,12; 4,8).

Wer diese Kernaussage als Tatsache akzeptiert und nicht als Fabel, als Wahrheit und nicht als Mythos, für den ist es umso erstaunlicher, dass einige Christen derartige Probleme mit den anderen Voraussagen in diesem Kapitel haben. Sie erachten die zentrale Angelegenheit als authentisch, stufen aber das Vorhergehende und das Folgende als „metaphorisch" oder sogar als Mythos ein. Eine gewisse Beständigkeit wäre dem Glauben hier sicher zuträglich. Der gesamte Ablauf der letzten Großereignisse wird uns der Reihe nach und in durchgängigem Stil dargestellt. Es gibt keine Textstellen, die dazu veranlassen, ein Ereignis als wörtlich und das andere als metaphorisch einzustufen. So oder so, jedes Selektieren ist zwangsläufig subjektiv und offenbart die Grundhaltung und die Vorurteile (im Sinne von Voreingenommenheit) dessen, der selektiert.

Das Kapitel kann in drei zeitliche Abschnitte unterteilt werden: in das, was vor, während und nach dem letzten Gericht geschieht. Die meisten christlichen Kontroversen entstehen bezüglich Ersterem (dem sogenannten „Millennium"); hinsichtlich des mittleren Abschnitts besteht im Großen und Ganzen Einstimmigkeit; aber über Letzteres (den „Feuersee"), was natürlich unser Hauptthema ist, gibt es wachsende Zweifel. Der Vollständigkeit halber wollen wir alle drei ausführlich untersuchen.

Vor dem Gericht

Die Sätze „Nun sah ich... Dann sah ich... Nun sah ich..." (Verse 1, 4, 11) zeigen klar eine Folge von Visionen, die eine Abfolge von Ereignissen beschreiben, ebenso wie im vorherigen Kapitel (19,11; 17, 19). Bedenken Sie, Kapiteleinteilungen waren nie Teil des ursprünglichen Textes. Da beide Kapitel in Wirklichkeit eine Einheit und eine zusammenhängende Geschichte erzählen, müssen wir zunächst das vorhergehende Kapitel betrachten.

Der „König der Könige und Herr der Herren", auch „Wort Gottes" genannt (womit natürlich Jesus Christus gemeint ist), kommt darin vom Himmel (auf einem Schlachtross reitend, nicht auf einem Friedensesel), um auf Erden all seine Feinde zu beseitigen. Von der Rückkehr Jesu auf den Planeten Erde wird im Neuen Testament über dreihundert Mal gesprochen (Ungefähr genauso oft wird das Kreuz erwähnt. Damit sind diese beiden Ereignisse zwei „Pole" des Neuen Testaments.). Er besiegt eine internationale Koalition aus Herrschern mit ihren Armeen, tötet alle (allein durch sein Wort) und verweist sie in den Hades. Die beiden schlechten Weltherrscher (das politische „Biest" und der religiöse „falsche Prophet") werden sofort in die Hölle geworfen (noch vor dem „Tag des Gerichts", d.h., der „Feuersee" ist zu diesem Zeitpunkt bereits vollständig „vorbereitet"). So werden alle, die sich gegen den „Gesalbten" des Herrn (Psalm 2,2; in den Psalmen der einzige Vers, der das hebräische Wort *meschiah* enthält. Beachten Sie, dass Vers 9 auch in Offenbarung 19,15 zitiert wird.) verschworen haben, gestürzt und von der Erde entfernt - außer einem, dem Teufel. Was wird jetzt mit ihm passieren?

An diesem Punkt entwickelt sich etwas, das so verwegen ist, dass es wahr sein muss (weil es keinesfalls dem menschlichen Denken bzw. der Fantasie entsprungen sein kann). Der Teufel, hier mit allen vier in diesem Buch bereits verwendeten Titeln (Drache, Schlange, Teufel und Satan) genannt, wird vollkommen anders behandelt als all jene, die er missbrauchte, um sich aufzulehnen und Gottes Absichten auf Erden zu stören. Er wird nicht mit den Königen und Armeen getötet (Das geht nämlich nicht, er ist ein gefallener „Engel" und „kann nicht sterben"; Lukas 20,36). Er wird auch nicht mit seinen beiden Schergen, dem Tier und dem falschen Propheten, in den Feuer- und Schwefelsee geworfen. Stattdessen wird er in Gewahrsam genommen und in den „Abyss" (oder „Abgrund") verbannt, den tiefsten, dunkelsten Ort im gegenwärtigen Universum, der von allen Dämonen gefürchtet wird (Lukas 8,31). Einige von ihnen sind dort bereits seit der Flut Noahs inhaftiert (Vgl. 2. Petrus 2,4, hier wird der Ort „Tartarus" genannt; siehe Schriftstudie I.). Obwohl es schrecklich ist, in einem solchen Gefängnis angekettet zu sein, ist es noch nicht die Strafe für den Teufel, er wird hier lediglich inhaftiert. Übrigens, er wird (als letzte Demütigung?) von einem anderen Engel gefangen genommen, nicht vom Herrn. Die Verhaftung findet auf der Erde statt (denn der Engel muss dafür „vom Himmel herabkommen").

Noch erstaunlicher ist, dass diese Gefangenschaft nur vorübergehend und nicht dauerhaft ist. Sie währt „tausend Jahre" (Ob das die exakte Zahl ist oder eine gerundete, ist nicht eindeutig erkennbar. Jedenfalls ist es eine beträchtliche Zeitspanne.). Dann wird er wieder in die Freiheit entlassen (wenn auch nur für kurze Zeit) und kehrt zu seinen alten Verhaltensweisen zurück: Täuschen von Menschen, auf dass sie glauben, sie könnten und sollten das irdische Gottesvolk loswerden. Wer hätte sich so etwas ausdenken können?

Es gibt noch weitaus mehr über dieses „Millennium" zu sagen (Das ist das lateinische Wort für ein Jahrtausend. Das griechische Äquivalent lautet *chilios*. Davon abgeleitet sind die theologischen Termini „Millennialismus" und „Chiliasmus".). Eines steht fest, zu diesem Zeitpunkt werden alle mächtigen Feinde Christi von der Erde entfernt sein, sowohl die menschlichen als auch die dämonischen. In die menschlichen Angelegenheiten können sie sich dann nicht mehr einmischen. Das allein wird den Lauf der Geschichte radikal ändern. Doch es hinterlässt ein Machtvakuum. Wer regiert in der Folge?

Die Welt wird nun von Gottes gesalbtem König, dem „Christus" (Das Wort wird hier allein singulär benutzt und ist der Titel des erwarteten jüdischen Messias.), und von seinen „Ministern" regiert. Ihnen wird er die Autorität geben, zu richten. Diejenigen, die in früheren Zeiten für ihn „durchhielten", werden nun mit ihm „herrschen" (2. Timotheus 2,12) und diejenigen, „die zu Gottes Volk gehören, werden einmal die Welt richten" (1. Korinther 6,2). Gottes Volk, das so lange von den Regierenden dieser Welt unterdrückt wurde, wird die Weltregierung stellen! Im Alleingang wird Christus alles revolutionieren. So wird es den Sanftmütigen möglich, die Welt zu erben. Das hatten er und seine Mutter bereits prophezeit (Matthäus 5,5; Lukas 1,52).

Unter den neuen Herrschern der Erde erkennt Johannes der „Seher" eine ganz spezielle Gruppe („Dann sah ich..."; Vers 4b stellt eine neue Vision dar, die sich von 4a unterscheidet.). All jene, die während der letzten verheerenden Diktatur ein Martyrium erleiden werden und sich weigern, Kompromisse im Glauben zu machen selbst wenn sie dann nicht genug zum Leben haben (Offenbarung 13,16f.), werden letztlich den Platz ihrer Verfolger einnehmen. Was für eine Belohnung für ihre kostbare Treue!

Dass es diese besagte Gruppe gibt, beweist, dass eine Auferstehung vor dem „Millennium" stattgefunden haben muss, und zwar nicht in alten, sondern in neuen Körpern (die tausend Jahre und mehr leben werden). Eines wird ausdrücklich gesagt: Es wird tatsächlich zwei Auferstehungen geben. In der „ersten" sind diejenigen, die sich für das Regieren gemeinsam mit Christus qualifiziert haben. Viel später erfolgt die Auferstehung der „übrigen Toten". Alle, die in der „ersten" auferweckt werden, sind gesegnet und heilig - gesegnet, weil sie heilig waren. Sie sind davor gefeit, dass sie künftig am Tag des Gerichts zum „zweiten Tod" verurteilt werden. Allein durch die Tatsache ihrer frühen Auferstehung und Herrschaft mit Christus wurde die Frage nach ihrem ewigen Schicksal zweifelsfrei geklärt (Hat sich Paulus darauf bezogen, als er sagte, er wünsche sich, *unter denen zu sein*, „die von den Toten auferstehen", indem er an den Leiden Christi teilhaben und an sich selbst die Kraft erfahren wolle, mit der Gott ihn von den Toten auferweckte? Philipper 3,10f.). Die so „Gesegneten" werden auf der Erde sowohl Priester und Könige, als auch Mittler und Monarchen sein (Offenbarung 5,10).

Man kann sich kaum vorstellen, welchen Frieden und Wohlstand eine solche Weltregierung bringen wird. Mit Christus in der Regierung und seinem vervollkommneten Volk, dem die gesamte Weltbevölkerung Respekt zollen wird, werden die Königreiche dieser Welt zum Reich unseres Herrn und seines Christus werden (Offenbarung 11,15). Gerechtigkeit wird wie ein Fluss durch die Gesellschaft fließen. Diese beständige Hoffnung der Menschheit, das sogenannte „Goldene Zeitalter", wird endlich angebrochen sein. Wahrlich, das Paradies ist dann wiedererlangt. Ein solches idyllisches Dasein wäre sicherlich der Himmel auf Erden und könnte ewig so weitergehen.

Aber der Schein trügt. Eine ideale Regierung und Umgebung können dem menschlichen Verlangen nach Frieden und Wohlstand Rechnung tragen, aber sie ändern die menschliche Natur nicht. In einer wohlwollenden Diktatur mögen Menschen zufrieden sein, solange sie so offensichtliche Vorteile bringt bis ihnen die Chance geboten wird, sich von der Obrigkeit zu befreien. Es ist geradezu unglaublich, wenn am Ende des Jahrtausends der Teufel wieder frei sein wird und die menschlichen Angelegenheiten beeinflussen kann, und es ihm gelingt, Hass zu säen auf Menschen und Orte, die mit Gott in Zusammenhang stehen.

Er wird von den vier Enden der Erde Streitkräfte sammeln, um einen letzten Versuch zu unternehmen, sich vom Schöpfer dieses Universums unabhängig zu machen. Diesmal zerstört Gott selbst, nicht Christus, die riesige menschliche Armee (und zwar mit Feuer, nicht mit Worten). Der unverwüstliche Teufel erhält endlich seine Quittung und wird in den „Feuersee" geworfen, wo er sich zu seinen beiden Schergen gesellt, die bereits vor Ort sind (Was mit ihm dann geschieht, erfahren Sie später noch.).

Nimmt man diese Passage für bare Münze, dann ist das eine außerordentliche Folge von Ereignissen, die noch *vor* dem Jüngsten Gericht passiert. Es ist nicht einfach, sich solche Dinge vorzustellen; noch schwieriger ist es zu verstehen, warum sie geschehen. Man sagt es uns auch nicht und jeder Versuch, es zu erklären, ist reine Spekulation. Doch zwei Ergebnisse des „Millenniums" können uns einen Hinweis geben.

Erstens: Die Herrschaft Christi und die daraus resultierenden Vorteile werden in jenem Umfeld, das beides stets ablehnte, spürbar und sichtbar. Das entspricht einem Gott, der die Rechtschaffenen zu Ehren bringt. Diese Welt hat die Ergebnisse der Hoheit Satans nur allzu deutlich erlebt. Am Ende soll sie noch erfahren, wie es sich unter der Herrschaft des Sohnes Gottes lebt. Schließlich sollte unsere Welt immer ein Geschenk des Vaters an seinen Sohn sein, und es ist Gottes Absicht, „alles im Himmel und auf der Erde zur Einheit zusammenführen unter Christus als dem Haupt." (Epheser 1,10). Es macht Sinn, dass der Vater dies noch auf der alten Erde zustande bringen will, bevor sie vergeht und der neuen weicht.

Zweitens: Das „Millennium" wird zudem deutlich zeigen, dass ein Regierungswechsel keine endgültige Lösung für die Probleme der Welt ist. Ein perfekter Herrscher braucht für sein perfektes Königreich eben perfekte Untertanen.

DAS LETZTE GERICHT

Etwas äußerlich hinzunehmen, bedeutet noch lange nicht, innerlich damit übereinzustimmen. Die letzte Tragödie dieses „Jahrtausends" veranschaulicht, dass die menschliche Natur selbst unter idealen Bedingungen immer noch anfällig dafür ist, sich von einem Autonomieangebot mitreißen zu lassen, genau wie im Garten Eden.

Diese zweifache Machtdemonstration – einerseits von Christus zum Guten und andererseits von Satan zum Bösen - ist ein angemessener Auftakt für den Tag des Jüngsten Gerichts. Alles ist geklärt, die Alternativen wurden vollständig aufgezeigt. Da es auf dieser Welt nur zwei Machthaber gibt, wird es in der nächsten nur zwei Schicksale geben. Letztendlich verbringen wir die Ewigkeit mit Christus oder mit Satan. Es ist schwarz oder weiß, Grautöne gibt es keine. Bevor wir uns jedoch den Tag anschauen, an dem diese Aufteilung stattfindet, müssen wir innehalten, um die Tatsache zu bedenken, dass die Christen oft tief gespalten sind über das „Millennium", das vorausgeht. Viele sind nicht imstande, das Szenario, das wir gerade beschrieben haben, zu akzeptieren. Sie weisen darauf hin, dass dies im Neuen Testament die einzige Stelle ist, die so etwas beschreibt, und das auch noch in einem Buch, das als „obskur" bezeichnet wird, weil es voll von apokalyptischen Bildern und unbekannten Symbolen ist. Für sie ist es unangebracht, das Buch als Ganzes oder Teile davon als wörtliche Beschreibung künftiger Ereignisse zu erachten. Demzufolge darf die Endzeitlehre es nicht als Informationsquelle heranziehen.

Wir müssen widersprechen und darauf hinweisen, dass dieses Kapitel größtenteils in klarer und einfacher Sprache verfasst ist. Obwohl es einige rätselhafte Details enthält („Gog und Magog" zum Beispiel sind Namen der letzten Koalitionsarmee, die Jerusalem angreift. Derzeit ist es einfach noch zu früh, um diese zu identifizieren.).

Das Buch ist nicht schwer zu verstehen. Doch für manche scheint es schwer, sich darauf einzulassen. Selbst wenn dies der *einzige* ausdrückliche Hinweis auf das „Millennium" ist, so ist es doch zumindest ein *klarer*. Reicht das nicht? Wie oft muss Gott etwas sagen, bevor wir es glauben? Dass es „ausschließlich" hier erwähnt wird, ist nicht verwunderlich. Denn die Offenbarung ist das einzige Buch im Neuen Testament, das sich mit dem Ende der Zeit in allen Einzelheiten beschäftigt (Und 1. Mose ist das einzige Buch des Alten Testaments, das sich mit dem Beginn der Zeit beschäftigt.). Die Offenbarung ist auch unsere einzige Quelle für detaillierte Informationen über den neuen Himmel und die neue Erde sowie das neue Jerusalem. Warum haben diejenigen, die das Millennium skeptisch sehen, keine Vorbehalte gegenüber den Kapiteln 21 und 22? Wahrscheinlich, weil es einfacher ist, an wundersame Dinge zu glauben, die in einer anderen Welt passieren als in dieser!

Auf solche Skepsis antwortet man am besten mit der Frage, wie der geistinspirierte Schriftsteller und seine Leser diese Offenbarung wohl verstanden haben. Er selbst und viele von ihnen waren Juden, das steht fest. Das ganze Buch ist durch und durch jüdisch, voller hebräischer „Apokalyptik" (jenem Zweig der Weissagung, der die Zukunft in bildlichem Stil „enthüllte") und vollgepackt mit direkten und indirekten Verweisen auf die jüdischen Schriften. Es war selbstverständlich absolut notwendig, Kenntnis vom Alten Testament zu haben, um die Offenbarung zu verstehen (Das mag erklären, warum so viele Christen sie verwirrend finden!).

Aber der jüdische Hintergrund hat mehr zu bieten als nur die kanonischen Schriften, von denen die letzte (Maleachi) fünfhundert Jahre vor der Offenbarung geschrieben wurde. Ihre Sicht auf die Zukunft machte in den „zwischentestamentalen" Jahrhunderten enorme

Fortschritte, möglicherweise als Folge ihres babylonischen Exils und der Herausforderung, die mit dem Kontakt zu anderen Religionen zusammenhängt (insbesondere dem Zoroastrismus). Diese hatten ein hoch entwickeltes Konzept der „Endzeit", einschließlich des Glaubens an Auferstehung, Gericht, Himmel und Hölle. Das jüdische Volk war dadurch gefordert, seine eigene „Eschatologie" (Theologie der Zukunft, abgeleitet vom griechischen Wort *eschaton*, was „das Ende" bedeutet) zu durchdenken.

Unter den Juden hatten die Pharisäer den klarsten „Blick", während die Sadduzäer skeptischer waren. Aber die jüdische Eschatologie war im Allgemeinen weit über die Hinweise in ihren Schriften hinausgegangen. Finden lässt sich das in den „apokryphischen" (Das bedeutet „verborgen". Gemeint sind jene Bücher, die nicht in den „Kanon" bzw. das „Regelwerk" der Schrift aufgenommen wurden.) und „pseudepigraphischen" (Das sind anonyme Schriften, die angeblich unter dem Namen einer bekannten alttestamentlichen Person, wie Mose, abgefasst wurden.) Schriften. Sie entstanden im Zeitintervall zwischen den beiden Testamenten. Insbesondere die Bücher von Baruch und Esra offenbaren ihre Erwartungen an die „letzten Tage".

Daraus ergibt sich ein bemerkenswert ähnliches Bild wie in der Offenbarung beschrieben. Zumindest einige Juden, wenn nicht sogar eine Menge, glaubten bereits, dass es vor der Entstehung eines neuen Himmels und einer neuen Erde (versprochen in Jesaja 65,17) ein messianisches „Zeitalter" auf Erden geben würde. In dieser Zeit würde der „Gesalbte" des Herrn (hebräisch maschiach; griechisch *christos*) die Nationen regieren. Die Spekulationen über die Dauer dieser messianischen Herrschaft auf der Erde variierten. Aber mindestens eine Quelle erwähnt tausend Jahre. Sie hatten sogar herausgefunden, dass es dabei *zwei* Auferstehungen geben würde, wobei die erste zu Beginn des „Zeitalters" stattfinden sollte und als „Auferstehung der Gerechten" bezeichnet wurde (Jesus selbst benutzte diesen Satz, als er mit den Pharisäern sprach; Lukas 14,14).

Zwischen dieser Hoffnung und dem „Millennium" der Offenbarung gibt es keinen grundlegenden Unterschied. Obwohl sich diese detaillierte Beschreibung außerhalb der geistinspirierten Worte des Alten Testaments befindet, wird sie von den inspirierten Worten des Neuen Testaments bestätigt. Johannes brachte kein völlig neues Konzept; jüdische Leser erkannten es leicht. Aber er erweiterte ihr Verständnis insbesondere, indem er Jesus als den kommenden Herrscher sowie Satans Verbannung ankündigte. Beides war kein Teil des jüdischen Zukunftsglaubens.

Es wäre keine Überraschung, wenn der jüdische Teil der frühen Kirche das „Millennium" wörtlich verstand, da diese Erwartung bereits Bestandteil ihres Erbes war. Das war in der Tat auch so. Klar ist, dass die nichtjüdische Fraktion diese Weltsicht übernahm. Die meisten Verweise auf das Thema aus den ersten Jahrhunderten stammen von christlichen Schriftstellern (bekannt als „die Väter"). Sie waren „Millennialisten" (Interessierte Leser können sich mit Justus dem Märtyrer oder mit Irenaeus aus dem zweiten Jahrhundert befassen.). Sie glaubten an „die physische Herrschaft Christi auf dieser Erde" (ein Zitat von Papias, Bischof von Hierapolis in Asien). Sie sahen sie oft im Verbund mit der Wiederherstellung eines Königreichs für Israel (so Justus der Märtyrer, mit dem nicht alle einverstanden waren).

Diese Übereinstimmung aus den frühen Jahren wird heute als prämillenaristisch bezeichnet (Denn sie besagt, dass Christus vor der Errichtung seines Reiches auf die Erde zurückkehren wird.). Diese Hoffnung begann im dritten und vierten Jahrhundert zu verblassen, vielleicht weil klar wurde, dass die Rückkehr des Herrn nicht so schnell erfolgen würde wie angenommen. Im fünften Jahrhundert lehrte Augustinus, Bischof von Hippo in Nordafrika, einen überarbeiteten (umgekehrten?) Gedankengang, gemäß dem Jesus zurückkehren würde, nachdem sein Königreich auf Erden errichtet wäre (Deshalb wird diese Position als postmillenaristisch bezeichnet.). Zweifellos wurde diese optimistischere Denkweise durch die verbesserte Rolle der Kirche gefördert. Die römische Verfolgung war beendet; der Kaiser selbst (Konstantin) hatte sich bekehrt. Der christliche Glaube wurde zur offiziellen „etablierten" Religion. Als das Römische Reich schwächer wurde und fiel, schien die Kirche seinen Platz als Weltmacht einzunehmen (Der Bischof von Rom übernahm den ehemaligen Kaisertitel „Pontifex Maximus" sowie weitere andere äußere Zeichen.). Die Kirche nahm die Form eines Königreichs an, das später als „Christentum" bekannt wurde. Das neue Jerusalem wurde von der Kirche auf Erden erbaut (Augustinus' einflussreichstes Buch trug den Titel: *Die Stadt Gottes*.). Die Vision eines internationalen Kirchenstaates, der tausend Jahre andauern sollte, bis der König zurückkehrte, nahm die kirchliche Vorstellungskraft gefangen. Thomas von Aquin griff diese Weltanschauung auf. Sie ist bis heute die offizielle Lehre der römisch-katholischen Kirche (ein Grund, warum der Vatikan ein politischer Staat ist). Nichtsdestotrotz wird verständlicherweise darüber diskutiert, wann diese tausendjährige Herrschaft begann bzw. beginnen wird.

Die protestantischen Reformer hoben die Eschatologie kaum hervor, insofern sind ihre Ansichten nicht klar. Sie übernahmen scheinbar die postmillenaristische Sichtweise ihrer Zeit und passten sie an, übertrugen sie auf die protestantischen Staatskirchen und hielten den Papst und seinen Kirchenstaat für die scharlachrote Hure Babylon, das genaue Gegenteil der Stadt Gottes.

Wie gehen die Postmillenaristen mit Offenbarung 20 um? Für sie ist es buchstäblich eine Zeitspanne auf Erden, obwohl sie sich nicht ganz sicher zu sein scheinen, ob sie schon begonnen hat. Der Schwerpunkt liegt auf dem Leib der Kirche, nicht auf dem Haupt, also demjenigen, der den Teufel bindet und das Königreich errichtet. Die „erste" Auferstehung ist für sie die von Christus selbst. Das Fehlen des Tieres, des falschen Propheten oder des Teufels kommt normalerweise nicht zur Sprache bzw. wird auf die Kirche gemünzt und nicht auf die Welt. Verständlicherweise legt diese Sichtweise keinen Wert auf die bevorstehende Wiederkunft Christi.

Um auf unseren kurzen historischen Überblick zurückzukommen, als die „Aufklärung" (oder „Renaissance") ihren humanistischen und säkularistischen Einfluss auf Europa ausweitete, wurde es für Christen immer schwieriger zu glauben, dass das Millennium bereits angebrochen sei (oder sogar jemals kommen würde, bevor Christus zurückkehrt). Realität war, dass die Kirche, egal ob katholisch oder protestantisch, in der westlichen Welt nicht mehr dominierte, ganz zu schweigen von „heidnischen" Ländern anderswo. Zu behaupten, der Teufel könnte niemanden mehr täuschen, entsprach nicht der Wahrheit.

Anstatt zur „klassischen" längst vergessenen prämillenaristischen Sicht der frühen Kirche zurückzukehren, entstand ein dritter Ansatz: Die „1000jährige Herrschaft" wurde vollständig entfernt, nicht nur vom Zeitenende, sondern von der gesamten Weltgeschichte (Daher kommt die Bezeichnung „Amillenarismus"; der Buchstabe „A" bedeutet „nicht" oder „kein".). Die „Friedensherrschaft" Christi nahm im *Himmel* bereits ihren Anfang und umfasst die gesamte Zeit zwischen seiner Himmelfahrt und seiner Wiederkunft (Und da sie nun schon zwei Jahrtausende andauert, führt das dazu, dass die „tausend Jahre" der Schrift als symbolisch hingestellt werden.). Die Festsetzung Satans fand während des ersten Aufenthalts Christi auf Erden statt. Die „erste"

Auferstehung vollzieht sich immer dann, wenn ein Mensch wiedergeboren und quasi „vom Tod zum Leben erweckt" wird. Nur die „zweite" ist eine leibliche Auferstehung, die geschieht, wenn Christus einst zurückkehrt, um sein Volk in den Himmel, das ewige Königreich, zu bringen. Tier, falscher Prophet und Teufel fehlen, weil sich alles um den Himmel dreht und nicht um die Erde. Ohne messianische Herrschaft auf Erden wird die Rückkehr Christi extrem kurz sein (In der Tat kommt man nicht umhin zu fragen, warum er überhaupt zurückkommt. Warum gibt er den Gläubigen ihre neuen Körper eigentlich nicht im Himmel?).

Der Amillenarist neigt dazu, diese Vorher-Nachher-Debatte als eine völlig irrelevante Ablenkung („eine grundsätzliche Plage") beiseitezuschieben. Er versucht, beides abzutun oder zumindest seine eigene Position als die erleuchtete darzustellen.

In den letzten einhundertfünfzig Jahren ist die Erwartung der Wiederkehr unseres Herrn gewachsen (nicht zuletzt wegen des zunehmenden Anstiegs katastrophaler Ereignisse auf globaler Ebene). Damit entstand eine Wiederbelebung des Prämillenarismus allerdings in neuem Gewand, dem sogenannten Dispensationalismus. Er verbindet die „klassische" Sicht der frühen Kirche mit einigen neuartigen, ja sogar exzentrischen Zügen. Ausgehend von der Lehre von J.N. Darby (dem Gründer der Plymouth-Brüder), die zuerst durch den Zusatz von Randnotizen in der Scofield-Bibel verbreitet wurde und später durch die Bücher von Hal Lindsay, wird der Lauf der Geschichte in verschiedene Perioden (genannt „Dispensationen") eingeteilt. Jede davon hat eine charakteristische Grundlage, die sich auf die Beziehung zwischen Gott und Mensch zurückführen lässt. Das „Millennium" wird als letzte Dispensation der Geschichte propagiert und als „Königreich" verstanden, das Jesus dem Volk Israel bei seinem ersten Erscheinen bringen wollte, aber scheiterte. Bei seiner Wiederkunft wird er als

„König der Juden" regieren. Jahre zuvor, nämlich vor dem Ende der vorherigen Dispensation, werden alle Christen angeblich in den Himmel entrückt (Das geschieht vor der „Großen Trübsal", in der der Antichrist auf Erden regiert, daher der Begriff „Prätribulationismus".). Das Herzstück des „Dispensationalismus" ist seine radikale Trennung von christlichem und jüdischem Schicksal. Das „Königreich" gehört zu Letzteren auf Erden, während Erstere bereits im Himmel sind. Schon diese extrem kurze Zusammenfassung sollte ausreichen, um zu zeigen, wie weit entfernt dies vom Denken der frühen Kirche ist.

Es ist eine Schande, dass die meisten zeitgenössischen Christen nur von der grob verzerrten *prämillenaristischen* Version gehört haben. Die „klassische" Auffassung wurde sprichwörtlich wie das Kind mit dem dispensationalistischen Bade ausgeschüttet! Leute, die in der Dispensationslehre aufgewachsen sind, haben sich oft von dem zukünftigen, absolut jüdisch geprägten „Königreich" abgewendet, hin zu einem gegenwärtigen Königreich, in dem für Israel kein Platz mehr ist. Dies scheint durch die „Restaurationstheologie" und den sogenannten „Dominionismus" geschehen zu sein; beide bewegen sich offensichtlich in Richtung eines postmillenaristischen Optimismus. Das bedingt, dass die Betonung der Wiederkunft als Kernthema der christlichen Hoffnung zurückgeht. Glücklicherweise finden einige bedeutende Gelehrte zurück und vermitteln die „klassische" Sicht der 1000jährigen Friedensherrschaft, frei von jeder Dispensationsverzerrung. Sie verdienen es, gehört zu werden (Die Schriften von George Eldon Ladd, Merrill Tenney und J. Barton Payne sind besonders hilfreich.).

Viele sind der ganzen Diskussion überdrüssig, teilweise weil die extreme Polarisierung sie zu einem Thema der Gemeinde gemacht hat, das die Einheit der wahren Gläubigen gefährdet, und weil die Relevanz nicht ohne weiteres ersichtlich ist (Ein Freund von mir nannte die ganze Debatte „eine A-prä-postalische Scheindebatte".). Ein neues Etikett, *panmillenaristisch,* wurde erfunden, um diejenigen ins Boot zu holen, die einfach glauben wollen, dass „am Ende alles gut geht"! Ursprünglich als Witz gedacht, enthält dieses Label eine gewisse Aufrichtigkeit, die sehr gut auf diejenigen zutrifft, die nicht einsehen, warum sie sich ernsthaft mit dem Thema beschäftigen sollten. Mit anderen Worten, sie ignorieren es schlicht und sind überzeugt, dass es weitaus Besseres zu tun gibt. Auch wenn man es beiseiteschiebt, bleibt es doch Teil des Wortes Gottes. Und da *alle* Schrift inspiriert und nützlich ist (2. Timotheus 3,16), hat es Relevanz. Die Frage nach dem Sinn und der Wertigkeit dieser Angelegenheit ist berechtigt. Wer sie gänzlich ausblendet, lässt etwas weg. Das ist gefährlich. Denn „wer von der prophetischen Botschaft dieses Buches etwas wegnimmt" zieht einen Fluch auf sich (Offenbarung 22,19).

Jedoch beeinflusst die Sicht auf das „Millennium" die Sicht auf die Hölle nicht. Das ist aber unser Hauptthema. In der Tat geht es nur darum, wann die ersten Bewohner dorthin kommen. Drei werden noch vor dem Jüngsten Gericht in den „Feuersee" geworfen, zwei davon (das „Tier" und der „falsche Prophet") vor dem „1000jährigen Reich". Leute, die meinen, das Jahrtausend wäre die gegenwärtige Ära der Kirchengeschichte (Das gilt für Postmillenaristen und für Amillenaristen.), müssen diesen sonderbaren Umstand erklären. Sie haben sogar noch ein größeres Problem. Das resultiert aus der klaren Aussage, dass Satan für den größten Teil der Zeit völlig von der Erde verschwunden sein wird, jedoch nicht in der Hölle. Nicht erwähnt wird übrigens, wann sich die Engel des Teufels in der Hölle zu ihm gesellen. Es sieht so aus, als ob das passieren wird, noch bevor irgendwelche Menschen dorthin kommen (Matthäus 25,41).

DER WEG ZUR HÖLLE

Während des Gerichts

Hierzu muss wenig gesagt werden, denn Christen sind sich weitgehend einig, dass dies ein wörtlich zu nehmendes Ereignis ist, das am Ende der Zeit stattfindet.

Das irdische Umfeld löst sich rasch auf und lässt nur seine Bewohner im Angesicht ihres Schöpfers zurück (Das ist das genaue Gegenteil von dem, was viele pessimistisch eingestellte Ökologen glauben, nämlich dass die Menschheit zuerst untergeht und nur eine zerstörte Umwelt zurückbleibt.).

Jeder, der bereits gestorben ist, wird auferweckt, egal was vorher mit seinem Körper geschah (Dabei ist es unerheblich, ob jemand ordnungsgemäß im Boden begraben wurde oder im Meer versank. Der vollständige Zerfall der physischen Überreste verhindert die Auferstehung nicht. Diese Tatsache ist für das Thema Einäscherung relevant.). Irrelevant wird allerdings der soziale Status sein, „Groß und Klein" werden Schulter an Schulter stehen.

Der Richterstuhl ist weiß (die Farbe der Reinheit) und der Richter ist gleichwohl von göttlicher und von menschlicher Natur (Mit dem unbestimmten Begriff „er" könnte Gott gemeint sein. Aber die Schrift sagt deutlich, dass er diese Verantwortung an seinen Sohn übertragen hat; Matthäus 25,31f.; Johannes 5,27; Apostelgeschichte 17,31; Römer 2,16; 2. Korinther 5,10; Offenbarung 5,6).

Ob die „Bücher" wörtlich oder symbolisch zu verstehen sind, bleibt offen. Ihre Botschaft jedoch ist klar: Es wurde Buch geführt über jeden, der jemals gelebt hat, über alles, was er getan (und gesagt) hat. Anders als bei der beliebten englischen TV Serie *This is Your Life* findet keine Vorauswahl von Dingen statt, die öffentlich präsentiert werden können. Nichts wird weggelassen, was nicht an die Öffentlichkeit geraten soll. Alles wird zukünftig offengelegt. Angesichts dieser entwaffnenden Beweisführung macht es keinen Sinn,

DAS LETZTE GERICHT

Einwände vorzubringen oder Berufung einzulegen.

Wären das die einzigen Bücher, die geöffnet werden, wer könnte da überhaupt freigesprochen werden? Die gesamte Menschheit würde abgeurteilt (Römer 3,9 - 18). Doch es gibt ein einziges anderes Buch. Es gehört dem Richter selbst. Sein eigener Name steht darauf und seine eigenen Werke sind darin verzeichnet. Er lebte das einzige Leben auf Erden ohne jegliche strafbare Handlung (Das qualifiziert ihn zum Richter über jeden; Johannes 8,7). Die anderen Bücher sind alle todbringend für die Betroffenen. Allein sein Buch ist das Buch des Lebens. Er allein verdient es zu leben.

Dennoch, es gibt viele weitere Namen in diesem Buch, die unter seinem stehen. Es sind die Namen derer, die an ihn glaubten und ihm treu waren. Um seines Namens willen überwanden sie die Welt, das Fleisch und den Teufel, sodass ihre Namen im Buch erhalten blieben und nicht ausgelöscht wurden (Offenbarung 3,5). Sie verleugneten ihn nicht. Deshalb wird er sie auch nicht verleugnen (Matthäus 10,33; 2. Timotheus 2,12).

Man hat den Eindruck, dass es sich hier um ein einfaches Verfahren handelt - ganz im Gegensatz zu weltlichen Prozessen mit ihren endlos langen Zeugenaussagen, Beweisaufnahmen und Abwägungen. Gerechtigkeit wird herrschen - und das für jedermann sichtbar. Es reicht, die Bücher zu öffnen. Die Schuldigen werden durch ihre eigenen Autobiografien überführt. Diejenigen, die freigesprochen werden, erhalten ihren Freispruch aufgrund der Biografie des Richters. Die Szenerie ist einzigartig und von ewiger Bedeutung.

Auch die Auswirkungen sind im Grunde simpel. Die Menschheit wird in zwei Gruppen geteilt: der sogenannte alte Mensch in Adam und der neue Mensch in Christus, „Homo sapiens" und „Homo novus". Letztlich liegen nur zwei Schicksale vor uns, zwei Orte, die für unsere zukünftige Existenz in unseren auferstandenen Körpern vorbereitet sind.

DER WEG ZUR HÖLLE

Nach dem Gericht

Beide Schicksale wurden bereits ausführlich diskutiert (in den Kapiteln 3 und 6). Der neue Himmel und die neue Erde werden in den letzten beiden Kapiteln der Offenbarung beschrieben. Hier, in Kapitel 20 der Schrift, haben wir einige der klarsten Aussagen zur Hölle. Drei Aspekte sind wichtig.

Erstens, „Tod" und „Hades" werden in den „Feuersee" geworfen. Das Ereignis, das dazu führt, dass unser Geist körperlos wird, wird abgeschafft, genauso der Ort, an dem sich die „entkörperlichten" Geister befinden. Der Tod wird nicht mehr existieren, sodass der Hades nie wieder gebraucht wird. Von nun an werden alle menschlichen Geister wieder einen Körper haben; dies wird ihr ewiger Zustand sein. Vielen ist nie aufgefallen, dass Jesus von der Hölle (oder Gehenna) als einem Ort für Menschen mit Körpern sprach (Matthäus 5,29f.; 10,28). Da „Tod" und „Hades" keine Personen, sondern Dinge sind, die kein Bewusstsein haben, kann man davon ausgehen, dass das Hineinwerfen ins Feuer ihre völlige Zerstörung bedeutet. Aber wirkt sich das Feuer auf Menschen genauso aus?

Zweitens, der „Feuersee" wird „der zweite Tod" genannt. Auf den ersten Blick könnte man meinen, dass dieser Satz das Sterben der Personen meint. Folgende Frage stellt sich: Wenn der „erste" Tod die Existenz des Körpers beendet (mehr oder weniger), beendet der „zweite" dann die Existenz von Körper und Seele? Beim ersten Tod ist die Sachlage folgende: Er kann den Körper zwar völlig zerstören, aber er kann sicherlich nicht das Vorhandensein des Bewusstseins beenden, das mit dem Körper existierte. Warum also sollte es der „zweite Tod"? Außerdem war der erste Tod eher eine strafrechtliche Konsequenz als ein natürliches Ereignis, eine Strafe für die Sünde (1. Mose 2,17). Das gilt aber auch für den „zweiten". Die Essenz von beidem ist die Trennung.

DAS LETZTE GERICHT

Der erste Tod trennt uns von anderen Menschen, der zweite vom Göttlichen. Das Gravierende an der Hölle ist, dass Gott dort nicht ist.

Drittens, über die Hölle wird gesagt, dass man „dort Tag und Nacht Qualen erleidet – für immer und ewig". Das ist einer der eindrücklichsten Befunde für diese schreckliche Wahrheit, die überall im Neuen Testament zu finden ist. Annihilationisten halten das für „schwierig". Sie tun es ab (nur weil es nicht in ihr Weltbild passt) oder bezeichnen es als „symbolisch" (ohne zu erklären, was es ihrer Meinung nach symbolisiert). Doch könnte etwas klarer sein? „Qual" kann nur bewusstes Leiden bedeuten, „Tag und Nacht" kann nur pausenlos bedeuten; und „für immer und ewig" (wörtlich „von Zeitalter zu Zeitalter", der stärkste griechische Ausdruck für „Ewigkeit") kann trotz unserer eingeschränkten Vorstellung davon nur endlos lang bedeuten.

Allerdings wurde argumentiert, dass sich diese Aussage auf den Teufel bezieht und nicht auf Menschen. Dennoch, sie schließt ja seine beiden Handlanger ein. Sie sind Menschen und erleiden diese „Qual" bereits seit den tausend Jahren des Millenniums; das wissen wir. Einige weigern sich trotzdem zu akzeptieren, dass sie menschliche Wesen bzw. Personen sind. Sie behaupten, es seien Personifikationen von unpersönlichen sozialen Strukturen oder Institutionen, die die menschliche Gesellschaft „unterdrückten". Wie so etwas „gequält" werden kann, erklärt niemand, auch nicht, dass es gemäß der Schrift viele andere „Antichristen" und „falsche Propheten" gibt (1. Johannes 2,18; Matthäus 24,11), von denen jeder eindeutig eine menschliche Person ist. Zudem heißt es weiter vorn in diesem Buch von denen, die das „Zeichen" des „Tieres" tragen, um zu kaufen und zu verkaufen (Es handelt sich also um Menschen.): „Keiner von denen wird jemals Ruhe finden, weder am Tag noch in der Nacht; der Rauch des Feuers, in dem sie Qualen leiden, wird für immer und ewig aufsteigen" (Offenbarung 14,11). Diese Aussage hat für Menschen und Dämonen gleichermaßen Gültigkeit – gequält werden, bei vollem Bewusstsein, ohne Ruhepause oder Aussicht auf Befreiung.

Den entscheidenden Ausschlag gibt letztlich Jesu eigene Lehre, die er im Gleichnis von den Schafen und den Ziegen vermittelt (Matthäus 25,31 46; siehe Bibelstudium A). Die Ziegen zur Linken des Königs (Niemand bezweifelt, dass es sich um Menschen handelt.) werden nicht nur an den gleichen *Ort* wie der Teufel und seine Engel geschickt, sondern sie erhalten auch die gleiche *Strafe*. Sie währt „ewig". Nirgendwo gibt es auch nur einen Hinweis darauf, dass sich das Feuer, das ursprünglich nur die gefallenen Engel „quälen" sollte, für jene, die sich ihnen anschließen, als „gnädige Erlösung" erweisen soll. Das meint alle, deren Namen nicht im Buch des Lebens verzeichnet sind (Offenbarung 20,15). Auf diese nüchterne Art schließen wir unsere Studie ab.